Immobilien in Belgien

Wissenswertes über (Ver-)kaufvertrag, Finanzierung und Steuern

Christoph Weling & Elodie Lilien

Notare

Immobilien in Belgien

Wissenswertes über (Ver-)kaufvertrag, Finanzierung und Steuern

GEV

www.gev.be
buchverlag@grenzecho.be

ISBN 978-3-86712-170-5
D/2022/3071/2

Korrektorat: Camilla van Heumen M.A.
Layout: GEV, Eupen

Inhalt

Einleitung

Herzlich willkommen in unserem Buch über Immobilien und danke, dass Sie sich dafür interessieren. Wir wünschen eine angenehme Lektüre, auf dass Sie viele nützliche Tipps und Erklärungen für Ihre persönlichen Projekte finden!

Dieser Ratgeber ist kein Roman, den man von der ersten bis zur letzten Seite liest. Es werden sehr viele verschiedene Themenbereiche bearbeitet, die – trotz unserer Anstrengung, verständlich zu schreiben – mitunter einfach komplex in der Sache sind. Um zu vermeiden, dass Sie sich im Buch verlaufen bzw. es aufgrund der Komplexität beiseitelegen, raten wir Ihnen sehr, das **Inhaltsverzeichnis** am Anfang des Buches und das **Fragenverzeichnis (FAQ)** am Ende des Buches zu nutzen, um die Passagen ausfindig zu machen, die Sie primär interessieren bzw. die Ihren persönlichen Fall betreffen.

Im Laufe des Buchs kommen gewisse juristische Begriffe immer wieder vor (z. B. aufschiebende Bedingung, Nießbrauch oder Registrierungsgebühren), die dem Verständnis halber einer Erklärung bedürfen. Wir haben die Erklärung der Begriffe in einem gesonderten Teil 7 vorgenommen, in dem die Begriffe alphabetisch angeordnet sind. Somit möchten wir Ihnen ermöglichen, dass Sie anhand des Inhaltsverzeichnisses sofort zu den Passagen gelangen können, die für Sie von Wichtigkeit sind. Gleichzeitig sollen Sie die Fachbegriffe, die verwendet werden, verstehen können, ohne dass diese immer wieder aufs Neue erklärt werden müssen, was die Lektüre für Sie sehr unangenehm gestalten würde.

Alle Begriffe, die in Teil 7 erklärt werden, sind in diesem Buch in diesem Format **gekennzeichnet**.

Im **ersten Teil** des Buches erklären wir, wie und ab welchem Moment ein Vertrag (Kauf oder Verkauf) zustande kommt: Die verschiedenen Instrumente wie Reservierungsvertrag, Angebot, Kaufvorvertrag, notarielle Urkunde usw. werden durchleuchtet.

Außerdem beschäftigen wir uns mit dem Inhalt der Verträge: Wichtige Klauseln und Bedingungen der Verträge werden erklärt, zusammen mit den Dokumenten, die vom Verkäufer an den Käufer übermittelt werden müssen.

In **Teil zwei** werden die Besteuerung und die Kosten *anlässlich* von Immobilienkäufen und -verkäufen sowie *während* der Zeit, in der man die Immobilie hält, erklärt, zusammen mit den Steuervorteilen, die sich bieten können. Dieser Teil gibt u. a. Aufschluss über Berechnungen der Registrierungsgebühren, des gesetzlichen Notarhonorars, des Katastereinkommens und des Immobiliensteuervorabzugs sowie der Besteuerung des erzielten Mehrwerts.

Der **dritte Teil** beschäftigt sich mit der Finanzierung. Wir werden auf die unterschiedlichen Kreditformen eingehen und die verschiedenen Sicherheiten (Hypothek, Hypothekenvollmacht, Bürgschaft usw.) erklären, zusammen mit den damit verbundenen steuerlichen Optimierungsmöglichkeiten.

Im **vierten Teil** dreht sich alles um die Immobilienprojekte, d. h. die Grundstücksteilung, der Kauf oder Verkauf von neuen Immobilien (Grundstücke aus einer Parzellierung, Häuser oder Wohnungen) sowohl aus Sicht des Promotors, der ein Projekt entwickelt, als auch des Käufers, der sich für ein neues Haus oder eine neue Wohnung interessiert. Folgende Bereiche werden erklärt: Urbanisierung (Parzellierung), Grundurkunde (Aufteilung Immobilie/Haus in Einheiten/Wohnungen), Besteuerung (Mehrwertsteuer auf Neubau), Immobilienhändler, Käuferschutz (Breyne-Gesetz, Garantieleistungen) usw.

Der **fünfte Teil** umfasst eine Reihe von anderen Arten der Immobilienübertragungen, z. B. die Teilung (d. h. Austritt aus einem Miteigentum oder einer Erbengemeinschaft), die Schenkung, die Einbringung in einen Güterstand zwischen Eheleuten, den Verzicht auf Zuwachsrecht oder die Unpfändbarkeitserklärung des Domizils des Selbstständigen.

Gegen Ende des Buches finden Sie dann in **Teil sechs** einen praktischen Teil, in dem wir die unterschiedlichen Verkaufsarten erklären: privat – unter der Hand –, öffentlich und/oder online (biddit.be). In diesem Kapitel finden Sie eine Zeitlinie der Fristen mit einer Übersicht der verschiedenen Etappen eines Verkaufs sowie Ratschläge, wie Verkäufer und Käufer sich vorbereiten können.

Ganz zum Schluss finden Sie in **Teil sieben** das Fragenverzeichnis und die Erklärung der verwendeten Begriffe in alphabetischer Ordnung.

Teil 1 – Der Vertrag

Als Erstes ist es wichtig, zu wissen, wann genau bzw. durch welche juristischen Instrumente (Reservierungsvertrag, Angebot, Kaufvorvertrag, notarielle Urkunde usw.) der Immobilien(ver-)kauf zustande kommt, mit anderen Worten, wann man „einen verbindlichen Vertrag abgeschlossen hat" (Kapitel 1).

In Kapitel 2 werden wir auf den Inhalt eben dieses Vertrags eingehen und dabei einerseits wichtige Klauseln unter die Lupe nehmen und andererseits die Dokumente und Informationen durchgehen, die bei Immobilienverkäufen in die Verträge mit aufgenommen und übermittelt werden müssen. Hierbei werden wir auf die unterschiedlichen Aufgaben von Käufer und Verkäufer eingehen sowie Ratschläge für jede Partei geben.

Kapitel 1: Wie und wann kommt der Vertrag zustande – Angebot, Kaufvorvertrag, notarielle Urkunde und andere juristische Instrumente

Das belgische Vertragsrecht beruht auf dem **Konsensprinzip**, d. h., dass prinzipiell ein Verkauf ab dem Moment zustande kommt, an dem zwischen den Parteien Einigkeit über das zu verkaufende Objekt und den Preis besteht (d. h. der Moment, an dem der „Verkaufswille" auf den „Kaufwillen" trifft), ohne dass etwaige Formvorschriften eingehalten werden müssen. Deswegen sagt man umgangssprachlich, dass Immobilienverkäufe in Belgien „auf einem Bierdeckel" vereinbart werden können.

Dieses Prinzip wurde im Laufe der Zeit nuancierter, da der Gesetzgeber über die Jahre hinweg immer mehr administrative Policen und Informationspflichten geschaffen hat, die in die Vertragssphäre aufgenommen werden müssen, z. B.: die Übermittlung des Energieausweises, des Kontrollprotokolls der Elektroinstallation, des Auszugs aus der Datenbank für verschmutzte Böden, der städtebaulichen

Auskünfte oder der Auskünfte des etwaigen Gebäudeverwalters (siehe bzgl. dieser Punkte Kapitel 2, Punkt 1 hiernach).

Da das Missachten dieser Verpflichtungen zu Strafen wie Nichtigkeit oder Schadensersatz führen kann, ist der „Bierdeckelvertrag" eher noch ein romantisches Bild der Vergangenheit.

Folgende juristischen Instrumente können im Rahmen von Immobilienübertragungen verwendet werden:

1. Das Angebot und die Annahme des Angebots

Der erste Schritt im Rahmen eines Immobilienverkaufs kann das Angebot des Kaufinteressenten sein. Es handelt sich dabei um ein einseitiges, privatschriftliches Dokument, das der Interessent dem Verkäufer oder dem Immobilienmakler übermittelt. Ein schriftliches Angebot (und dessen Annahme) sind keine zwingenden Etappen in einem Immobilienverkauf; die Parteien können entscheiden, diese Etappe auszulassen und sofort zum Kaufvorvertrag oder sogar umgehend zur notariellen Urkunde zu schreiten.

Ein vollständiges Angebot umfasst die Angaben des Ausstellers, die unmissverständliche Bezeichnung der Immobilie, die genaue Angabe des Preises und die Bedingungen, die der Interessent mit in die Vertragssphäre aufnehmen will. Es setzt voraus, dass der Aussteller die gesetzlich vorgesehenen Informationen und Dokumente erhalten hat.

Ist dies der Fall, so schließt die bedingungslose Annahme des Angebots durch den Verkäufer rechtsgültig den Vertrag. Dies ist mit dem Abschluss eines Kaufvorvertrags (siehe Punkt 2 hiernach) gleichzustellen, d. h., ab diesem Moment kann keine der Parteien mehr einseitig den Verkauf verhindern, oder anders ausgedrückt: Bei Missachtung kann die geschädigte Partei gerichtlich die Durchführung der Immobilienübertragung und/oder Schadensersatz erwirken (siehe Kapitel 2, Punkt 2, e), (ii) hiernach).

Ist das Angebot nicht vollständig oder dessen Annahme nicht bedingungslos, so wird der Vertrag zu diesem Moment noch nicht abschließend geschlossen. Dafür bedarf es dann eines Kaufvorvertrags oder einer notariellen Urkunde.

2. Der Kaufvorvertrag

Der Kaufvorvertrag ist – genau wie das Angebot und im Gegensatz zur notariellen Urkunde – ein privatschriftliches Dokument.

Ein Kaufvorvertrag muss im Rahmen einer Immobilienübertragung nicht zwingend erstellt werden; die Parteien können entscheiden, unmittelbar von Angebot und Annahme zur notariellen Urkunde überzugehen, oder sogar den Verkauf formalrechtlich „nur" mit der notariellen Urkunde zu besiegeln.

In den meisten Fällen wird jedoch mit einem Kaufvorvertrag gearbeitet, da diese Etappe den Vorteil bietet, dass die Parteien ab Unterschrift des Kaufvorvertrags rechtlich gebunden sind, und diese Rechtskraft anhand des Schriftstücks belegt werden kann. Keiner der Parteien darf ab dann einseitig vom Kauf oder Verkauf absehen (siehe jedoch Kapitel 2, Punkt 2, e), (i) hiernach); der Verkäufer darf sich nicht mehr für einen anderen Kaufinteressenten entscheiden, selbst wenn Letzterer z. B. bereit wäre, einen höheren Preis zu zahlen, und der Käufer darf nicht mehr vom Kauf zurücktreten, selbst wenn er z. B. eine andere Immobilie findet, die ihm besser gefällt oder ein besseres Preis-Leistungs-Verhältnis bietet.

Außerdem werden im Kaufvorvertrag bereits sämtliche Bedingungen der Immobilienübertragung aufgenommen (siehe Kapitel 2, Punkt 2 hiernach). Somit wird gewährleistet, dass es beim Unterschreiben der notariellen Urkunde nicht mehr zu Diskussionen kommt, da die Parteien sich über etwaige unterschiedliche Auffassungen bereits verständigt haben (z. B. die Flächengröße des Objekts, der Nutzungsantritt, etwaige Wegerechte, die städtebauliche Zweckbestimmung usw.).

Zusammengefasst hat der Kaufvorvertrag folgende Eigenschaften:

- Er bindet die Parteien rechtlich (er ist ein vollends rechtsgültiger Vertrag).
- Das Eigentum und die Nutzung gehen – außer in Ausnahmefällen – jedoch erst bei Unterschrift der notariellen Urkunde auf den Käufer über.
- Die Parteien sind auf Grundlage des Kaufvorvertrags verpflichtet, die notarielle Urkunde innerhalb der vorgegebenen Frist vor dem Notar ihrer Wahl zu unterzeichnen. Weigert sich eine Partei, dies zu tun, kann die andere Partei sie gerichtlich dazu zwingen und/oder Schadensersatzansprüche durchsetzen (siehe Kapitel 2, Punkt 2, e), (ii)).
- Durch den Inhalt des Kaufvorvertrags kommt der Verkäufer dem Käufer gegenüber seiner Informationspflicht nach.
- Gewisse administrative Formalitäten (siehe Kapitel 2, Punkte 1 und 2 hiernach) müssen bereits beim Kaufvorvertrag abgewickelt sein.

Prinzipiell können Kaufvorverträge ohne Mitwirkung von Immobilienmaklern oder Notaren abgeschlossen werden. Aufgrund der rechtlichen Konsequenzen (Nichtigkeit, Schadensersatz oder gerichtliche Durchführung) bei Unvollständigkeit oder fehlerhaften Ausführungen in Kaufvorverträgen, sowie die Anzahl der zu verrichtenden Formalitäten, werden die Kaufvorverträge in der Praxis beinahe ausschließlich durch Immobilienmakler oder Notare vorbereitet.

3. Die notarielle Urkunde

Die notarielle Urkunde vollendet den (Ver-)kaufsprozess: Mit Unterzeichnung der notariellen Urkunde wird der Käufer neuer Eigentümer der Immobilie, die Steuern und Kosten werden fällig und der Verkäufer erhält den Preis (außer in Sonderfällen, wie z. B. der Leibrente – siehe Teil 5, Kapitel 4).

Im Rahmen der Vorbereitung der notariellen Urkunde muss der Notar gewisse rechtliche Schritte durchführen, die sogenannten gesetzlichen Nachforschungen.

Anders als in Deutschland müssen in Belgien die gesetzlichen Nachforschungen *vor* der notariellen Urkunde getätigt werden. Der Notar muss z. B. prüfen, ob Hypotheken des Verkäufers abzulösen sind, Steuerschulden ausstehen, Vorkaufsrechte bestehen, die Abschreibung der Eigentumsübertragung beim Amt für Rechtssicherheit vorbereiten, die Steuer errechnen usw.

Der Notar ist ebenfalls für die Einforderung der Kosten der Ämter und der Steuern verantwortlich. Wie in Teil 2, Kapitel 1 erklärt, muss der Notar dafür sorgen, dass der Käufer vor Unterzeichnung der notariellen Urkunde den Preis sowie sämtliche mit dem Kauf verbundenen Kosten und Steuern auf sein Treuhandkonto überwiesen hat, da der Notar dafür haftet, dass nach bzw. bei Unterzeichnung der notariellen Verkaufsurkunde der Verkäufer seinen Preis, die Ämter ihre Kosten und das Steueramt die anfallende Steuer erhalten.

4. Andere juristische Instrumente

a) Option

Eine Option im Bereich der Immobilienübertragung ist ein Recht, das eine Person (der Aussteller der Option) einer anderen Person (der Begünstigte der Option) zugesteht, damit Letzterer zu einem späteren Zeitpunkt (vor Ablauf der Optionsfrist) entscheiden kann, eine Immobilie vom Aussteller der Option zu kaufen (Kaufoption) oder an diesen zu verkaufen (Verkaufsoption – eher selten in der Praxis).

Erst das tatsächliche Ausüben der Option durch den Begünstigten innerhalb der Optionsfrist besiegelt den Verkauf, und ist – voraussichtlich, die Option war vollständig (siehe Punkt 1 hiervor) – mit Abschluss eines Kaufvorvertrags gleichzustellen.

Während der Laufzeit der Option darf der Aussteller der Option die Immobilie nicht an jemand anderes verkaufen, da er sich sonst im Fall, in dem der Begünstigte der Option diese annehmen würde, vertragsbrüchig macht.

Falls mit Ablauf der Optionsfrist der Begünstigte die Option nicht gezogen hat, kommt kein Verkauf zustande und der Aussteller der Option ist wieder frei, die Immobilie anderen Interessenten anzubieten oder zu verkaufen.

In der Praxis kommt es häufig vor, dass ein Verkäufer einem interessierten Kaufkandidaten eine Kaufoption erteilt, damit Letzterer z. B. vor der definitiven Zusage (d. h. hier: der Ausübung der Option) noch prüfen kann, ob die Bank einverstanden ist, den Immobilienerwerb zu finanzieren.

b) Reservierungsvertrag

Der Reservierungsvertrag ist mit einer Kaufoption zu vergleichen, da der Eigentümer einem Kaufinteressenten das Recht erteilt, eine bestimmte Immobilie des Eigentümers zu einem bestimmten Preis und unter festgelegten Bedingungen zu einem zukünftigen Zeitpunkt zu erwerben; in den meisten Fällen ist dies in der Praxis der Zeitpunkt der baulichen Fertigstellung der Immobilie durch den Verkäufer (siehe auch Teil 4, Kapitel 1 und 2).

Außer wenn es sich bei einem Verkauf unter dem Breyne-Gesetz (siehe Teil 4, Kapitel 1) handelt, kann der Reservierungsvertrag, wie eben auch die Kaufoption, eine Entschädigung zugunsten des Eigentümers vorsehen, für den Fall, dass der Käufer sich entscheiden würde, die Reservierung nicht zu nutzen, d. h., die Immobilie nicht zu erwerben. Diese Summe entschädigt den Eigentümer für die Zeit, in der die Immobilie reserviert war und somit für den Verkäufer aufgrund der Tatsache, dass er sie nicht anderweitig verkaufen konnte, blockiert war.

c) Gekreuzte Option

Die gekreuzte Option, auch wechselseitige Option genannt, ist in den Fällen interessant, in denen Verkäufer und Käufer sich hinsichtlich einer Immobilienübertragung bereits jetzt rechtlich binden möchten, die Eigentumsübertragung und die Preiszahlung aus unterschiedlichen Gründen aber im Rahmen der notariellen Urkunde erst mittelfristig stattfinden soll.

Die gekreuzte Option ist sowohl eine Kauf- als auch eine Verkaufsoption, jedoch zeitverschoben: Zunächst hat der Kaufinteressent während einer gewissen Zeit das Recht, vom Verkäufer eine bestimmte Immobilie zu einem festgelegten Preis und zu festgelegten Bedingungen zu kaufen (Kaufoption). Falls er diese Frist verstreichen lässt, ohne die Kaufoption zu ziehen, hat der Verkäufer das Recht, dem Kaufinteressenten zum selben Preis und denselben Bedingungen diese Immobilie zu verkaufen (Verkaufsoption).

Die gekreuzte Option ist also eine Kaufoption, gefolgt (bei Nichtausübung der Kaufoption) von einer Verkaufsoption. In der Einleitung zu diesem Kapitel 1 haben wir erklärt, dass das belgische Vertragsrecht auf dem Konsensprinzip aufgebaut ist, d. h., dass, wenn der Wille zu verkaufen auf den Willen zu kaufen stößt, eine Vertragsbindung entsteht. Diese Vertragsbindung entsteht bei der gekreuzten Option erst bei tatsächlicher Ausübung einer Option und nicht bereits bei Abschluss des gekreuzten Optionsvertrags, da sich Käufer und Verkäufer die jeweiligen Optionen *zeitversetzt* öffnen: Während der Zeitspanne der Kaufoption (erste Phase der gekreuzten Option) bedarf es des Willens des Käufers, um die Option geltend zu machen und somit einseitig den Kaufvertragsabschluss zu bewirken, und bei Verstreichen der Kaufoption und Öffnung der Verkaufsoption bedarf es des Willens des Verkäufers, die Option geltend zu machen und somit einseitig den Kaufvertragsabschluss zu bewirken.

Die gekreuzte Option, die vor allem in der Flämischen Region Belgiens häufig in der Praxis genutzt wird, ist einer praktischen Notwendigkeit entsprungen:

- *Einerseits* wollen die Parteien (Käufer oder Verkäufer) in gewissen Fällen die Sicherheit, dass die andere Vertragspartei (Verkäufer oder Käufer) nicht mehr einseitig von der Immobilienübertragung absehen kann, mit anderen Worten: Jeder der beiden will es „in der Hand haben", dass der Verkauf auch tatsächlich zustande kommt.

- *Andererseits* bietet sich das Instrument des Kaufvorvertrags nicht an, da die Parteien aus unterschiedlichen Gründen mehr als die maximale Steuerfrist von vier Monaten (siehe Teil 2, Kapitel 1, Punkt 1, a)) benötigen, um die notarielle Urkunde zu unterzeichnen bzw. die Registrierungsgebühren zu zahlen.

Die Viermonatsfrist gilt erst ab dem Moment, an dem eine Option gezogen wird (d. h. ab dem Moment, an dem der Verkaufswillen auf den Kaufwillen trifft).

Somit bietet das Instrument der gekreuzten Option im Gegensatz zum Kaufvorvertrag die Möglichkeit – aufgrund der Fristen, die für die jeweiligen Optionen vereinbart werden können –, den Zeitpunkt zwischen dem Moment, an dem jede der beiden Parteien die Gewissheit hat, dass die Immobilienübertragung nicht mehr gegen ihren Willen verhindert werden kann, und der notariellen Urkunde bzw. Zahlung der Registrierungsgebühren auf über vier Monate nach Abschlussdatum der gekreuzten Option anzuheben.

> **Beispiel**: Verkäufer V sucht einen Käufer für seine Immobilie zum Preis von X Euro. Käufer K ist bereit, für die Immobilie diesen Preis zu zahlen, allerdings erst in zwei Jahren, da er spätestens in zwei Jahren von einer Auslandsmission zurückkommt. V ist einverstanden, maximal zwei Jahre bis zur notariellen Urkunde (und somit Eigentumsübertragung und Preiszahlung) zu warten, möchte aber sicher sein, dass

K es sich in den zwei Jahren nicht anders überlegt und doch nicht kauft. K ist einverstanden, sich jetzt rechtlich zu binden, möchte jedoch Preis, Steuern und Kosten erst in zwei Jahren zahlen, und erst dann Eigentümer werden. Ein Kaufvorvertrag kommt somit aufgrund der Viermonatsfrist nicht infrage.

Die gekreuzte Option kann hier die Lösung bringen, indem sie zuerst eine Kaufoption während 23 Monaten für K vorsieht, gefolgt von einer Verkaufsoption von einem Monat für V. K hat somit 23 Monate Zeit, um die Option zu ziehen und den Vertragsabschluss zu erwirken, sei es gegen Ende der Zweijahresfrist, nach der er vorhat, von der Auslandsmission heimzukehren. Sollte K aus irgendeinem Grund seine Option nicht ziehen, eröffnet sich nach 23 Monaten die einmonatige Verkaufsoption zugunsten von V. Jeder der beiden Parteien hat also die Möglichkeit, einseitig den Verkauf herbeizuführen: Zuerst K während der 23 Monate, und wenn er dies nicht tut, dann V während des letzten Monats.

Kapitel 2: Inhalt des Vertrags – Wichtige Klauseln und Dokumente

In diesem Kapitel finden Sie die Erklärungen bzgl.:

- der Dokumente, die im Rahmen eines Immobilien(ver-)kaufs von Verkäufer an Käufer übergeben werden müssen (Punkt 1); und

- wichtiger Klauseln, die der Vertrag beinhalten sollte (Punkt 2).

Dieses Kapitel bearbeitet den zivilrechtlichen Teil des Vertrags, d. h. die Bedingungen, Verpflichtungen und Garantien zwischen den Vertragsparteien. Der steuerrechtliche Teil, d. h. die Konsequenzen des Vertrags zwischen den Parteien und dem Staat (oder den Regionen Belgiens) werden nicht in diesem Kapitel, sondern im darauffolgenden Teil 2 erklärt.

1. Dokumente, die dem Käufer zur Verfügung gestellt werden müssen

a) Eigentumstitel des Verkäufers

Die notarielle Kaufurkunde, mittels derer der Verkäufer seine Immobilie erworben hat, ist ein wichtiges Dokument für den Notar im Rahmen der Vorbereitung des Vertrags zwischen Verkäufer und Käufer.

Anhand dieses sogenannten „Eigentumstitels" des Verkäufers wird der Notar Ihrer Wahl u. a. prüfen, ob Wegerechte oder andere Dienstbarkeiten hinsichtlich der verkauften Immobilie vereinbart wurden und auf den Käufer übergehen.

Auch muss geprüft werden, ob der Eigentumstitel andere besondere Bedingungen beinhaltet, wie z. B. ein Vorkaufsrecht, bzw. ganz allgemein nicht verjährte Rechte zugunsten von Dritten.

Seit dem 1. Januar 2020 kann jeder Bürger die notariellen Urkunden (und somit auch die Kaufurkunden von Immobilien), die er seit 2001 unterschrieben hat, über MyMinfin (https://eservices.minfin.fgov.be/myminfin-web) einsehen und herunterladen (unter der Rubrik Empfang\Meine Wohnung und meine unbeweglichen Güter\Meine Urkunden einsehen).

Außerdem hat der belgische Notarverband die Plattform Izimi (https://www.izimi.be/fr/) ins Leben gerufen. Dabei handelt es sich um einen digitalen Aktenkoffer, in dem sämtliche offiziellen Dokumente (u. a. notarielle Urkunden persönliche, Steuer- oder Versicherungsdokumente) aufbewahrt werden können. Die Nutzung ist kostenlos, frei von Werbung oder kommerzieller Nutzung (Allgemeininteresse) und der Notarverband erwartet, dass mittelfristig sämtliche notariellen Urkunden (aktuell alle seit 2015) darüber verfügbar sein werden.

Falls Sie nicht mehr über eine Kopie Ihrer Kaufurkunde verfügen oder Sie die Immobilie, die Sie nun verkaufen möchten, geerbt haben, wird der Notar Ihrer Wahl diese Urkunde über die Ämter ausfindig machen können.

b) Energieausweis

Der Verkäufer muss die Werte des Energieausweises bereits in den Verkaufsanzeigen wiedergeben. Der Energieausweis (bzw. eine Kopie davon) muss dem Käufer vor Unterschrift des Kaufvorvertrags übermittelt werden. Grund dieser dem Verkäufer gesetzlich auferlegten Informationspflicht ist es, zu gewährleisten, dass der Kaufinteressent die Energiekosten der Immobilie richtig einschätzen und ggf. mit anderen Immobilien vergleichen kann. Dies soll ihm letztendlich ermöglichen, eine aufgeklärte Entscheidung hinsichtlich der Immobilie, für die er sich entscheidet, treffen zu können.

CERTIFICAT PEB

Energiepass
Bestehendes Wohngebäude

Nummer:
Erstellt am:
Max. Gültigkeit:

Wallonie

Zertifizierte Wohnung

Straße: 6th Avenue Hausnr: 007 **1°**

PLZ: 1234 Ort: Entenhausen

Zertifiziert als: **Einfamilienhaus**

Baujahr: Vor dem oder im Jahr 1918

Energieeffizienz

Der gesamte theoretische Primärenergieverbrauch dieser Wohnung beträgt .... **76 728 kWh/Jahr**

Beheizte Fußbodenfläche: .... **209 m²**

Spezifischer Primärenergieverbrauch: **2°** ...... **368 kWh/m².Jahr**

A++ $E_{spez} \leq 0$

$0 < E_{spez} \leq 45$ A+

$45 < E_{spez} \leq 85$ A

Energieeffizienz-Anforderungen Bestimmungen 2010 — $85 < E_{spez} \leq 170$ B **3°**

$170 < E_{spez} \leq 255$ C

Durchschnittliche Effizienz des wallonischen Immobilienbestands 2010 — $255 < E_{spez} \leq 340$ D

$340 < E_{spez} \leq 425$ E — 368

$425 < E_{spez} \leq 510$ F

$E_{spez} > 510$ G

Spezifische Indikatoren

Wärmebedarf der Wohnung
übermäßig | hoch | mittel | gering | sehr gering

Effizienz der Heizungsanlagen
schlecht | unzureichend | zufriedenstellend | gut | hervorragend

Effizienz der Warmwasseraufbereitungsanlagen
schlecht | unzureichend | zufriedenstellend | gut | hervorragend

Belüftungssystem
fehlt | sehr begrenzt | partiell | unvollständig | vollständig

Nutzung erneuerbarer Energiequellen
Solarthermie | Photovoltaik | Biomasse | Wärmepumpe | WKK

Anerkannter Gutachter Nr.

Name / Vorname:
Adresse:
Hausnr.:
PLZ: Ort:
Land:

Ich erkläre, dass alle in diesem Energiepass enthaltenen Angaben dem Protokoll über die Erfassung von Informationen bezüglich der in der Wallonie geltenden Energiepass-Regelung entsprechen. Fassung des Protokolls 16-Sep-2019. Fassung der Berechnungssoftware 3.1.2.

Datum:

Unterschrift:

Der Energiepass liefert Informationen zur Energieeffizienz einer Wohneinheit und enthält allgemeine Maßnahmen, die zur Verbesserung dieser Energieeffizienz getroffen werden können. Der Energiepass wird von einem anerkannten Gutachter ausgestellt, auf Grundlage der von ihm bei der Besichtigung des Gebäudes erfassten Daten.
Der Energiepass ist bei Verkauf und Vermietung verpflichtend vorgeschrieben. Er muss vorliegen, sobald ein Objekt zum Verkauf oder zur Vermietung angeboten wird. Die entsprechenden Anzeigen müssen einige seiner Indikatoren enthalten (Energieklasse, theoretischer Gesamtverbrauch, spezifischer Primärenergieverbrauch). Der Energiepass muss dem Kauf- oder Mietinteressenten vor der Vertragsunterzeichnung übergeben werden. Diese Formalität wird im Vertrag festgehalten.
Ausführlichere Informationen finden Sie bei der Energieberatungsstelle Ihrer Region oder auf der wallonischen Energie-Portalsite energie.wallonie.be

1/14

Auf der vorherigen Seite sehen Sie eine Musterabbildung eines Energieausweises:

1° Angaben der Immobilie

2° Angaben über den tatsächlichen Brennstoffverbrauch pro Jahr und den tatsächlichen Brennstoffverbrauch in Kilowattstunden pro Quadratmeter und Jahr (abgekürzt: kWh/m2/Jahr).

3° Je höher der Energieverbrauch einer Immobilie ist, desto höher ist die Energieeffizienzklasse (von A bis G), in die die Immobilie eingestuft wird. Die obere gestrichelte Linie zeigt den Minimalwert für Neubauten seit Mai 2010. Die untere gestrichelte Linie zeigt den Durchschnittsenergiewert der Einfamilienhäuser in der Wallonischen Region.

Zusätzlich zu den Angaben über die Energiewerte sieht der Energieausweis ebenfalls computergenerierte Ratschläge vor, wie die Energieleistung der Immobilie verbessert werden kann.

Der Energieausweis muss durch einen anerkannten Prüfer ausgestellt werden. Die Liste sämtlicher anerkannten Prüfer finden Sie auf der Website der Wallonischen Region unter folgendem Link: https://energie.wallonie.be/fr/liste-des-certificateurs-peb-agrees.html?IDC=7233

Ein Energieausweis ist zehn Jahre gültig. Er verliert allerdings seine Gültigkeit ab dem Zeitpunkt, an dem die Energiewerte der Immobilie sich verändert haben (meistens aufgrund von durchgeführten Arbeiten).

Ein Energieausweis muss erst dann wieder nach zehn Jahren erneuert werden, wenn der Eigentümer jemandem gegenüber eine Informationspflicht hat (neuer Käufer, Mieter ...).

Bei dem Energieausweis handelt es sich – zumindest aktuell – lediglich um ein Dokument, das aus Gründen der korrekten und vollständigen Information des Käufers oder Mieters erstellt werden muss. Das Ergebnis, egal wie es ausfällt, bringt keine Verpflichtung für den Verkäufer oder den Käufer mit sich, die Energieleistung zu verbessern.

Aufgrund der allgemeinen Anstrengungen in Richtung Klimaneutralität ist es nicht auszuschließen, dass in Zukunft irgendwann einmal das schlechte Ergebnis eines Energieausweises zur Erhebung einer Steuer führt, um somit einen Anreiz für Immobilieneigentümer zu schaffen, energiesparende (Renovierungs-)Maßnahmen vorzunehmen.

c) Protokoll über die Kontrolle der Elektroinstallation

Dieses Dokument muss spätestens bei der notariellen Beurkundung von Immobilien, die zu Wohnzwecken (Haus oder Wohnung) dienen, übergeben werden.

Das Ziel dieser gesetzlichen Verpflichtung ist es, regelmäßige Kontrollen (und Instandsetzungen) der Elektroinstallationen in zu Wohnzwecken genutzten Immobilien zu gewährleisten, und somit Unfälle zu vermeiden.

Die Kontrolle muss durch einen anerkannten Prüfer durchgeführt werden. Zusätzliche Informationen sowie die Liste sämtlicher anerkannten Prüfer finden Sie auf: https://economie.fgov.be/de/themen/energie/sicherheit-und-kontrolle/zugelassene-pruefstellen-fuer.

Grundsätzlich besteht für den Verkäufer „nur" die Verpflichtung, die Elektroinstallation durch den anerkannten Prüfer kontrollieren zu lassen, nicht aber etwaige Mängel beheben zu lassen oder für die Kosten der Mängelbehebung aufzukommen.

Falls die Kontrolle zu einem negativen Ergebnis kommt, obliegt es dem Käufer dem Kontrollorgan seine Angaben mitzuteilen und innerhalb von 18 Monaten (oder zwölf Monaten bei Elektroinstallationen, die nach dem 1. Oktober 1981 in Betrieb genommen wurden) die Mängel zu beheben und die Elektroinstallation neu durch das Kontrollorgan abnehmen zu lassen.

Dieser Grundsatz führt regelmäßig bei Käufern zu Verwunderung, da sie den Eindruck haben, eine „Katze im Sack" kaufen zu müssen und folglich überrascht sind, dass die Behebung der etwaigen Mängel der Elektroinstallation zu ihren Lasten geht. Dabei handelt es sich jedoch lediglich um eine Anwendung des Prinzips „gekauft wie gesehen" und ist in den marktüblichen Kaufverträgen ausdrücklich vorgesehen (siehe hiernach unter Punkt 2, a), (vii) in diesem Kapitel 2).

Der Grundsatz kennt zwei Ausnahmen, in denen der Verkäufer nicht nur die Konformitätskontrolle vor dem Verkauf durchführen muss, sondern auch haftet, dass diese zu einem positiven Ergebnis kommt, sprich, dass die Elektroinstallation konform ist:

1) Die verkaufte Immobilie ist ein Neubau (siehe auch Teil 4)

2) Der Verkäufer hat sich dem Käufer gegenüber vertraglich verpflichtet, diese Arbeiten zu übernehmen. In diesem Fall haben die Parteien den Punkt ausdrücklich in die Vertragssphäre aufgenommen (siehe Kapitel 1, Punkt 1 in diesem Teil 1) und sind folglich von der nicht zwingenden gesetzlichen Regel, dass die Immobilie im befindlichen Zustand verkauft wird, abgewichen.

Zusammenfassend ist die Mängelbehebung der Elektroinstallation einer nicht neuen Immobilie also immer dann die Aufgabe des Käufers, wenn die Parteien diesen Punkt in ihren Verkaufsverhandlungen entweder gar nicht angesprochen haben oder nicht explizit vereinbart haben, dass der Verkäufer dies übernehmen muss.

d) *Bescheinigung über die Dichtigkeit des Heizöltanks*

In der Wallonischen Region muss vor der notariellen Verkaufsurkunde ein Dichtigkeitstest des Heizöltanks mit einem Fassungsvermögen von mindestens 3.000 Litern durchgeführt werden.

Das Ziel dieser gesetzlichen Verpflichtung ist es, Bodenverschmutzungen durch nicht entdeckte Lecks in Heizöltanks vorzubeugen. Ebenso wie für die Kontrolle der Elektroinstallation und den Energieausweis maßgeblich, darf die Dichtigkeitsbescheinigung nur durch einen anerkannten Prüfer ausgestellt werden, deren Liste unter diesem Link einzusehen ist: http://owd.environnement.wallonie.be/xsql/53_new.xsql?canevas=expert_citerne.

Außerdem muss eine Umweltgenehmigung durch die sogenannte *„Angabe der Anstalt der Klasse 3"* bei der Gemeinde, in der die Immobilie liegt, eingeholt werden. Das dafür von der Wallonischen Region vorgesehene Formular ist unter folgendem Link abrufbar: http://forms6.wallonie.be/DGO3_Environnement_DE_V01.22.01/formulaire_declarationClasse3.pdf. Falls diese Umweltgenehmigung bereits vorliegt, muss sie vom Verkäufer auf den Käufer übertragen werden (siehe Formular *„Wechsel des Betreibers"*, unter folgendem Link: http://forms6.wallonie.be/formulaires/DE%20Cession%20partielle%20ou%20totale.pdf).

Falls der Heizöltank über ein Fassungsvermögen von weniger als 3.000 Litern verfügt, muss keine Kontrolle durchgeführt und keine Umweltgenehmigung eingeholt werden. Ein Erlass, der vorsah, die Schutzmaßnahmen auch bei Tanks mit einem Fassungsvermögen von weniger als 3.000 Litern durchführen zu lassen, ist vor dem geplanten Inkrafttreten im Frühjahr 2020 wieder aufgehoben worden. Es ist nicht auszuschließen, dass dies in Zukunft wieder zum Thema wird.

e) Katasterangaben und Katasterplan

Die verkaufte Immobilie wird in den Verkaufsverträgen (Kaufvorvertrag und notarielle Urkunde) mit Verweis auf ihre Katasterangaben beschrieben. Der Auszug aus der sogenannten Katastermutterrolle und der dazugehörende Katasterplan sind folglich notwendige Dokumente, die der Notar Ihrer Wahl im Rahmen der Vorbereitung der Immobilienübertragung besorgt.

Das sogenannte Kataster ist eine Datenbank, die das Gebiet jeder belgischen *Gemeinde* in mehrere *Gemarkungen* unterteilt und jede Gemarkung in mehrere *Flureinheiten*. Jeder Parzellengrund, ob bebaut oder unbebaut, ist darüber hinaus mit einer *Nummer* bezeichnet.

Beispiel: Folgende Abbildung zeigt einen Katasterauszug, aus dem Sie die oben erwähnten Informationen entnehmen können.

FEDNOT **Recherche Cadastre**

06/10/2021

Dossier Buch Beispiel
Nom de la personne Mustermann,Max
Identification de la personne 81.04.24-007.04

Détail de l'article sélectionné

Division cadastrale 11223 EUPEN GEM 1

Identification et droits éventuels du ou des propriétaires

Nom	Rue	Commune	Droits	Autre(s)
Mustermann - Max	Straße, 1	4700 Eupen (Belgique)	VE 1/1	

Biens associés : Superficie totale 390 - Situation le : 06/10/2021

Situation	Pol/Wa	Section	Numéro de la parcelle	Nature	Superf. en ca	Classement et revenu à l'ha ou année de la fin de construction	Code	Montant
1 - STRASSE 1		F	0001A2B0000	MAISON	390	0004	2F	2129

Unabhängig von Immobilienübertragungen kann jeder Steuerpflichtige einen Auszug aus der Katasterdokumentation für seine Immobilie(n) oder als Bevollmächtigter einer anderen Person anfragen. Dies ist über MyMinfin oder anhand des Formulars 434, das unter https://finanzen.belgium.be/de/privatpersonen/ wohnung/kataster/katasterauszug/antrag-eines-auszugs-auf-papier heruntergeladen werden kann, möglich.

Auf der Website CadGIS https://eservices.minfin.fgov.be/ecad-web/#/, aktuell unter der neuen Aufmachung im Gegensatz zur alten Aufmachung noch nicht in deutscher Sprache verfügbar, können Sie digitale Katasterpläne kostenfrei einsehen, herunterladen, drucken oder ausmessen. Die Suchfunktion ermöglicht, die gewünschte Parzelle anhand der Katasterangaben, der Adresse oder der Koordinaten ausfindig zu machen.

> **Beispiel:** Der nachfolgende Auszug zeigt den Katasterplan, der der oben beschriebenen Immobilie entspricht.

f) Urbanistische Auskünfte

Die urbanistischen Auskünfte sind sämtliche städtebaulichen Regeln, die sich auf die verkaufte Immobilie beziehen und die für den Käufer von Interesse sind, wie z. B. die städtebauliche Bestimmung (Wohnzweck, Gewerbe, Industrie usw.), die Zone im Sektorenplan (Wohn-, Agrar-, Bauerwartungs-, Industrie- ... Zone), die bzgl. dieser Immobilie erhaltenen Städtebaugenehmigungen und -bescheinigungen sowie etwaige Parzellierungs- bzw. Verstädterungsgenehmigungen.

Gewisse dieser Angaben müssen bereits in der Verkaufsannonce aufgenommen werden, zusätzliche dann im Vertrag.

Die urbanistischen Auskünfte werden durch die Bauämter der Gemeinden innerhalb von 30 Tagen nach Anfrage ausgestellt.
Um die urbanistischen Auskünfte zu erhalten, müssen dem Bauamt die Katasterinformationen und der Katasterplan der Immobilie übermittelt werden.

Die urbanistischen Auskünfte und die damit zusammenhängenden rechtlichen Konsequenzen sind genauer in diesem Kapitel unter Punkt 2 c) hiernach erklärt.

g) Auszug aus der Datenbank für verseuchte Böden

Die unterschiedlichen regionalen Gesetzgebungen in Belgien sehen jeweils Verpflichtungen und Maßnahmen vor, die zum Ziel haben, eine gute Bodenqualität zu gewährleisten und demnach zu kontrollieren, dass keine Bodenverschmutzung vorliegt.

Die zuständigen Behörden sind die BDES (*Banque de données de l'état des sols*) in der Wallonischen Region, das IBGE (*Institut bruxellois pour la gestion de l'environnement*) in der Region Brüssel-Hauptstadt und das OVAM (*Openbare Vlaamse Afvalstoffenmaatschappij*) in der Flämischen Region.

Der Notar Ihrer Wahl muss vor dem Kaufvorvertrag einen Auszug aus der zuständigen Datenbank beantragen, um die Parteien korrekt informieren zu können.

h) Dokumente über die Mietlage

Wenn die Immobilie vermietet ist, gehört es zur Informationspflicht des Verkäufers, dem Käufer sämtliche Informationen über das Mietverhältnis zu übermitteln, die da wären:

(i) Mietvertrag

Wenn der Eigentümer einer Immobilie wechselt, heißt das nicht, dass das Mietverhältnis endet: Der Käufer (neuer Eigentümer) tritt in die Fußstapfen des Verkäufers und wird durch den Immobilienkauf der neue Vermieter. Der Mietvertrag läuft also im Prinzip weiter. Es gibt Ausnahmefälle, in denen das Mietverhältnis dem Käufer nicht entgegenhaltbar ist, z. B., wenn das Mietobjekt nicht zum Hauptwohnsitz des Mieters dient, und der Mietvertrag nicht registriert und dem Käufer verschwiegen wurde. Nachdem der Käufer infolge des Immobilienerwerbs zum neuen Vermieter wurde, steht es ihm selbstverständlich frei, die gesetzlichen Kündigungsmöglichkeiten des Vermieters (z. B. Eigenbedarf) zu nutzen, um das Mietverhältnis fristgerecht zu beenden.

Der Mietvertrag muss also dem Käufer übermittelt werden. Er enthält wichtige Informationen für den Käufer, z. B.:

- Gegebenenfalls ein Vorkaufsrecht des Mieters beim Verkauf der Immobilie;
- Angaben zu den Kündigungsmöglichkeiten;
- Höhe der Miete und der Nebenkosten usw.

Unter folgendem Link finden Sie sämtliche durch die Wallonische Region aufgestellten Vorlagen für Mietverträge: http://lampspw.wallonie.be/dgo4/site_logement/bail/theme/9

(ii) Bestandsaufnahme

Die etwaige Bestandsaufnahme, die den Zustand der Immobilie bei Beginn des Mietverhältnisses dokumentiert, muss dem Käufer ebenfalls übermittelt werden. Dies ermöglicht dem Käufer, in seiner neuen Eigenschaft als Vermieter, am Ende des Mietverhältnisses zu prüfen, ob der Zustand der Immobilie sich während des Mietverhältnisses – außer durch normalen Verbrauch – verschlechtert hat.

Eine Bestandsaufnahme muss auf Antrag einer der Parteien (Mieter oder Vermieter) durchgeführt werden. Wenn keine der Parteien die Initiative ergreift (weder bei Abschluss des Mietverhältnisses noch bei Verkauf einer vermieteten Immobilie) und somit keine Bestandsaufnahme vorliegt, wird vermutet, dass die Immobilie am Ende des Mietverhältnisses in dem Zustand zurückgegeben wurde, in der sie sich bei Abschluss des Mietverhältnisses befand. Mit anderen Worten, es obliegt dem Vermieter ggf. zu beweisen, dass sich der Zustand verschlechtert hat. Dieser Beweis ist ohne Bestandsaufnahme in der Praxis oft sehr schwer zu erbringen.

Unter folgendem Link finden Sie die durch die Wallonische Region aufgestellten Vorlagen der Bestandsaufnahmen: http://lampspw.wallonie.be/dgo4/site_logement/bail/theme/10.

(iii) Informationen zur Mietkaution

Die Mietkaution ist eine Summe, deren Höhe bei Mietverträgen für den Hauptwohnsitz des Mieters zwei Monatsmieten nicht übersteigen darf. Sie dient für den Vermieter als Sicherheit für den Fall, in dem der Mieter seinen vertraglichen Verpflichtungen nicht nachkommt und dadurch ein finanzieller Schaden für den Vermieter entsteht.

Bei diesem Schaden handelt es sich üblicherweise um Rückstände in der Mietenzahlung oder um Beschädigungen der vermieteten Immobilie.

Bei Mietverträgen über den Hauptwohnsitz des Mieters sieht das Gesetz zwingend vor, dass die Mietkaution entweder die Form einer Bankgarantie (selten in der Praxis), einer Garantie des öffentlichen Sozialhilfezentrums oder eines im Namen des Mieters blockiertes Bankkonto (am häufigsten in der Praxis) einnimmt. Bei Letzterem wird das Konto im Zuge eines Dreiparteienvertrags (Vermieter, Mieter und Bank) eröffnet. Dieser Vertrag sieht u. a. vor, dass die blockierten Gelder nur in zwei Situationen durch die Bank freigegeben werden dürfen: Wenn die Bank durch beide Parteien, d. h. im beidseitigen Einverständnis von Vermieter und Mieter, dahingehend aufgefordert wird (z. B., weil die Immobilie am Ende des Mietverhältnisses in gutem Zustand und ohne Mietschulden an den Vermieter zurückgegeben wurde) oder durch ein Gerichtsurteil (welches verfügt, ob die Gelder dem Mieter oder dem Vermieter zustehen).

Im Zuge des Verkaufs der vermieteten Immobilie muss der Käufer, in seiner Eigenschaft als neuer Vermieter, in den Dreiparteienvertrag mit der Bank aufgenommen werden.

i) Informationen über die Miteigentümervereinigung

Bei einem Wohnungskauf oder allgemein einer Einheit aus einer Miteigentümervereinigung sieht das Gesetz vor, dass der Käufer vor Unterschrift des Kaufvorvertrags über die finanzielle Situation der Miteigentümervereinigung aufgeklärt werden muss. Somit kann der Käufer einschätzen, welche Kosten als Miteigentümer auf ihn zukommen.

Der Hausverwalter muss innerhalb von 15 Tagen auf einfache Anfrage des Verkäufers, Immobilienmaklers oder des Notars Ihrer Wahl folgende Informationen und Dokumente übermitteln:

1. den Betrag der Umlaufmittel und Rücklagen;
2. den Betrag der eventuellen vom ausscheidenden Miteigentümer geschuldeten Rückstände;

3. den Stand der Aufforderungen zur Kapitaleinbringung, die sich auf die Rücklagen beziehen und die von der Generalversammlung vor dem feststehenden Datum der Eigentumsübertragung beschlossen worden sind;
4. eine Übersicht über die etwaig laufenden Gerichtsverfahren;
5. die Protokolle der ordentlichen und außerordentlichen Generalversammlungen der letzten drei Jahre sowie die periodischen Abrechnungen der Lasten der letzten zwei Jahre;
6. eine Abschrift der letzten Bilanz, die von der Generalversammlung der Miteigentümervereinigung gebilligt worden ist.

Außerdem müssen dem Käufer die Grundurkunde und Miteigentumsordnung übermittelt werden.

Das Ziel dieser Gesetzgebung ist es, dass der Kaufinteressent anhand dieser Informationen aufgeklärt wird, welche Kosten das Miteigentum mit sich bringt (anstehende Renovierungsarbeiten wie neues Dach, Heizung, Aufzug, Gerichtsverfahren usw.) und folglich die Konsequenzen seiner Investition besser einschätzen kann.

j) Postinterventionsakte

Die Postinterventionsakte (*dossier d'intervention ultérieure*) beschreibt sämtliche größeren Arbeiten, die seit dem 1. Mai 2001 (Datum des Inkrafttretens dieser Gesetzgebung) an einer Immobilie durchgeführt wurden. Ziel der Gesetzgebung ist es, Risiken am Bau (Unfälle und Krankheiten) vorzubeugen.

Die Postinterventionsakte wird durch den Sicherheitskoordinator oder den Bauherrn erstellt bzw. vervollständigt, und enthält anhand folgender Stücke eine Beschreibung sämtlicher, an der Immobilie ausgeführter Arbeiten: Pläne, Lastenhefte, Rechnungen, Angabe von gebrauchten Baustoffen, Fotos usw.

> **Beispiel:** Wenn aus der Postinterventionsakte das Vorhandensein von bleihaltiger Farbe oder asbesthaltiger Baustoffe

hervorgeht, können die Arbeiter bei Umbaumaßnahmen die notwendigen Schutzmaßnahmen treffen, um ihre Gesundheit nicht zu gefährden.

Ob diese Gesetzgebung ihr lobenswertes Ziel in der Praxis auch immer erreicht, sei dahingestellt. Wie dem auch sei, das Gesetz schreibt vor, dass der Veräußerer die Postinterventionsakte im Zuge der Immobilienübertragung dem Erwerber übergeben muss. Der Erwerber muss diese dann anhand der Dokumentation über die Arbeiten, die er durchführt, vervollständigen.

k) Zählerübernahme

Die Zähler für Gas, Strom und Wasser werden im Zuge des Verkaufs auf den Käufer übertragen.

Außer wenn die Immobilie vermietet ist und die Zähler auf den Namen des Mieters stehen, muss der Käufer – als neuer Benutzer der Immobilie – die Zähler übernehmen. Es steht ihm natürlich frei, einen Vertrag mit einem anderen Anbieter als den, den der Verkäufer gewählt hatte, abzuschließen.

Die Zählerabnahme und -übertragung wird üblicherweise unmittelbar nach Unterzeichnung der notariellen Urkunde zwischen Verkäufer, Käufer und ggf. Immobilienmakler vorgenommen. Meist lesen die Parteien die Zähler gemeinsam in der Immobilie ab oder der Verkäufer belegt den Zählerstand anhand eines am Tage der Beurkundung aufgenommenen Fotos. Die Zählerübergabe kann u. a. telefonisch beim Anbieter oder durch Ausfüllen und Einreichen von Formularen erfolgen, die Sie für die Energien unter: https://www.cwape.be/?dir=2.3.03.1&lg=2 und für das Wasser unter: https://www.swde.be/de/mediathek/dokumentation/formulare herunterladen können.

Die sogenannte EAN-Nummer (*European Article Number*), die auf jeder Energierechnung zu finden ist und einen Gas- oder Stromversorgungspunkt identifiziert, muss bei jeder Zählerüberschreibung angegeben werden.

Abschließend sei zu diesem Thema noch gesagt, dass das Wassergesetzbuch der Wallonischen Region vorsieht, dass im Fall eines Eigentümerwechsels der alte und der neue Immobilieneigentümer diesen Eigentumswechsel und die Zählerstände dem Wasserversorger innerhalb von acht Kalendertagen nach dem Datum der notariellen (Ver-)kaufsurkunde mitteilen müssen. Die Nichteinhaltung dieser Verpflichtung ist vor allem für den Verkäufer problematisch, denn er ist mit dem Käufer gesamtschuldnerisch zur Zahlung der Summen verpflichtet, die seit der letzten Zählerablesung und der darauffolgenden Rechnungsstellung bis zur Erfüllung dieser Verpflichtung geschuldet werden.

l) Fotovoltaikanlage

Die Parteien müssen im Vertrag klären, ob die etwaig vorhandene Fotovoltaikanlage und die daraus resultierenden grünen Zertifikate Teil des Verkaufs sind.

Außerdem muss geklärt werden, ob die Fotovoltaikanlage vollständig bezahlt wurde oder noch ein Finanzierungsvertrag ggf. mittels Verkaufs oder Vermittlung der grünen Zertifikate abgeschlossen wurde.

Falls die Anlage und die Zertifikate im Rahmen des Verkaufs an den Käufer übergehen (was in der Praxis meist der Fall ist), muss mit Unterzeichnung der notariellen Urkunde folgendes Formular ausgefüllt und eingereicht werden: https://energie.wallonie.be/servlet/Repository/gppv-ou-pp-autres-filieres-formulaire-site-changement-de-proprietaire-vente-deces-divorce.pdf?ID=55033

m) CertIBEau

Zwecks Gewährleistung der Gesundheitssicherheit und des Umweltschutzes müssen Neubauten im Gebiet der Wallonischen Region, deren Wasseranschluss ab dem 1. Juni 2021 erfolgt, über eine Zertifizierung der bebauten Immobilien für Wasser mit dem Namen „CertIBEau" für Trinkwasser- und Abwasserinneninstallationen verfügen. Beim Verkauf solcher Immobilien muss das CertIBEau (https://www.certibeau.be/de) dem Käufer übermittelt werden und diese Übermittlung im Vertrag festgehalten werden.

2. Vertragliche Bedingungen des Kaufs/Verkaufs

In diesem Abschnitt erklären wir die wichtigsten Klauseln eines Immobilien(ver-)kaufs. Diese Klauseln sollten in jedem Fall in Ihrem Vertrag – angepasst auf den Einzelfall – enthalten sein.

Die Klauseln unterteilen sich in folgende Kategorien: Allgemeine Bedingungen (a), die in jedem Verkauf vorgesehen sind und dem Einzelfall angepasst werden; Besondere Bedingungen, die sich auf die Immobilie beziehen (z. B. Grunddienstbarkeiten) (b); Übersicht der städtebaulichen Bestimmungen, u. a. urbanistische Auskünfte (c); Preis und Ursprung der Gelder (d) sowie andere Klauseln (e).

a) Allgemeine Bedingungen

Diese Bedingungen sind typische Verhandlungspunkte zwischen Parteien, die in jedem gut geschriebenen Verkaufsvertrag vorgesehen sind und dem Einzelfall angepasst werden können.

(i) Rechtskraft des Kaufvorvertrags und Eigentumsübertragung bei notarieller Beurkundung

Der Kaufvorvertrag wird üblicherweise vorsehen, dass der (Ver-)kauf durch die Unterzeichnung des Kaufvorvertrags vollendet (d. h. rechtswirksam) ist, das Eigentum der Immobilie jedoch erst bei Unterschrift der notariellen (Ver-)kaufsurkunde übertragen wird.

Es ist wichtig, den Unterschied zwischen Rechtsgültigkeit (oder Rechtskraft), Eigentumsübertragung und Drittwirksamkeit/Entgegenhaltbarkeit Dritten gegenüber zu verstehen:

- Der Kaufvorvertrag ist *rechtsgültig*, d. h., dass er – unter Vorbehalt der Verwirklichung der etwaigen aufschiebenden Bedingungen (siehe e), (i) hiernach) – die Parteien rechtlich abschließend bindet. Gemäß der so gut wie einheitlichen Marktpraxis wird im Kaufvorvertrag vorgesehen, dass die *Eigentumsübertragung* von Verkäufer an Käufer am Tage der notariellen Urkunde stattfindet. Der Kaufvorvertrag verpflichtet also Käufer wie Verkäufer, die notarielle Urkunde innerhalb der vereinbarten Frist, zum vereinbarten Preis und unter den vereinbarten Bedingungen zu unterzeichnen.

  Mit anderen Worten: Der Verkäufer hat nach Unterzeichnung des Kaufvorvertrags nicht mehr das Recht, jemand anderem die Immobilie zu verkaufen, selbst wenn dieser bereit wäre, einen höheren Preis zu zahlen. Der Käufer darf ebenfalls nicht mehr vom Kauf absehen, weil er z. B. ein schöneres oder günstigeres Objekt gefunden hat. Falls eine der Parteien dies trotzdem versucht, wird sie vertragsbrüchig und Sanktionen (siehe e), (ii) hiernach) greifen.

- Nur die notarielle Beurkundung des (Ver-)kaufs sorgt für *die Entgegenhaltbarkeit Dritten* gegenüber.

  Für die *Rechtskraft* des Verkaufs (also im Verhältnis zwischen den Vertragsparteien, d. h. Käufer und Verkäufer) ist die notarielle Urkunde nicht zwingend, da das belgische Vertragsrecht auf dem Konsensprinzip aufgebaut ist (siehe Teil 1, Kapitel 1, Einleitung und Punkt 1). Verkäufe ohne notarielle Urkunde gibt es glücklicherweise so gut wie gar nicht mehr in der Praxis, denn dies hat die mangelnde Drittwirksamkeit und die damit verbundenen, erheblichen

Nachteile zur Folge (siehe die Beispiele in der Erklärung des Begriffs Entgegenhaltbarkeit).

Zusammengefasst ist es für Sie wichtig, sich zu vergewissern, dass der Kaufvorvertrag vorsieht, dass die Eigentumsübertragung der Immobilie von Verkäufer an Käufer bei Unterzeichnung der notariellen Urkunde stattfindet.

Konsequenz der Eigentumsübertragung ist, dass die *Gefahren* und *Risiken* der Immobilie auf den Käufer übergehen. Dabei handelt es sich einerseits um den wirtschaftlichen Verlust (z. B. durch einen Schadensfall an der Immobilie) und andererseits um die Haftung z. B., falls ein Brand auf ein anderes Gebäude übergeht oder ein losgelöster Dachziegel einen vorbeigehenden Fußgänger verletzt.

Diese Risiken sollte der Käufer unbedingt durch eine Versicherung abdecken, die spätestens mit dem Datum der notariellen Urkunde in Kraft tritt (bzw. früher, falls der Nutzungsantritt vor notarieller Urkunde stattfindet – siehe (iii) in diesem Punkt a) hiernach).

Die Tatsache, dass das Risiko durch die Eigentumsübertragung auf den Käufer übergeht, sowie der Rat, dass der Käufer die Immobilie mit Unterschrift der notariellen Urkunde bzw. ab Nutzungsantritt versichern sollte, sollte ebenfalls ausdrücklich im Vertrag vorgesehen werden.

(ii) Hypotheken- und Schuldenfreiheit

Der Vertrag wird außer in ganz seltenen und besonderen Fällen vorsehen, dass die Immobilie hypothekenfrei vom Verkäufer an den Käufer übertragen wird. Das bedeutet, dass etwaige Gläubiger des Verkäufers, zugunsten derer die Immobilie mit einer Hypothek belastet wurde, vor dem Immobilienverkauf ihr Einverständnis zur Hypothekenlöschung gegeben haben müssen. Der Notar Ihrer Wahl wird sich für Sie unaufgefordert vergewissern, dass dies der Fall ist bzw. das Einverständnis einholen.

Wenn der Gläubiger des Verkäufers sein Einverständnis bzgl. Hypothekenlöschung verweigern würde und der Käufer die Immobilie trotzdem kaufen würde, wäre der Käufer dem Risiko ausgesetzt, dass der Gläubiger des Verkäufers, bei Nichtzahlung der ihm durch den Verkäufer geschuldeten Summen, die Immobilie verpfänden und verkaufen würde.

Das Vorhandensein dieser Klausel im Vertrag ist also sehr wichtig. Das Einverständnis des Gläubigers zur Hypothekenlöschung wird als aufschiebende Bedingung im Interesse des Käufers im Kaufvorvertrag vorgesehen: Er allein kann aufgrund des Nichteintretens dieses Einverständnisses zur Hypothekenlöschung vom Vertrag zurücktreten; nicht aber der Verkäufer. Für ihn wird dies als Vertragsbruch gewertet und zieht Sanktionen nach sich (siehe diesbezüglich e), (ii) hiernach).

> **Beispiel:** Verkäufer A unterzeichnet mit Käufer B einen Kaufvorvertrag über den Verkauf eines Hauses zum Preis von 250.000 Euro. A hatte dieses Haus vor acht Jahren mithilfe eines Bankdarlehens gekauft, von dem aktuell noch 75.000 Euro offenstehen. Der Kaufvorvertrag sieht vor, dass die Immobilie hypothekenfrei übertragen wird.
>
> Der Notar Ihrer Wahl wird im Rahmen der gesetzlichen Nachforschungen einen Hypothekenauszug beim Amt für Rechtssicherheit bestellen. Aus diesem Dokument wird er entnehmen, dass die Immobilie mit der Hypothek zugunsten der Bank belastet ist. Er wird der Bank dann mitteilen, dass A die Immobilie verkaufen wird, und die Bank auffordern, ihre Bedingungen zum Einverständnis der Hypothekenlöschung mitzuteilen. Die Bedingung ist üblicherweise die Rückzahlung sämtlicher der Bank geschuldeten Summen. Die Bank wird also im Gegenzug für die Löschung der Hypothek die offenen 75.000 Euro + Vorfälligkeitsentschädigung (z. B. 900 Euro) + Löschungskosten der Hypothek (z. B. 1.100 Euro) = 77.000 Euro verlangen. Diese Summe wird der Notar Ihrer Wahl anhand des durch

den Käufer gezahlten Preises (hier: 250.000 Euro) an die Bank zahlen, die Hypothek löschen und den Rest des Kaufpreises (250.000 Euro – 77.000 Euro = 173.000 Euro) an A auszahlen. Wenn B den Erwerb ebenfalls finanziert hat, wird die neue Hypothek zugunsten Bs Bank durch den Notar eingetragen.

Die Schuldenfreiheit funktioniert nach demselben Schema: Der Verkäufer verpflichtet sich, dass er keine Steuer- oder andere öffentliche Schulden hat bzw. die Immobilie nicht Gegenstand einer Verpfändung ist, die nicht anhand des Kaufpreises getilgt und gelöscht werden könnte. Wenn dem dann trotzdem so wäre und der Gläubiger sein Einverständnis zum Immobilienverkauf zum vereinbarten Preis verweigert, greift für den Käufer der Schutz der aufschiebenden Bedingung hinsichtlich der Schuldenfreiheit: Er kann vom Kauf zurücktreten, der Verkäufer hingegen begeht Vertragsbruch (siehe diesbezüglich e), (ii) hiernach).

(iii) Übertragung der Nutzung

Das Nutzungsrecht bei Immobilien beinhaltet das Recht, die Immobilie zu bewohnen (die sogenannte „tatsächliche Inbesitznahme“, durch Übergabe der Schlüssel) oder den Bewohner zu bestimmen und die Miete einzunehmen (die sogenannte „Inbesitznahme durch Einnahme der Mieten“). Es beinhaltet ebenfalls die Verpflichtung für die Kosten der Nutzung (Energie, Wasser usw.) aufzukommen – siehe für die Zählerübernahme hiervor, Punkt 1, k) in diesem Kapitel 2.

In den meisten Verkäufen wird vereinbart, dass die Nutzungsübertragung zeitgleich mit der Eigentumsübertragung *bei* Unterzeichnung der notariellen Beurkundung des (Ver-)kaufs stattfindet.

Es ist jedoch für die Parteien durchaus möglich, zu vereinbaren, dass der Käufer die Immobilie bereits *vor* notarieller Urkunde nutzen darf, oder im Gegenteil, der Verkäufer die Immobilie *nach* Verkauf noch nutzen (bewohnen) darf. Beide Fälle haben rechtliche Konsequenzen:

1° Nutzungsantritt ***vor*** notarieller Beurkundung: Es ist nicht selten, dass ein Käufer den Wunsch äußert, die Immobilie bereits in der Zeit zwischen der Unterzeichnung des Kaufvorvertrags und der notariellen Urkunde nutzen zu dürfen, z. B., um auszumessen und/oder Renovierungsarbeiten durchführen zu lassen. Diesem – aus Sicht des Käufers durchaus legitimen – Wunsch sollte jedoch durch den Verkäufer nur dann stattgegeben werden, wenn er sich der rechtlichen Konsequenzen bewusst ist und diese akzeptiert:

Wenn der Käufer Arbeiten ausführt und die Unterzeichnung der notariellen Urkunde kommt aus irgendeinem Grunde nicht zustande (z. B.: der Käufer erhält keine Finanzierung, der Verkäufer hat Schulden, die nicht anhand des Preises getilgt werden können usw.), werden Diskussionen über den Mehr- oder Minderwert der Arbeiten und deren Kosten aufkommen.

Falls das notwendige Vertrauensverhältnis zwischen den Parteien vorhanden ist und diese sich über den Zugang zur Immobilie/Nutzungsantritt/Zugang für (kleine) Renovierungsarbeiten verständigen, sollten sie nichtsdestotrotz eine Vereinbarung über diese vorläufige Nutzung treffen, die vor allem folgende Punkte beinhaltet:

- Risiken gehen ab Nutzungsantritt zulasten des Käufers.
- Verpflichtung des Käufers, die Immobilie ab Nutzungsantritt zu versichern.
- Ggf. Bestandsaufnahme der Immobilie zum Nutzungsantritt.
- Hinweis, dass die Vereinbarung nicht als stillschweigendes Mietverhältnis angesehen werden kann und jederzeit durch den Verkäufer widerrufbar ist (z. B., wenn es Probleme seitens des Käufers in Bezug auf die Unterzeichnung der notariellen Beurkundung gibt).
- Sämtliche Kosten (Versorgungskosten – Wasser, Heizung, Strom –, Immobiliensteuervorabzug, Versicherungsprämie usw.) sind ab Nutzungsantritt durch den Käufer zu tragen.

Der Notar Ihrer Wahl wird Ihnen diese Vereinbarung auf Ihre Anfrage hin vorbereiten.

2° Der Verkäufer bleibt noch ***nach*** notarieller Beurkundung in der Immobilie: Es kommt regelmäßig vor, dass die Parteien vereinbaren, dass der Verkäufer noch eine Zeit lang in der Immobilie nach notarieller Urkunde und Eigentumsübertragung verweilen darf, z. B., weil die Renovierungsarbeiten seiner neuen Immobilie noch nicht beendet sind.

In solch einer Situation vereinbaren die Parteien entweder, dass eine monatliche Nutzungsentschädigung vom Verkäufer an den Käufer gezahlt wird oder dass diese Nutzung nicht über den Kaufpreis hinaus entlohnt wird. In letzterem Fall wird jedoch der Mietwert für die Zeitspanne, in welcher der Verkäufer nach notarieller Beurkundung und Eigentumsübertragung in der Immobilie verbleiben darf, zur Besteuerungsgrundlage für die Erhebung der Registrierungsgebühren hinzugefügt. Grund dafür ist, dass die Nutzung einen wirtschaftlichen Wert hat (nämlich die erzielbare Miete) und die Steuergesetzgebung unwiderruflich vermutet, dass der Kaufpreis (und somit die Besteuerungsgrundlage) ohne das verlängerte Nutzungsrecht für den Verkäufer, höher ausgefallen wäre.

> **Beispiel:** Verkäufer A unterzeichnet mit Käufer B am 1. Januar 2022 die notarielle (Ver-)kaufsurkunde eines Hauses. Da As neue Immobilie erst Ende Juli 2022 fertiggestellt sein wird, vereinbaren A und B, dass A die Immobilie noch während sieben Monaten nach der Eigentumsübertragung an B bewohnen darf. Der Preis, der dem Verkehrswert entspricht, beträgt 320.000 Euro, und das siebenmonatige Nutzungsrecht ist darin enthalten. Obwohl B an A den Preis von 320.000 Euro zahlt, wird die 12,5%ige Registrierungsgebühr auf 320.000 Euro + sieben Monatsmieten (z. B. 800 Euro x 7 = 5.600 Euro), also 325.600 Euro erhoben.

Die Vereinbarung über den Nutzungsantritt nach Eigentumsübertragung, die üblicherweise in der notariellen Urkunde verankert wird, sollte die gleichen Punkte beinhalten wie die im Fall des vorzeitigen Nutzungsantritt (siehe Punkt 1° hiervor); nur natürlich zeitverschoben und in die andere Richtung.

(iv) Immobiliensteuervorabzug ab notarieller Urkunde zulasten des Käufers

Verkaufsverträge sehen üblicherweise vor, dass die Steuern, die auf das Immobilieneigentum anfallen, ab notarieller Urkunde zulasten des Käufers gehen. Diese Klausel bezieht sich nicht auf die Steuern und Kosten der Immobilienübertragung an sich (siehe dafür hiernach, Teil 2, Kapitel 1), sondern auf den jährlich zu zahlenden Immobiliensteuervorabzug (siehe hiernach, Teil 2, Kapitel 2, Punkt 2).

In den Immobilienverkaufsverträgen wird vorgesehen, dass der Immobiliensteuervorabzug zum Tage der notariellen Urkunde für das laufende Jahr *pro rata* zwischen den Parteien aufgeteilt wird. Das bedeutet, dass der Käufer dem Verkäufer, zusätzlich zum Kaufpreis, den Anteil des Immobiliensteuervorabzugs zahlt, der proportional den Tagen im Jahr entspricht, an denen er Eigentümer der Immobilie ist. Der Immobiliensteuervorabzug wird immer von der Steuerverwaltung beim Immobilieneigentümer zum 1. Januar des laufenden Jahres eingefordert. Selbst wenn also z. B. der Verkauf der Immobilie im März stattfindet und der Steuerbescheid für den Immobiliensteuervorabzug wie üblich erst im August/September verschickt wird, wird dieser beim Verkäufer eingefordert, da dieser Eigentümer zum 1. Januar des Jahres war.

Beispiel für die Berechnung eines Immobiliensteuervorabzugs: Verkäufer A verkauft Käufer B per notarieller Urkunde vom 24. April 2022 eine Immobilie. Der Immobiliensteuervorabzug beläuft sich auf 1.209 Euro. B wird A, zusätzlich zum Preis, seinen Anteil am Immobiliensteuervorabzug für das Jahr 2022 zahlen, nämlich die Summe von 831,39 Euro. Diese ermittelt sich wie folgt: 1.209 Euro (Immobiliensteuervorabzug) x 251 (Anzahl Tage vom 24. April bis 31. Dezember) / 365 (Anzahl Tage des Jahres 2022). Wenn A dann im August oder September 2022 aufgefordert wird, den Immobiliensteuervorabzug zu leisten, wird er die gesamte Summe zahlen, wissend, dass er ja bereits am 24. April den proportionalen Anteil von B erhalten hat.

(v) *Zustand*

Der Kaufvorvertrag und die notarielle Urkunde sollten vorsehen, dass die Immobilie in dem Zustand verkauft wird, in dem sie sich bei Vertragsabschluss (d. h. bei Kaufvorvertrag, wenn dieser unterschrieben wurde) befand. Der Verkäufer ist verpflichtet, diesen Zustand zwischen Kaufvorvertrag und notarieller Urkunde aufrechtzuerhalten und die Immobilie als guter Familienvater zu pflegen.

Um spätere Diskussionen über den tatsächlichen Zustand der Immobilie bei Vertragsabschluss zu vermeiden, steht es den Parteien frei, eine Bestandsaufnahme durchzuführen oder durchführen zu lassen. Abhängig vom Vertrauensverhältnis zwischen den Parteien sowie der Zeit und der Mittel, die diese bereit sind zu investieren, wird in der Praxis entweder keine Bestandsaufnahme (große Mehrheit der Fälle), eine „Bestandsaufnahme“ durch den einfachen (ggf. elektronischen) Austausch von Fotos der Immobilie oder sogar eine kontradiktorische Bestandsaufnahme durch einen Experten (z. B. Immobilienmakler) durchgeführt.

(vi) Flächengröße

Zu den Standardklauseln des Kaufvorvertrags gehört ebenfalls, dass die in der Immobilienbeschreibung laut Katasterauszug (siehe hiervor, Punkt 1, e) in diesem Kapitel 2) angegebene Flächengröße nur auskunftshalber erteilt wird, ohne Gewähr durch den Verkäufer.

Etwaige Unterschiede zum angegebenen Flächeninhalt führen nicht zu einer Preisanpassung, selbst dann nicht, wenn der Unterschied mehr als ein Zwanzigstel betragen sollte; dieser Unterschied wird als Gewinn oder Verlust des Käufers angesehen. Der Verweis auf „ein Zwanzigstel" bezieht sich auf eine nicht zwingende Regel des Zivilgesetzbuches, welche besagt, dass wenn ein Verkauf nicht ausdrücklich für eine gewisse Flächengröße vereinbart wird, Mehr- oder Mindermaß nicht zu einer Preisanpassung führen, solange der Unterschied zwischen dem wirklichen Maß und dem im Vertrag angegebenen Maß nicht mehr als ein Zwanzigstel beträgt.

Die marktübliche Klausel aus Verkaufsverträgen, welche die gesetzliche Regel auf den Unterschied von mehr als ein Zwanzigstel ausdehnt, schafft Rechtssicherheit.

Falls begründete Zweifel in Bezug auf die tatsächliche Flächengröße bestehen, sollte ein Käufer also bei einem Landmesser eine Vermessung in Auftrag geben.

(vii) Ausschluss der Garantie für verborgene Mängel („Gekauft wie gesehen")

Verborgene Mängel bei Immobilien sind *erhebliche* Defizite oder Beschädigungen, die *nicht ohne Weiteres zu erkennen* sind (Maßstab ist hier der aufmerksame Käufer), dem *Verkäufer* und dem Käufer bei einer Immobilienübertragung *unbekannt* sind und erst später, z. B. bei Renovierungsarbeiten des Käufers, auftauchen, aber bereits beim Verkauf bestanden. Diese Mängel machen die Immobilie für den ihr zugedachten Gebrauch untauglich oder schränken diesen Gebrauch derart ein, dass der *Käufer*, hätte er diese Mängel gekannt, die Immobilie *nicht gekauft oder lediglich einen geringeren Preis* dafür gezahlt hätte.

Beispiel: Feuchtigkeit in der Wand oder im Boden, unzureichende Lärm- oder Wärmeisolation, undichtes Dach, gebrechliches Fundament usw.

Das belgische Zivilgesetzbuch beinhaltet für Verkäufe gleich welcher Art die allgemeine Regel, dass der Verkäufer für verborgene Mängel der verkauften Sache haftet. Diese Bestimmung ist jedoch nicht zwingender Natur, d. h., dass sie nur dann anwendbar ist, wenn die Parteien in ihrem Vertrag davon nicht abgewichen sind.

Genau diese vertragliche Abweichung, d. h. der Ausschluss der Garantie für verborgene Mängel, wird – außer bei neuen Immobilien (siehe 2° hiernach) – quasi systematisch in Immobilienverkaufsverträgen vorgesehen. Die Mängel sind ein wirtschaftliches Risiko und Rechtslehre und Rechtsprechung mussten entscheiden, wer dieses Risiko in der Praxis zu tragen hat. Über Jahrzehnte hinweg hat sich somit die allgemeine Marktpraxis des Ausschlusses durch den Verkäufer der Garantie der verborgenen Mängel entwickelt. Bei Verkäufen zwischen Privatpersonen gehört dieser Ausschluss zu den Standardbedingungen der Verkaufsverträge der Immobilienmakler und Notare.

Was mitunter für den Käufer, der nach seinem Kauf Mängel an der Immobilie entdeckt, als eine brutale oder sogar ungerechte Regel aufgefasst werden kann, rechtfertigt sich durch die Notwendigkeit der Schaffung von Rechtssicherheit. Wenn die Tür für einen Regress seitens des Käufers nicht vertraglich geschlossen würde, würde dies zu einem massiven Anstieg der Rechtsstreitigkeiten bei Immobilienverkäufen und einem Mangel an Planungssicherheit führen; außerdem kann sich der neue Eigentümer ggf. gegen dieses Risiko versichern, der Verkäufer hingegen wird seine Versicherung im Zuge des Immobilienverkaufs gekündigt haben.

Der Garantieausschluss für verborgene Mängel bei Immobilien ist vergleichbar mit der Vereinbarung *„gekauft wie gesehen"* bei Automobilverkäufen.

Die vertragliche Klausel über den Garantieausschluss von verborgenen Mängeln greift jedoch ausdrücklich nicht in folgenden Fällen:

1° Der Verkäufer kannte den Mangel. In diesem Fall ist es für ihn kein verborgener Mangel mehr, und er ist verpflichtet, den Käufer über das Vorhandensein des Defizits zu informieren. Anderenfalls kommt er seiner Informationspflicht nicht nach oder kann sogar der absichtlichen Täuschung verantwortlich gemacht werden. Sowieso wäre der Verkäufer in solch einem Fall schadensersatzpflichtig.

Der Beweis, dass der Verkäufer Kenntnis von dem Mangel hatte, ist mitunter in der Praxis äußerst schwer zu erbringen.

2° Der professionelle Verkäufer haftet für verborgene Mängel (neue Immobilien). Die Verbraucherschutzgesetzgebung sieht die unwiderrufliche Vermutung vor, dass der professionelle Verkäufer Kenntnis des oder der verborgenen Mängel hat bzw. haben muss, und diese folglich gewährleisten muss.

Dieser Punkt ist in der Praxis anwendbar, wenn Sie eine neue Wohnung oder ein neues Haus von einem Unternehmer oder Promotor kaufen (siehe hiernach, Teil 4, Kapitel 1, Punkt 3).

(viii) Verkauf mit allen Grunddienstbarkeiten, zu Gunsten oder zu Lasten

Der Verkaufsvertrag wird an die Rechtslage erinnern, dass etwaige Grunddienstbarkeiten, die die verkaufte Immobilie belasten oder bevorteilen, mit der Immobilie übertragen werden. Der Käufer hat folglich das Recht, diese Grunddienstbarkeiten geltend zu machen, oder er kann versuchen, sich gegen die Grunddienstbarkeiten zu Lasten zu wehren; beides ohne Mitwirkung oder Regress gegen den Verkäufer.

Wir verweisen diesbezüglich auf die Erklärung des Begriffs Grunddienstbarkeiten in Teil 7, in dem erklärt wird, dass Grunddienstbarkeiten zwischen Immobilien und nicht zwischen Vertragsparteien vereinbart sind. Eine Grunddienstbarkeit ist immer Zubehör der Immobilie und wird folgerechtlich immer und notwendigerweise mit der Immobilie übertragen.

Es gehört jedoch zur Informationspflicht des Verkäufers, den Käufer über das Bestehen etwaiger Grunddienstbarkeiten aufzuklären. Falls Grunddienstbarkeiten bestehen, müssen diese durch den Verkäufer mitgeteilt und durch den Notar Ihrer Wahl in die notarielle Urkunde aufgenommen werden (siehe besondere Bedingungen unter b), (i) hiernach).

b) Besondere Bedingungen

Besondere Bedingungen werden im Gegensatz zu den allgemeinen Bedingungen (siehe Punkt a) hiervor) nicht systematisch in allen Immobilienverträgen aufgenommen, sondern nur dann, wenn sie aufgrund der besonderen Situation der Immobilien, die Gegenstand des Vertrags sind, oder eines besonderen Verhältnisses zwischen Parteien bzw. einer Partei und einem Dritten, angebracht sind.

Folgende Themenbereiche können sich unter der Rubrik „besondere Bedingungen" im Immobilien(ver-)kaufsvertrag bzw. dessen notarieller Beurkundung wiederfinden: Grunddienstbarkeiten (i), Vorkaufsrechte (ii) und Andere Lasten oder Auflagen (iii).

(i) Grunddienstbarkeiten

Wir raten Ihnen an dieser Stelle die Erklärung des Begriffs „Grunddienstbarkeiten" in Teil 7 sowie in Punkt a) (viii) hiervor zu lesen.

Immobilienverkaufsverträge werden unter dem Abschnitt „Besondere Bedingungen", neben den etwaig durch die Vertragsparteien vereinbarten Grunddienstbarkeiten, auch die Grunddienstbarkeiten vorsehen, die in der Vergangenheit durch einen früheren Eigentümer der verkauften Immobilie geschaffen wurden: Wie unter dem Begriff „Grunddienstbarkeiten" in Teil 7 erklärt, werden diese zwar durch Personen, aber *hinsichtlich Immobilien* vereinbart, und dies im Prinzip für eine unbefristete Dauer. Folglich bleiben die in der Vergangenheit vereinbarten Grunddienstbarkeiten weiter bestehen, wenn der Eigentümer der Immobilie wechselt. Diese bereits bestehenden Grunddienstbarkeiten müssen also ausdrücklich im Kaufvorvertrag und der notariellen Urkunde wiederholt werden (d. h., der Wortlaut, durch den sie geschaffen wurden, wird wortwörtlich wiedergegeben), damit der Käufer ordnungsgemäß hinsichtlich dieser Situation informiert ist.

(ii) Vorkaufsrechte

Es bestehen zwei unterschiedliche Arten von Vorkaufsrechten: Einerseits die Vorkaufsrechte, die zwischen *Parteien* vereinbart werden und andererseits die Vorkaufsrechte, die durch das *Gesetz* geschaffen sind. Bei den Vorkaufsrechten, die durch das Gesetz geschaffen sind, unterscheidet man noch einmal zwischen den Vorkaufsrechten zugunsten von Privatpersonen (z. B. das Vorkaufsrecht des Pächters von Agrarland) und den Vorkaufsrechten zugunsten von öffentlichen Einheiten (z. B. Vorkaufsrechte für Immobilien im Umkreis von Schulen oder anderen öffentlichen Einheiten), die diesen Einrichtungen von öffentlichem Interesse ermöglichen, sich dadurch auszudehnen.

Der Kaufvorvertrag bzw. die notarielle (Ver-)kaufsurkunde werden die Vorkaufsrechte beinhalten, die die Parteien aktuell unter sich vereinbaren (siehe Beispiel 1 hiernach: aktuelles Vorkaufsrecht) und die Vorkaufsrechte, die ggf. in der Vergangenheit vereinbart wurden, aber bei jedem Immobilienkauf immer wieder neu zur Geltung kommen (siehe Beispiel 2 hiernach: immer wiederkehrendes Vorkaufsrecht).

> **Beispiel 1:** Verkäufer A verkauft eine Immobilie an Käufer B und die beiden Parteien vereinbaren, dass A ein Vorkaufsrecht hat, wenn B entscheidet, die Immobilie weiter zu verkaufen. Dieser Fall wird z. B. regelmäßig in Scheidungsvereinbarungen vorgesehen. Solche Vorkaufsrechte können z.B. auch in Mietverträgen oder Verträgen über Werbetafeln an Häusern vorgesehen werden.

> **Beispiel 2:** Bei Immobilien, die durch Wohnungsbaugesellschaften (wie z. B. ÖWOB - https://www.owob.be) gebaut wurden oder Grundstücke, die in Industriegebieten durch öffentliche Förderungsgesellschaften (z. B. die SPI in der Provinz Lüttich – http://www.spi.be/de) veräußert werden, wird mitunter ein Vorkaufsrecht beim Weiterverkauf für diese Wohnungsbau- oder Förderungsgesellschaften vorgesehen. Dieses Vorkaufsrecht kommt immer wieder neu bei jedem Weiterverkauf der betroffenen Immobilie zur Geltung, d. h., bei jedem Weiterverkauf muss die Immobilie der Gesellschaft, zugunsten derer das Vorkaufsrecht vereinbart wurde, zum Kauf angeboten werden. Erst wenn die Gesellschaft das Recht nicht ausübt, kann die Immobilie an den Interessenten verkauft werden.

(iii) Andere Lasten oder Auflagen

Kaufvorverträge und notarielle (Ver-)kaufsurkunden können noch andere besondere Bedingungen vorsehen, in Form von Lasten oder Auflagen. Diese Lasten oder Auflagen können unterschiedlicher Natur sein, z. B. das Verbot für den Käufer, die Immobilie während eines gewissen Zeitraums weiter zu verkaufen oder mit dinglichen Rechten (z. B. Hypotheken) zu belasten.

Beispiel: Ein Verkauf auf Leibrente (siehe Teil 5, Kapitel 4) sollte zum Schutz des Verkäufers die Klausel beinhalten, dass der Käufer die Immobilie nicht ohne Einverständnis des Verkäufers weiterverkaufen (und erst recht nicht mit einer Hypothek belasten) darf. Der Käufer ist für den Verkäufer eine wichtige Person, da er die monatliche Rente zahlen muss. Der Verkäufer wird seinen Käufer also sorgfältig anhand von Eigenschaften wie Verlässlichkeit und Zahlungsfähigkeit aussuchen; das Verkaufsverbot sorgt dafür, dass diese verlässliche und zahlungsfähige Person nicht durch eine andere ersetzt wird, die diese Eigenschaften nicht mit sich bringt.

c) Städtebau (Urbanismus) und andere administrative Klauseln und Dokumente

Jede notarielle (Ver-)kaufsurkunde enthält einen Abschnitt, der den Käufer über die städtebauliche Lage der Immobilie informiert und der ganz allgemein den Anforderungen diverser, in administrativen Policen und Verwaltungstexten verankerter Informationspflichten nachkommt bzw. diese dokumentiert.

(i) Urbanistische Auskünfte – Informationspflicht

Der Abschnitt „urbanistische Auskünfte" in der notariellen Urkunde hat als Ziel, den Käufer über sämtliche städtebaulichen und anderen administrativen bzw. verwaltungsrechtlichen Eigenschaften der Immobilie aufzuklären, damit dieser sich vergewissern kann, dass die Immobilie sich für den Zweck eignet, für den er sie bestimmt.

Der Käufer hat hier für gewisse Informationen eine Eigenverantwortung (1°), der Verkäufer hat ihm gegenüber eine Informationspflicht (2°) und der Notar muss ebenfalls gewisse Informationen in die notarielle Urkunde aufnehmen (3°).

1° Der Käufer sollte – zumindest falls Zweifel vorliegen – beim Bauamt der Gemeinde die letzten genehmigten Pläne einsehen, um sich zu vergewissern, dass die Immobilie diesen genehmigten Plänen entspricht. Dies ist also eine sogenannte materielle bzw. faktische Kontrolle „der Lage vor Ort", um zu prüfen, ob keine Arbeiten an der Immobilie ausgeführt wurden, die nicht genehmigt sind (z. B. ein Anbau). Er sollte sich darüber hinaus erkundigen, ob eine etwaig von ihm gewünschte Zweckänderung (z. B. Geschäftshaus in Wohnraum ändern) oder geplante Arbeiten möglich oder genehmigungsfähig sind.

2° Der Verkäufer muss dem Käufer sämtliche wichtigen Informationen städtebaulicher Art mitteilen, von denen er Kenntnis hat, z. B.: Wenn er über ein mögliches Enteignungsverfahren in Kenntnis gesetzt wurde, Anträge gestellt worden sind usw.

Darüber hinaus wird der Verkäufer in jedem gut geschriebenen Verkaufsvertrag die Erklärung abgeben, dass er keine Kenntnis von einem städtebaulichen Verstoß hinsichtlich der Immobilie hat und dass er selbst keine genehmigungspflichtigen Arbeiten durchgeführt hat, ohne dafür die notwendige Städtebaugenehmigung erhalten zu haben (siehe (ii) hiernach).

3° Der Notar wird, wie unter Teil 1, Kapitel 2, Punkt 1 f) erklärt, von der Städtebauverwaltung der Gemeinde im Rahmen der gesetzlichen Nachforschungen die urbanistischen Auskünfte beantragen und diese in die Urkunde aufnehmen, u. a.: die Zone im Sektorenplan (Wohn-, Agrar-, Industrie- usw. Gebiet) und die für die Immobilie erteilten Genehmigungen (Bau-, Verstädterungs-, Betriebs- und andere Genehmigungen).

(ii) Städtebauliche Verstöße: Regularisierung, Kosten und Verjährung

Ein wichtiger Aspekt bei Immobilienverkäufen ist das etwaige Vorhandensein von städtebaulichen Verstößen bzw. Zuwiderhandlungen hinsichtlich der Immobilie. Dabei handelt es sich wie oben erwähnt um Arbeiten oder Handlungen, die genehmigungspflichtig sind, für die aber keine Städtebaugenehmigung eingeholt wurde.

Diese städtebaulichen Verstöße werden zwar *durch* Personen, aber *an* Immobilien begangen. Der Verstoß geht zusammen mit der Immobilie auf den Käufer über, was bedeutet, dass der Käufer in seiner Eigenschaft als neuer Eigentümer für den Verstoß haftungspflichtig gegenüber der Verwaltung und geschädigten Dritten (z. B. Nachbarn) ist. Die Konsequenz des Verstoßes kann, abhängig von dessen Schwere, unterschiedlich ausfallen:

- Gar keine Konsequenz, da der Verstoß verjährt ist: Gewisse genehmigungspflichtige Arbeiten, die vor dem 1. März 1998 durchgeführt wurden, dürfen nicht verfolgt werden. Der Verstoß bleibt also bestehen, darf aber nicht mehr bestraft werden. *De facto* ist der Eigentümer also „aus dem Schneider". Die zu erfüllenden Bedingungen sind unter dem Begriff „Verjährung städtebaulicher Verstöße" in Teil 7 genauer erklärt.
- Einleiten eines Antrags zwecks Regularisierung: Wenn der Verstoß genehmigungspflichtig und nicht verjährt ist, muss die Regularisierung beantragt werden. Der diesbezügliche Antrag bringt ggf. Kosten (u. a. Architekt) mit sich.
- Verwaltungsstrafe – Bußgeld: Der städtebauliche Verstoß kann mit Verwaltungsstrafen bzw. Bußgelder durch die Verwaltung und sogar die Staatsanwaltschaft verfolgt werden.

- Schadensersatz: Der Nachbar, der durch die nicht genehmigten Arbeiten einen Schaden erleidet (z. B. Lärm, Lichteinfall usw.) kann Schadensersatz und ggf. auch den Abriss beantragen.
- Abriss: In besonders schwerwiegenden Fällen, z. B. der Errichtung eines Wohnhauses in der Agrarzone, wird die einzig mögliche Konsequenz der Abriss der Immobilie sein.

In jedem Fall wird der Käufer einer Immobilie diese Risiken nicht einfach so auf sich nehmen wollen.

Deswegen ist es in erster Linie wichtig, dass jeder der Akteure (Käufer, Verkäufer und Notar) ***vorab*** seinen Informations- und Investigationspflichten nachkommt (siehe Punkt (i) hiervor).

Wenn dann *im Rahmen der Vorbereitung der notariellen Urkunde* durch den Verkäufer erklärt (siehe Punkt (i) 2° hiervor) oder entdeckt wird, dass die Immobilie mit einem nicht verjährten, aber regularisierbaren Städtebauverstoß belastet ist, müssen im Vertrag die Konsequenzen geklärt werden, u. a.: wer zwischen Käufer oder Verkäufer leitet den Regularisierungsantrag ein, wer zahlt die Kosten, Bußgelder usw., erhält der Käufer vom Verkäufer eine pauschale Entschädigung (z. B. falls die Regularisierungsgenehmigung nicht erteilt wird)?

Falls hingegen der städtebauliche Verstoß erst später, *nach Unterschrift der notariellen Urkunde*, aus irgendeinem Grund ans Licht kommt und folglich der Verkäufer eine falsche Erklärung in der notariellen Urkunde abgegeben hat (nämlich, dass er keine genehmigungspflichtigen Arbeiten ohne Genehmigung durchgeführt hat), bildet dies die Grundlage für den Käufer, den Verkäufer zu verklagen. Diese Situation ist ungünstig für beide Vertragsparteien: Einerseits für den Verkäufer, der ein Rechtsverfahren und eine Schadensersatzklage seitens des Käufers fürchten muss; andererseits für den Käufer, der Eigentümer einer Immobilie ist, die mit einer städtebaulichen Zuwiderhandlung belastet ist, und der diesbezüglich hinsichtlich der Verwaltung und Dritten haftungspflichtig ist.

(iii) Andere administrative Policen

In diesem Teil der Urkunde wird außerdem der Inhalt der Dokumente thematisiert, die dem Käufer durch den Verkäufer zur Verfügung gestellt werden müssen, nämlich:

- Hinweis auf den Energieausweis (siehe Teil 1, Kapitel 2, Punkt 1, b) hiervor).
- Ergebnis des Protokolls über die Kontrolle der Elektroinstallation (siehe Teil 1, Kapitel 2, Punkt 1, c) hiervor).
- Ergebnis des etwaigen Protokolls über die Dichtigkeit des Heizöltanks (siehe Teil 1, Kapitel 2, Punkt 1, d) hiervor).
- Inhalt des Auszugs aus der Datenbank für verseuchte Böden (siehe Teil 1, Kapitel 2, Punkt 1, g) hiervor).
- Information über die etwaige Übermittlung des CertIBEau (siehe Teil 1, Kapitel 2, Punkt 1, m) hiervor).

d) Preis, Anti-Geldwäschegesetzgebung und Steuern

(i) Preis und Verkehrswert

Jeder Verkaufsvertrag bzw. jede notarielle Urkunde wird neben der Angabe des Preises auf die anwendbare gesetzliche Bestimmung hinweisen, die folgende Grundsätze beinhaltet:

1° Der im Vertrag verankerte Preis muss dem tatsächlich zwischen Parteien vereinbarten Preis entsprechen. Mit anderen Worten: Die Versuchung, in der Urkunde einen geringeren Wert als den tatsächlichen Preis anzugeben, um somit auf den Unterschied Registrierungsgebühren zu sparen (d. h., ein Teil des Preises wird „schwarz" gezahlt), entspricht dem Tatbestand der Steuerhinterziehung.

2° Wenn der Preis unter dem Verkehrswert liegt, muss eine Zusatzerklärung über den Verkehrswert in die Urkunde aufgenommen werden. Dieser Wert gilt dann als Besteuerungsgrundlage für die Erhebung der Registrierungsgebühren (siehe Teil 2, Kapitel 1, Punkt 1 hiernach).

3° Der Gegenwert etwaiger Lasten, die durch den Käufer übernommen werden (z. B. Wohnrecht des Verkäufers nach Beurkundung – siehe Teil 1, Kapitel 2, Punkt 2, a), (iii) 2°), wird zum Preis bzw. dem Verkehrswert hinzugezählt, um die Besteuerungsgrundlage zu bilden.

Wir verweisen an dieser Stelle auf die Erklärung des Bergriffs „Verkehrswert" in Teil 7, dem Sie u. a. entnehmen können, dass die Steuerverwaltung immer über eine Frist von zwei Jahren nach der notariellen (Ver-)kaufsurkunde verfügt, um den in dieser Urkunde angegebenen Preis bzw. Verkehrswert zu beanstanden.

> **Beispiel:** Verkäufer A verkauft an Käufer B eine Immobilie in Eupen zum Vorzugspreis von 150.000 Euro. Der tatsächliche Wert, also der Verkehrswert, beträgt 180.000 Euro. Außerdem darf A noch ein Jahr nach der notariellen Verkaufsurkunde in der Immobilie wohnen bleiben. Diese sogenannte Last für B wird mit 12 x Monatsmietwert bewertet, z. B. 800 Euro x 12 = 9.600 Euro. Die Besteuerungsgrundlage beträgt also 189.600 Euro und die Besteuerung 23.700 Euro (nämlich 12,5 % von 189.600 Euro).

(ii) Anti-Geldwäschegesetzgebung

Verkaufsverträge bzw. notarielle Verkaufsurkunden kommen hauptsächlich in drei Punkten mit der Anti-Geldwäschegesetzgebung in Kontakt:

1° Der Kaufvorvertrag bzw. die notarielle Verkaufsurkunde muss die Kontonummer(n) vermerken, von der die Gelder des Kaufs überwiesen wurden, sowie den Inhaber des Kontos oder der Konten. Der Preis sowie die Kosten und Steuern müssen gänzlich per

Überweisung oder per Scheck (selten) gezahlt werden; Barzahlungen sind verboten.

2° Der Notar und der Immobilienmakler müssen die Parteien identifizieren können, d. h., bei natürlichen Personen über die Kopien der Ausweise verfügen und bei Gesellschaften ein Formular des wirtschaftlich Berechtigten ausfüllen lassen.

3° Der Notar und der Immobilienmakler müssen der Stelle für die Bearbeitung von Finanzinformationen (http://www.ctif-cfi.be) Fakten und Transaktionen übermitteln, von denen sie Kenntnis erlangen, und bzgl. der sie den Verdacht hegen, dass diese der Geldwäsche oder der Finanzierung von Terrorismus dienen.

(iii) Steuerklauseln

Jede notarielle Urkunde wird registriert, d. h., wird dem Steueramt vorgelegt, das die Registrierungsgebühren erhebt.

Folgende Klauseln können u. a. abhängig vom konkreten Fall vorgesehen werden:

- Bei Verkauf von Mobiliar: Nur der Verkehrswert der Immobilie wird den Registrierungsgebühren unterworfen. Entfällt also ein Teil des Preises auf ggf. mitverkauftes Mobiliar (siehe Begriff „bewegliche Gegenstände“ in Teil 7) wird der Gegenwert dieses Mobiliars anhand der entsprechenden Klausel aus der Besteuerungsgrundlage für die Registrierungsgebühren entnommen, da sie nicht der Registrierungsgebühren unterliegen.

Beispiel: Verkäufer A verkauft Käufer B ein Haus für 270.000 Euro. Im Preis enthalten sind jedoch 20.000 Euro für die Sitzecke, die Schlafzimmermöbel und das Bett, da B diese mit übernimmt. Die Wiedergabe dieses Sachverhalts in der notariellen Urkunde führt dazu, dass B Registrierungsgebühren auf 250.000 Euro (und nicht 270.000 Euro) zahlt.

- Klauseln zur Erleichterung der Steuerlast für den Käufer, z. B. Antrag auf Freibetrag (siehe Teil 2, Kapitel 1, Punkt 1, e)) oder Antrag auf Reduzierung der Registrierungsgebühren für bescheidenes Wohnen (siehe Teil 2, Kapitel 1, Punkt 1, d)).

- Klauseln in Bezug auf den Verkäufer, wie z. B. der Antrag auf die Teilrückerstattung der Registrierungsgebühren bei Weiterverkauf innerhalb von zwei Jahren (siehe Teil 2, Kapitel 3, Punkt 3).

e) Andere Klauseln

In diesem Absatz beleuchten wir drei verschiedene Klauseln, die in der Praxis sehr wichtig sind und in Kaufvorverträgen ihren Platz haben (außer die aufschiebende Bedingung, die in Ausnahmefällen auch in der notariellen Urkunde zu finden ist).

(i) Aufschiebende Bedingungen

Aufschiebende Bedingung bedeutet ein *zukünftiges* Ereignis, dessen tatsächliches Zustandekommen *unsicher* und *nicht ausschließlich von der Vertragspartei, die sich verpflichtet,* abhängt und wovon die tatsächliche Vertragsausführung oder eine vertragliche Verpflichtung abhängt.

> **Beispiel** einer aufschiebenden Bedingung: Der Erhalt einer Bankfinanzierung für den Käufer. Wenn ein Käufer sich bei Abschluss des Kaufvorvertrages nicht zu 100 % sicher ist, dass er von der Bank die notwendige Finanzierung des Kaufpreises erhält, sollte er seine Kaufverpflichtung, die der Kaufvorvertrag ja beinhaltet (siehe a) (i) hiervor), aufschieben, unter der Bedingung, diesen Kredit zu erhalten.

Aufschiebende Bedingungen sind also Klauseln, die eine Vertragspartei vor dem Fall schützen, dass ein bestimmtes Ereignis nicht zustande kommt und eine Partei folglich den Vertrag nicht ausführen kann und damit Vertragsbruch begeht. In unserem Beispiel wäre dies der Nichterhalt einer Finanzierung: Wenn der Käufer den Kaufvorvertrag ohne aufschiebende Bedingung des Erhalts einer Finanzierung unterschreibt und diese Finanzierung nicht erhält, muss er trotzdem kaufen, da der Verkauf vollendet und rechtsgültig ist (siehe Teil 1, Einleitung und Kapitel 1, Punkt 1; sowie Kapitel 2, Punkt 2, a), (i)). Da er in Ermangelung des notwendigen Geldes dieser Verpflichtung nicht nachkommen kann, wird er zwangsläufig vertragsbrüchig und ist Sanktionen ausgesetzt (siehe (ii) hiernach).

Andere aufschiebende Bedingungen, die sich in gewissen Fällen als zweckdienlich herausstellen, sind folgende:

- Dass die letzten genehmigten Pläne oder die urbanistischen Auskünfte, die der Notar im Rahmen der gesetzlichen Nachforschungen einholt, nicht aufdecken, dass die Immobilie mit einer städtebaulichen Zuwiderhandlung belastet ist (z. B. Vorhandensein von nicht genehmigten Arbeiten wie Carport, ein Anbau usw. – siehe c), (ii) hiervor).

- Dass der Käufer innerhalb von x Monaten eine Bau- oder Verstädterungsgenehmigung erhält. Diese aufschiebende Bedingung ist sehr hilfreich bei Verkäufen an Bauunternehmer oder Immobilienpromotoren.

> **Beispiel:** Die Erbengemeinschaft XYZ ist Eigentümerin von 6.000 Quadratmetern Bauland. Bauunternehmer B ist interessiert, dieses zu erwerben, um dort eine Verstädterung vorzunehmen. XYZ und B unterzeichnen einen Kaufvorvertrag über den Verkauf des Baulands zu einem Preis der über dem für nicht verstädtertem Bauland liegt, jedoch unter der aufschiebenden Bedingung für den Unternehmer, des Erhalts seitens der zuständigen Behörden einer Verstädterungsgenehmigung innerhalb von 24 Monaten.

Diese aufschiebende Bedingung im Kaufvorvertrag bietet Vorteile für beide Vertragsparteien:

- Dem Bauunternehmer oder Immobilienpromotor ermöglicht sie Planungssicherheit (die Immobilie darf während der vereinbarten Zeit nicht an jemand anderen verkauft werden; er muss also nicht fürchten, die aufwendige Arbeit für die Genehmigung zu betreiben, ohne letztendlich den Zuschlag der Immobilie zu erhalten). Und er behält die Risikokontrolle (nämlich einen zu hohen Preis zu zahlen für Land, dass er ggf. nicht verstädtern kann, da ihm die notwendige Genehmigung verweigert würde).

- Dem Verkäufer (Erbengemeinschaft XYZ in unserem Beispiel) ermöglicht sie, einen höheren Preis zu erzielen: Da der Unternehmer anhand der aufschiebenden Bedingung die Sicherheit hat, nicht kaufen zu müssen, wenn ihm die Verstädterungsgenehmigung verweigert wird, muss er dieses Risiko nicht in den Preis, den er zu zahlen bereit ist, mindernd einbringen.

(ii) Strafmaßnahmen

In Ermangelung von vertraglichen Regeln sieht das Gesetz Strafmaßnahmen vor, die der Partei, die durch einen Vertragsbruch der anderen Partei Schaden erleidet, zur Verfügung stehen. Bei diesen gesetzlichen Sanktionen handelt es sich um folgende:

1° Durchführungsklage: Dies ist das standardmäßige, rechtliche Hilfsmittel, das einer Vertragspartei zur Verfügung steht: Wenn die andere Vertragspartei den Vertrag nicht freiwillig erfüllt, wird sie gerichtlich dazu verurteilt, dies zu tun.

2° Auflösungsklage: Wenn der Vertragsbruch schwerwiegend ist, steht es der berechtigten Partei frei, auf Vertragsauflösung gerichtlich zu klagen.

3° Schadensersatz: In jedem Fall – und auch zusätzlich zu einer Durchführungs- oder Auflösungsklage – kann die berechtigte Partei gegenüber der vertragsbrüchigen Partei einen Schadensersatzanspruch gerichtlich geltend machen.

Der Vertrag kann jedoch, über die gesetzlichen Sanktionen hinaus, zwischen Parteien vereinbarte Sanktionen beinhalten, derer sich die berechtige Partei gegenüber der vertragsbrüchigen Partei bedienen kann. Dies ist in der Praxis ein gängiger (bzw. beinahe einheitlicher) Vertragsinhalt bei Kaufvorverträgen. Diese vertragliche Klausel lautet z. B. wie folgt:

„Falls eine Partei ihren Vertragspflichten (und insbesondere die Unterzeichnung der notariellen Beurkundung) nicht innerhalb der vereinbarten Frist nachkommen würde, hat die berechtigte Partei nach einer der vertragsbrüchigen Partei durch Einschreibebrief zugestellten Inverzugsetzung, der innerhalb von zehn Tagen keine Folge geleistet wurde, die Wahl:
- entweder die Durchführung des Verkaufs vor Gericht zu betreiben; in diesem Fall wird jede, bei ihrer Fälligkeit unbeglichene Summe ab dem vereinbarten Datum für die Unterschrift der notariellen Verkaufsurkunde bis zur tatsächlichen und vollständigen Zahlung mit einem Zinssatz von zehn Prozent (10 %) jährlich verzinst;
- oder den Verkauf als null und nichtig anzusehen und einen Pauschalbetrag in Höhe von zehn Prozent (10 %) des Verkaufspreises als Schadensersatz zu erhalten, abzüglich oder nach Rückzahlung der eventuell durch den Käufer geleisteten Anzahlung, beides unbeschadet der Erstattung aller Auslagen und zusätzlich zu einem etwaigen gerichtlich anerkannten Schadensersatzanspruch."

Diese vertragliche Klausel enthält dieselben drei Strafmaßnahmen, wie die, die ohnehin bereits durch das Gesetz geboten werden. Die Tatsache, dass diese Maßnahmen jedoch ausdrücklich im Vertrag vorgesehen und verdeutlicht sind, bringt Vorteile mit sich:

- Es verringert die möglichen Verteidigungsmaßnahmen der vertragsbrüchigen Partei und den Ermessensspielraum des Richters.
- Die Strafmaßnahme selbst ist ein vertragliches Recht, das aufgrund der gesetzlichen Durchführungsklage durch die berechtigte Partei beansprucht werden kann.

(iii) Unfallversicherung bei Unfalltod des Käufers

Wie unter Teil 1, Einleitung und Kapitel 1 sowie Absatz a) (i) in Punkt 2 erklärt, ist ein Kaufvorvertrag rechtsgültig, mit anderen Worten, er bindet die Parteien rechtskräftig. Da alle Rechte und Pflichten einer Person im Todesfall auf ihre Erben übergehen, sind die Erben eines Käufers, der zwischen Unterzeichnung des Kaufvorvertrages und dem Datum der notariellen Beurkundung des Kaufs verstirbt, verpflichtet, den Verkauf zu vollziehen (es sei denn, sie einigen sich mit dem Verkäufer auf eine Vertragsauflösung). Beim Todesfall des Verkäufers ist es nicht anders, jedoch stellt sich da das Problem nicht im gleichen Ausmaß, weil die Erben des Verkäufers quasi „nur noch" den Preis einnehmen müssen, und nicht, wie die Erben des Käufers, für die Finanzierung des Preises sorgen müssen.
Dieses Risiko für den Käufer bzw. seine Erben ist darüber hinaus auch nicht durch eine etwaige durch den Käufer abgeschlossene Restschuldversicherung abgedeckt: Die Restschuldversicherung würde erst mit Ausschüttung der Finanzierung in Kraft treten, d. h. im Zuge der Kaufpreiszahlung bei notarieller Urkunde, wenn die Immobilie Eigentum des Käufers wird. Dieser Tag kommt aber nicht zustande, wenn der Käufer nicht mehr lebt. Der ihm ggf. zugesagte Kredit wird nicht automatisch den Erben verliehen, da das Kreditzugeständnis der Bank personenbezogen ist und auf Kriterien wie ein stabiles Arbeitsverhältnis und geregelte Einkünfte beruht, die die Erben nicht notwendigerweise mitbringen.
Glücklicherweise ist ein Todesfall des Käufers zwischen Kaufvorvertrag und notarieller Beurkundung äußerst selten. Falls er jedoch eintritt, kann er für die Erben – neben dem Verlust der Person – zudem dramatische finanzielle Folgen haben:

> **Beispiel:** Ein junges Ehepaar, Eltern von einem Kleinkind, schließt einen Kaufvorvertrag für den Erwerb eines Hauses ab. Da die Bank bereits die Kreditzusage gegeben hat, ist die vereinbarte aufschiebende Bedingung erfüllt und der Verkauf rechtsgültig. Dann kommt das Ehepaar bei einem Autounfall ums Leben. Die Bank wird dem Kleinkind keine Finanzie-

rung gewähren. Wenn der Verkäufer auf Einhaltung seines vertraglichen Rechts besteht, entsteht eine katastrophale Situation, in der das Kleinkind (bzw. der dann bezeichnete Vormund) wahrscheinlich keine andere Wahl hat, als auf die Erbschaft zu verzichten, um die Schulden des Vertragsbruchs zu vermeiden.

Um diesem Fall vorzubeugen, hat der belgische Notarverband und der Verband der zugelassenen Immobilienmakler aus Gründen der Billigkeit und sozialen Gerechtigkeit seit dem Jahre 1998 eine Versicherung abgeschlossen, die für den Käufer kostenfrei ist und unter Voraussetzung gewisser Bedingungen automatisch bei einem Unfalltod des Käufers greift, und den Kaufpreis ganz oder teilweise zahlt. Wie jede Versicherung unterliegt auch diese Versicherung Bedingungen, u. a.:

- Besichertes Risiko: Unfalltod des Käufers.
- Versicherte Personen: der oder die Käufer als natürliche Personen.
- Versichertes Kapital: Kaufpreis zzgl. Kosten, Gebühren und Honorare der Kaufurkunde, abzüglich der Summen, die bereits vor Eintreten des Unfalltods gezahlt wurden, unter Ausschluss der zusätzlichen Gebühren und Strafen infolge einer durch die Steuerbehörde festgestellten Unterbewertung des Verkehrswertes der Immobilien.
- Begrenzung: 250.000 Euro pro Schadensfall, unabhängig von der Anzahl der Kaufvorverträge
- Deckungszeitraum: vom Tage der Unterzeichnung des Kaufvertrags bis zur Unterzeichnung der notariellen Beurkundung, begrenzt auf vier Monate nach Kaufvorvertrag bzw. Verwirklichung der aufschiebenden Bedingung. Falls der Unfalltod in dieser Frist eintreten sollte, muss die notarielle Beurkundung innerhalb von vier Monaten ab dem Todestag unterzeichnet werden.
- Anzahlung: Der Käufer muss eine Anzahlung von mindestens 5 % geleistet haben.
- Notar und Makler: Der Kaufvorvertrag muss durch den Notar oder den Makler vorbereitet worden sein.

Teil 2 – Steuern des Käufers, Eigentümers und Verkäufers

In diesem zweiten Teil erklären wir, mit welchen Kosten und Steuern ein Immobilien(ver-)kauf für den Käufer und den Verkäufer verbunden ist. Dabei wird zwischen folgenden Situationen unterschieden:

1) Kosten und Steuern, die beim Immobilien*erwerb* entstehen (Kapitel 1).

2) Steuern bzw. Steuereinsparungsmöglichkeiten *während* der Zeit, in der man Eigentümer einer Immobilie ist (Kapitel 2).

3) Kosten, Steuern und Rückerstattungen anlässlich einer Immobilien*veräußerung* (Kapitel 3).

Kapitel 1: Kosten und Steuern bei einem Immobilienerwerb

Der Immobilienerwerb bringt nicht unerhebliche Kosten mit sich, die mitunter „Notarkosten“ oder auch „Schreibgeld“ genannt werden. Beide Begriffe sind jedoch irreführend, da diese Kosten sich in Wirklichkeit aus verschiedenen Posten (Registrierungsgebühren, Notarhonorar, Entlohnung der Verwaltungen für die gesetzlichen Nachforschungen, Mehrwertsteuer, Schreibrechtsteuer und Abschreibung beim Amt für Rechtssicherheit) zusammensetzen und – über das Treuhandkonto des Notars – an verschiedene Instanzen und Behörden gezahlt werden.

Die Kosten, die in diesem Kapitel erklärt sind, können über http://www.notaire.be/calcul-de-frais errechnet werden.

1. Registrierungsgebühren

Die Registrierungsgebühren – in Deutschland Grunderwerbssteuer genannt – sind der mit Abstand größte Posten derjenigen Kosten, die im Rahmen des Immobilienkaufs entstehen.

Die Besteuerung fällt in Belgien in den Zuständigkeitsbereich der Regionen, d. h., dass jede der drei Regionen Belgiens die Registrierungsgebühren (und die Ermäßigungen), die anlässlich von Immobilienkäufen auf ihrem jeweiligen Gebiet anfallen, festsetzt.

a) Frist

Ein Kauf muss innerhalb der gesetzlich bestimmten Frist beim Registrierungsamt vorgelegt werden. Die Registrierung erfolgt erst nach Erhalt der Registrierungsgebühren.

Der Kaufvorvertrag muss innerhalb einer Frist von vier Monaten nach Unterzeichnung registriert werden. Wenn der Kaufvorvertrag aufschiebende Bedingungen beinhaltet, beginnt die Viermonatsfrist mit Verwirklichung der letzten aufschiebenden Bedingung.

Folgt dem Kaufvorvertrag innerhalb der Viermonatsfrist die notarielle Verkaufsurkunde – wie dies in der Praxis beinahe einheitlich der Fall ist, siehe Erklärung des Begriffs „Entgegenhaltbar“ in Teil 7 –, so braucht der Kaufvorvertrag nicht registriert zu werden, aus dem einfachen Grunde, dass die notarielle Urkunde registriert wird. Sämtliche anfallenden Kosten (und somit auch die Registrierungsgebühren) müssen am Tage der Unterzeichnung der notariellen Urkunde auf das Drittgeldkonto des Notars überwiesen sein. Der Notar muss die Urkunde innerhalb von 15 Tagen registrieren lassen.

Außer anderslautender Vereinbarung (in der Praxis äußerst selten) zahlt der Käufer die Registrierungsgebühren. Die Nichteinhaltung der vorgenannten Frist zur Registrierung des **Kaufvorvertrags** führt zu Verzugszinsen und Geldbußen. *Gegenüber der Steuerverwaltung* haften die Parteien gemeinschaftlich für die Registrierung des Kaufvorvertrags und die Zahlung der Registrierungsgebühren, d. h., das Amt kann die Summen (Registrierungsgebühren, Verzugszinsen und Geldbußen) sowohl beim Käufer als auch beim Verkäufer einfordern. Im *Innenverhältnis* kann der Verkäufer, bei dem das Steueramt ggf. die Kosten eingetrieben hat, diese vom Käufer zurückfordern. Bei der **notariellen Urkunde** haftet der Notar gegenüber der Steuerverwaltung für die Registrierung der Urkunde und die Zahlung der Registrierungsgebühren – da diese sich ja am Tage der Unterschrift der notariellen Urkunde auf dem Treuhandkonto des Notars befinden müssen und anderenfalls der Notar die Urkunde nicht unterschreiben lassen darf.

b) Besteuerungsprozentsatz

Im Regelfall liegen Registrierungsgebühren bei einem Immobilienkauf in der Wallonischen Region bei 12,5 %.

In der Region Brüssel-Hauptstadt sind es ebenfalls 12,5 % und in Flandern 12 % (10 % vor dem 31. Dezember 2021).

c) Besteuerungsgrundlage: Preis bzw. Verkehrswert

Prinzipiell wird die Steuer ermittelt, indem der Besteuerungsprozentsatz auf den Preis angewandt wird. Liegt der Verkehrswert jedoch über dem Preis, so wird dieser als Grundlage für die Berechnung der Registrierungsgebühren gebraucht.

Wir raten Ihnen an dieser Stelle die Erklärung des Begriffs „Verkehrswert" in Teil 7 zu lesen, der diesen Punkt genauer erklärt.

d) Wallonische Region – Ermäßigung auf 6 % (oder 5 %) für bescheidenes Wohnen

Diese Steuervergünstigung hat zum Ziel, Menschen, die noch nicht Immobilieneigentümer sind, dank günstiger steuerlicher Rahmenbedingungen, den Zugang zu bescheidenem Immobilieneigentum zu erleichtern.

Wenn der Käufer am Tage der notariellen Kaufurkunde folgende Bedingungen erfüllt, muss er statt dem Regelsteuersatz von 12,5 % nur 6 % Registrierungsgebühren auf den Preis bzw. Verkehrswert zahlen:

1° Es muss sich um den Erwerb des gesamten (nicht eines Teils bzw. Prozentsatz) Volleigentums oder bloßen Eigentums an einer Immobilie handeln, die zu Wohnzwecken dient.

2° Das nicht indexierte Katastereinkommen der gekauften Immobilie darf die Summe von 745 Euro nicht überschreiten. Diese Summe wird abhängig von der Anzahl der Kinder zu Lasten des Käufers, seines Ehepartners oder des gesetzlich zusammenwohnenden Partners wie folgt erhöht: 100 Euro Erhöhung bei drei bis vier Kindern, 200 Euro Erhöhung bei fünf bis sechs Kindern und 300 Euro Erhöhung bei sieben Kindern oder mehr.

3° Das gesamte, nicht indexierte Katastereinkommen der gekauften Immobilie und der Immobilien, die der Käufer, sein Ehepartner oder der gesetzlich zusammenwohnende Partner bereits im besitzen (egal welches dingliche Recht er besitzt und egal ob es ein Gesamt- oder Teilbesitz ist), darf die unter 2° genannten Beträge nicht übersteigen.

4° Der Käufer, sein Ehepartner oder sein gesetzlich zusammenwohnender Partner muss sich innerhalb einer Frist von drei Jahren in das Bevölkerungsregister an der Anschrift der erworbenen Immobilie eintragen. Diese Eintragung muss ohne Unterbrechung während mindestens drei Jahren beibehalten bleiben.

5° In der notariellen Urkunde muss der Käufer die gesetzlichen Angaben übernehmen und angeben, dass die von 1° bis 4° genannten Bedingungen erfüllt sind oder, dass er sich verpflichtet, diese zu erfüllen. Außerdem muss ein aktualisierter und für die

Ermäßigung bestimmter Katasterauszug der notariellen Urkunde beigefügt werden.

Die ermäßigten Registrierungsgebühren sind jedoch ausgeschlossen, wenn der Käufer, sein Ehepartner oder sein gesetzlich zusammenwohnender Partner, (Mit-)Eigentümer oder (Mit-)Nießbraucher einer anderen Immobilie ist, die ganz oder teilweise zu Wohnzwecken bestimmt ist. Folgende Immobilien werden für diesen Ausschluss nicht berücksichtigt:

- Immobilien, die der Käufer im bloßen Eigentum besitzt und die vom Käufer, seinem Ehepartner oder seinem gesetzlich zusammenwohnenden Partner im Nachlass ihrer jeweiligen Vorfahren erworben wurden.
- Immobilien, die aufgrund gesetzlicher oder vertraglicher Hindernisse nicht bewohnt werden können.
- Immobilien, die im Jahr der notariellen Kaufurkunde weiterverkauft wurden, vorausgesetzt, die Absicht des Weiterverkaufs war in dieser notariellen Kaufurkunde vermerkt.

Der ermäßigte Steuersatz von 6 % wird nicht notwendigerweise auf den gesamten Kaufpreis angewandt, sondern ist vielmehr auf einen bestimmten Betrag begrenzt, der jedes Jahr indexiert wird und dessen Höhe davon abhängt, ob sich die erworbene Immobilie in einem Gebiet mit Baudruck befindet (177.884,34 Euro im Jahr 2022) oder nicht (166.766,56 Euro im Jahr 2022). Auf den Teil des Kaufpreises, der diesen Betrag übersteigt, bleibt die gewöhnliche Gebühr von 12,5 % anwendbar.

Beim Kauf eines Grundstücks, das der Käufer zur Errichtung einer bescheidenen Wohnung bestimmt, besteht ebenfalls die Möglichkeit, in den Genuss der ermäßigten Registrierungsgebühren zu gelangen, falls die errichtete Immobilie das oben erklärte Katastereinkommen nicht übersteigt und darüber hinaus sämtliche anderen, in diesem Punkt d) erklärten Bedingungen erfüllt sind. Der ermäßigte Steuersatz kommt in diesem Fall nicht umgehend beim Kauf des

Grundstücks zur Anwendung: Beim Kauf fallen die gewöhnlichen Registrierungsgebühren von 12,5 % an. Übersteigt das Katastereinkommen der errichteten Immobilie im Nachhinein nicht den oben ermittelten Katasterwert und sind die anderen, oben erklärten Bedingungen erfüllt, wird der über den ermäßigten Satz hinaus erhobene Betrag rückerstattet, vorausgesetzt, der Käufer hat sich diese Möglichkeit im Rahmen der notariellen Kaufurkunde vorbehalten.

Wenn der Käufer, der diese Bedingungen erfüllt, den Erwerb mittels eines Sozialhypothekenkredits (erteilt entweder durch den Wohnungsfonds https://www.flw.be/de/ oder der Wallonischen Sozialkreditgesellschaft, kurz SWCS www.swcs.be/communaute-germanophone/) finanziert, unterliegt der Immobilienkauf sogar nur Registrierungsgebühren in Höhe von 5 %. Darüber hinaus werden diese 5 % auf den gesamten Kaufpreis angewandt, und nicht nur auf den Teil unter 177.884,34 Euro (Gemeinde mit Baudruck - Jahr 2022) oder 166.766,569 Euro (Gemeinde ohne Baudruck - Jahr 2022). Dies wurde von der Steuerverwaltung kürzlich in einem Rundschreiben anders bewertet. Die Rechtslehre reagierte jedoch vehement und argumentierte - unserer Meinung nach völlig zurecht -, dass die Verwaltung nicht einseitig eine Position im Widerspruch zum Gesetz annehmen darf.

e) Wallonische Region – Freibetrag auf 20.000 Euro

Käufer als natürliche Personen (Gesellschaften ausgeschlossen), die eine in der Wallonischen Region gelegene Immobilie kaufen, die ganz oder teilweise zu Wohnzwecken dient, haben unter Einhaltung gewisser Bedingungen Anrecht auf einen Freibetrag der Registrierungsgebühren (12,5 %, 6 % oder 5 %) auf 20.000 Euro. Dies bringt einen Steuervorteil von 2.500 Euro (1.200 oder 1.000 Euro) mit sich.

Die Bedingungen sind:

1° Der (oder die) Käufer sind nicht Volleigentümer einer oder mehrerer Immobilien (in Belgien oder im Ausland), die ganz oder teilweise zu Wohnzwecken dienen oder bestimmt sind.

2° [bei mehr als einem Käufer:] Die Käufer sind nicht *zusammen* Volleigentümer einer oder mehrerer Immobilien (in Belgien oder im Ausland), die ganz oder teilweise zu Wohnzwecken dienen oder bestimmt sind.

3° [bei Grundstück:] Der Käufer erwirbt das Grundstück, um auf demselben ein Wohnhaus zu errichten.

4° Der Käufer [bei mehr als einem Käufer: jeder Käufer] verpflichtet sich, seinen Hauptwohnsitz in der erworbenen Immobilie zu festigen und sich an der Adresse der erworbenen Immobilie in das Bevölkerungsregister der Gemeinde eintragen zu lassen. Dies muss innerhalb einer Frist von drei Jahren [fünf Jahre bei einem Grundstück oder einer sich im Bau befindlichen Immobilie] ab dem Tag der notariellen Kaufurkunde erfolgen und dann für einen ununterbrochenen Zeitraum von mindestens drei Jahren beibehalten werden.

5° Der Käufer muss die Erfüllung der unter 1° bis 4° genannten Bedingungen in der notariellen Urkunde (oder dem Kaufvorvertrag, falls dieser registriert wurde) bestätigen.

f) Region Brüssel-Hauptstadt – Freibetrag auf 175.000 Euro

Käufer als natürliche Personen (Gesellschaften sind ausgeschlossen), die eine in der Region Brüssel-Hauptstadt gelegene Immobilie kaufen, die ganz oder teilweise zu Wohnzwecken dient, haben, unter Einhaltung gewisser Bedingungen, Anrecht auf einen Freibetrag der Registrierungsgebühren in Höhe von 175.000 Euro (87.500 Euro bei einem Baugrundstück). Dies bringt einen Steuervorteil von 21.875 Euro (oder 10.937,50 Euro) mit sich.

Die Bedingungen sind:

1° Der Preis (zzgl. Lasten) darf 500.000 Euro (bei einem Haus oder einer Wohnung) oder 250.000 Euro (bei einem Grundstück) nicht überschreiten.

2° Der (oder die Käufer) müssen die Gesamtheit der Immobilie im Volleigentum kaufen. Der Kauf eines Teils einer Immobilie oder der Kauf des Nießbrauchs oder des bloßen Eigentums einer Immobilie sind also von der Vergünstigung ausgeschlossen.

3° Der (oder die) Käufer sind nicht Volleigentümer einer oder mehrerer Immobilien (in Belgien oder im Ausland), die ganz oder teilweise Wohnzwecken dienen oder dafür bestimmt sind. Falls diese Bedingung am Tag der notariellen Beurkundung nicht erfüllt ist, kann die Erstattung im Nachhinein beantragt werden, vorausgesetzt, dass die Immobilie(n), die die Anwendung des Freibetrags verhinderte(n), binnen zwei Jahren veräußert wurde(n).

4° Der Käufer verpflichtet sich, seinen Hauptwohnsitz innerhalb von zwei Jahren (bei einer Wohnung oder einem Haus) oder drei Jahren (bei einem Grundstück, bei einem sich im Bau befindlichen oder nach Plan verkauften Hauses oder Appartements) in der Immobilie zu festigen.

5° Der Käufer muss seinen Hauptwohnort in der gekauften Immobilie während eines ununterbrochenen Zeitraums von mindestens fünf Jahren ab dem Zeitpunkt des Immobilienkaufs beibehalten.

6° Der Käufer darf nicht bereits im Steuerjahr des Immobilienkaufs in den Genuss einer anderen Steuerreduzierung der Region Brüssel-Hauptstadt für den Kauf einer zu Wohnzwecken bestimmten Immobilie gekommen sein (z. B. Wohnbonus), und er muss sich verpflichten, diese während des Steuerjahres des Immobilienkaufs nicht zu beantragen.

7° Der Käufer muss die Erfüllung der unter 2° bis 6° genannten Bedingungen in der notariellen Urkunde (oder dem Kaufvorvertrag, falls dieser registriert wurde) bestätigen.

g) Immobilienhändler: Reduzierung auf 5 %

Falls ein Immobilienhändler die gesetzlichen Bedingungen erfüllt (siehe Teil 4, Kapitel 3, Punkt 2), zahlt er bei einem Immobilienerwerb in der Wallonischen Region 5 %, in der Region Brüssel-Hauptstadt 8 % und in der Flämischen Region 4 %.

2. Notarhonorar

Die Höhe des Notarhonorars ist von der Höhe des Verkaufspreises abhängig und per Gesetz festgelegt. Das bedeutet, dass ein Notar nicht mehr, aber auch nicht weniger als die gesetzlich vorgegebene Summe in Rechnung stellen darf.

Wie ausführlich unter dem Begriff „Notar Ihrer Wahl" in Teil 7 erklärt, darf jede Partei ihren Notar frei bestimmen. Falls Käufer und Verkäufer nicht denselben Notar bezeichnen und folglich mehrere Notare die Immobilienübertragung begleiten, wird das gesetzliche Notarhonorar zwischen den Notaren aufgeteilt. Für die Parteien bleibt die Höhe des Honorars unverändert, ob nun ein Notar oder mehrere den Kauf/Verkauf begleiten. Ziel dieser Regelung ist es, den Rahmen zu schaffen, damit jede Partei ohne Einflussnahme durch Makler oder Notar und ohne finanzielle Motivation den Notar bezeichnet, dem sie vertraut bzw. als kompetent einstuft.

Das gesetzliche Notarhonorar bei Immobilienverkäufen ist prozentual degressiv gestaffelt und wird anhand folgender Prozentsätze errechnet, wobei jede Tranche ausgeschöpft wird (die Höhe des Notarhonorars kann auch ganz einfach online unter http://www.notaire.be/calcul-de-frais berechnet werden):

Tranche Nr.	Von	bis	Prozent-satz	Ergebnis Tranche
1	0 €	7.500 €	4,56 %	342 €
2	7.500 €	17.500 €	2,85 %	285 €
3	17.500 €	30.000 €	2,28 %	285 €
4	30.000 €	45.495 €	1,71 %	264,96 €
5	45.495 €	64.095 €	1,14 %	212,04 €
6	64.095 €	250.095 €	0,57 %	1.060,20 €
7	250.095 €	999.999.999.999 €	0,057 %	

Beispiel: Das gesetzliche Notarhonorar einer Immobilie, die für einen Preis von 220.000 Euro verkauft wird, beläuft sich auf genau 2.277,66 Euro. Die Rechnung ergibt sich aus der Summe der vollständig ausgeschöpften Tranchen 1 bis 5 (342 + 285 + 285 + 264,96 + 212,04 = 1.389 Euro) und des proportionalen Anteils der Tranche 6, nämlich 0,57 % auf die Differenz zwischen 220.000 Euro (Kaufpreis) und 64.095,95 Euro (Beginn der Tranche 6), d. h.: 155.904,05 Euro x 0,57 % = 888,66 Euro. Insgesamt: 1.389 Euro (Summe der Tranchen 1 bis 5) + 888,66 Euro (anteilig Tranche 6) = 2.277,66 Euro.

Der Gesetzestext über das Notarhonorar ist im Februar 2022 grundlegend reformiert worden.

Ab dem 1. Januar 2023 wird unterschieden zwischen:

Einerseits, dem reduzierten gesetzlichen Notarhonorar für Erstkäufe (d.h. dass der Käufer noch nicht Eigentümer einer anderen Immobilie ist) sowie die diesbezüglichen Hypotheken **(1)**

Andererseits, aller anderen Verkäufe, die nicht Erstkäufe sind, bei denen die tiefen Tranchen gesenkt und die hohen Tranchen erhöht werden **(2)**

(1) Das reduzierte Notarhonorar bei Erstkäufen wird nach folgenden Tranchen berechnet:

Tranche Nr.	Von	bis	Prozent-satz	Ergebnis Tranche
1	0 €	7.500 €	2,50 %	187,50 €
2	7.500 €	17.500 €	2,50 %	250 €
3	17.500 €	30.000 €	2,00 %	250 €
4	30.000 €	45.495 €	1,50 %	232,43 €
5	45.495 €	64.090 €	0,50 %	92,98 €
6	64.090 €	250.095 €	0,485 %	902,12 €
7	250.095 €	500.000 €	0,30 %	749,72 €
8	500.000 €	999.999.999.999 €	0,20 %	

Beispiel: Ab 1. Januar 2023 beläuft sich das gesetzliche Notarhonorar einer Immobilie, die für einen Preis von 220.000 Euro verkauft wird, an einen Käufer der noch nicht Immobilieneigentümer ist, auf genau 1.792,46 Euro. Die Rechnung ergibt sich aus der Summe der vollständig ausgeschöpften Tranchen 1 bis 5 (187,50 + 250 + 250 + 232,43 + 92,98 = 1.389 Euro) und des proportionalen Anteils der Tranche 6, nämlich 0,5 % auf die Differenz zwischen 220.000 Euro (Kaufpreis) und 64.090 Euro (Beginn der Tranche 6), d. h.: 155.910 Euro x 0,485 % = 756,16 Euro. Insgesamt: 1.012,91 Euro (Summe der Tranchen 1 bis 5) + 756,16 Euro (anteilig Tranche 6) = 1.769,07 Euro.
Im Vergleich zum Kauf einer Immobilie, die nicht die einzige Immobilie des Käufers ist (siehe vorheriges Beispiel), kommt der Erstkäufer also in den Genuss einer Reduzierung des gesetzlichen Notarhonorars von 508,59 Euro (= 2.277,66 – 1.769,07 Euro).

(2) Das gesetzlichen Notarhonorar für Nicht-Erstkäufe wird ab 1. Januar 2023 wie folgt berechnet:

Tranche Nr.	Von	bis	Prozent-satz	Ergebnis Tranche
1	0 €	7.500 €	2,50 %	187,5 €
2	7.500 €	17.500 €	2,50 %	250 €
3	17.500 €	30.000 €	1,75 %	218,75 €
4	30.000 €	45.495 €	1,71 %	264,96 €
5	45.495 €	64.090 €	1,14 %	211,98 €
6	64.090 €	250.095 €	0,57 %	1.060,23 €
7	250.095 €	999.999.999.999 €	0,20 %	

Auch hier kommt es für den Käufer von Immobilien außerhalb des hohen Preissegments zu Einsparungen im Vergleich zur Situation vor dem 1. Januar 2023:

Beispiel: Bei demselben Kaufpreis wie in den vorherigen Beispielen in diesem Punkt 2 (Notarhonorar) von 220.000 Euro muss der Käufer ab dem 1. Januar 2023 ein Notarhonorar von 2.021,88 Euro zahlen (vor diesem Datum waren es wie oben gesehen 2.277,66 Euro).

3. Andere Kosten

Folgende Kosten fallen ebenfalls noch im Rahmen eines Immobilienerwerbs an:

a) Gesetzliche Nachforschungen („Recherchen")

Die Verwaltungen werden durch den Notar Ihrer Wahl für die Antworten auf die gesetzlichen Nachforschungen, die dieser bei den Verwaltungen durchführen muss, entlohnt.

Zum Zeitpunkt der Herausgabe dieses Buches liegen die Antworten auf gesetzlichen Nachforschungen der Verwaltungen in folgendem

Rahmen: Hypothekenauszug: 152 Euro, Auszug aus der Datenbank für verseuchte Böden: 30 Euro pro Parzelle, städtebauliche Auskünfte: abhängig von der Gemeinde zwischen 30 und 400 Euro, gewisse anderen gesetzlichen Nachforschungen: 40 Euro für eine Immobilienurkunde, 30 Euro für eine Gesellschaftsurkunde, 80 Euro für einen Erbschein und 20 Euro für eine Familienurkunde.

b) Abschreibung beim Amt für Rechtssicherheit

Die notarielle Urkunde wird nach Unterschrift dem Amt für Rechtssicherheit (elektronisch) übergeben, welches den Eigentümerwechsel in das öffentliche Register einträgt. Das Amt erhält dafür 240 Euro.

c) Schreibrechtsteuer

Die Schreibrechtsteuer hat über die Jahre die Steuermarken, die früher auf notarielle Urkunden geklebt wurden, ersetzt. Pro Verkaufsurkunde muss der Notar eine Schreibrechtsteuer von 50 Euro an die zuständige Behörde abführen, und diese Gebühr auch in der Urkunde vermerken.

d) Bemühungen, administrative Leistungen und Dossierkosten

Diese Posten beinhaltet die Antragsgebühren für die gesetzlichen Nachforschungen, sämtliche administrative Leistungen, Zusatzleistungen, die Zahlung der elektronischen Registrierung der Urkunde sowie die Dossierkosten für u. a. Sekretariat und Korrespondenz.

Die administrativen Kosten sind mit Inkrafttreten der Reform von Februar 2022 (siehe Punkt 2. Notarhonorar hiervor) auf 750 Euro pro Erstkauf bzw. 550 Euro für die damit verbundene Hypothek und Hypothekenvollmacht begrenzt.

e) Mehrwertsteuer

Die Mehrwertsteuer kann auf zwei verschiedenen Ebenen anwendbar sein:

Einerseits fallen 21 % Mehrwertsteuer auf das Notarhonorar (Punkt 2 hiervor), die gesetzlichen Nachforschungen (Punkt 3 a) hiervor), die Schreibrechtsteuer (Punkt 3 c) hiervor) sowie die Bemühungen, administrative Leistungen und Dossierkosten (Punkt 3 d) hiervor) an.

Darüber hinaus fallen (wie unter Teil 4, Kapitel 3, Punkt 1 erklärt) 21 % Mehrwertsteuer auf den Preis an, falls es sich bei der verkauften Immobilie um einen Neubau handelt. In diesem Fall fallen die Registrierungsgebühren weg (bzw. werden auf den Festsatz von 50 Euro begrenzt).

4. Beispiel und Erklärung einer Kostenabrechnung eines Immobilienkaufs

Die Kostenaufstellung für einen Immobilienkauf (kein Neubau und kein Erstkauf) mit einem Verkehrswert von 250.000 Euro, bei dem der Käufer nicht die Bedingungen für Reduzierung oder Freibetrag (siehe Punkt 1 hiervor) erfüllt, lautet wie folgt:

1	Registrierungsgebühren	31.250 €
2	Abschreibung Amt Rechtssicherheit	240 €
3	Gesetzliches Notarhonorar*	2.448,66 €
4	Schreibrechtsteuer	50 €
5	Gesetzliche Nachforschungen, Antragsgebühren, Dossier**	800 €
6	Mehrwertsteuer auf Punkte 3, 4 und 5	692,72 €
	GESAMTKOSTEN	**35.481,38 €**

* Ab dem 1. Januar 2023: 2.192,87 Euro

** Dieser Posten ist abhängig von den tatsächlichen Kosten der gesetzlichen Nachforschungen, die von Verwaltung zu Verwaltung unterschiedlich sind.

Variante: mittels Freibetrag auf 20.000 Euro (siehe Punkt 1, e) in diesem Kapitel 1) und Reduzierung Notarhonorar (siehe Punkt 2 am Ende in diesem Kapitel 1):

- Der Posten „Registrierungsgebühren" (Nummer 1 in der Tabelle hiervor) wird um die Summe von 2.500 Euro (nämlich Freibetrag von 12,5 % auf 20.000 Euro) reduziert, sodass dieser 28.750 Euro statt 31.250 Euro beträgt.
- Der Posten „Gesetzliches Notarhonorar" (Nummer 3 in der Tabelle hiervor) wird um die Summe von 534,09 reduziert, sodass dieser 1.914,57 Euro statt 2.448,66 Euro beträgt.

Die Gesamteinsparung für diesen Käufer beträgt folglich 3.146.25 Euro (nämlich die 2.500 Euro Einsparung an Registrierungsgebühren + die 534,09 Euro + 21% MwSt. Einsparung an Notarhonorar).

1	Registrierungsgebühren	28.750 €
2	Abschreibung Amt Rechtssicherheit	240 €
3	Gesetzliches Notarhonorar	1.914,57 €
4	Schreibrechtsteuer	50 €
5	Gesetzliche Nachforschungen, Antragsgebühren, Dossier*	800 €
6	Mehrwertsteuer auf Punkte 3, 4 und 5	580,56 €
	GESAMTKOSTEN	**32.335,12 €**

* Dieser Posten ist abhängig von den tatsächlichen Kosten der gesetzlichen Nachforschungen, die von Verwaltung zu Verwaltung unterschiedlich sind.

Kapitel 2: Steuern des Immobilieneigentümers

Der Eigentümer einer Immobilie muss jährlich auf sein Eigentum Steuern zahlen. Das Katastereinkommen bildet die Berechnungsgrundlage dieser Steuer. In Punkt 1 in diesem Kapitel erklären wir, wie das Katastereinkommen festgesetzt wird und wie die Höhe ggf. durch den Eigentümer beanstandet werden kann. Unter Punkt 2 wird verdeutlicht, wie der Immobiliensteuervorabzug anhand des Katastereinkommens berechnet wird, woraus er sich zusammensetzt und welche Ermäßigungen beantragt werden können. Aus Punkt 3 erfahren Sie, in welchen Fällen ein Mieteinkommen der Einkommenssteuer unterworfen wird.

1. Katastereinkommen

a) Was ist das Katastereinkommen und wie wird es berechnet?

Das Katastereinkommen einer Immobilie ist fiktives Einkommen, das dem durchschnittlichen Nettoeinkommen dieser Immobilie entspricht (oder entsprechen sollte). Mit anderen Worten, das Katastereinkommen entspricht der fiktiven Miete, die dem Eigentümer einer bestimmten Immobilie nach Abzug der Kosten und Versicherung (pauschal festgelegt auf 40 % für eine bebaute und 10 % für eine unbebaute Immobilie) übrig bleibt. Das Katastereinkommen sollte also einem durch die Verwaltung festgelegten, mittleren Nettomietwert entsprechen.

Laut Gesetz müssen die Katastereinkommen alle zehn Jahre überprüft werden. Die letzte Überprüfung fand jedoch im Jahre 1980, auf Grundlage der Einkommen aus dem Jahre 1975 statt. Da die Überprüfung seitdem nicht mehr stattgefunden hat, wurden die Katastereinkommen seit dem Einkommensjahr 1991 an den Verbraucherpreisindex angepasst. Für die Einkünfte aus dem Jahr 2022 betrug die Indexierung 1,9084.

Beispiel: Der monatliche Mietwert eines bestimmten Wohnhauses im Januar 1975 betrug 180 Euro. Der jährliche Mietwert betrug folglich 2.160 Euro (d. h. 180 Euro x 12). Von diesen 2.160 Euro werden 40 % für pauschale Kosten abgezogen (2.160 Euro x 40 % = 864 Euro); es bleiben folglich 1.296 Euro als Nettokatastereinkommen. Mittels der Indexierung des Jahres 2022 von 1,9084 beträgt also das indexierte Katastereinkommen 2.473,29 Euro (d. h. 1.296 Euro x 1,9084).

b) Wann wird das Katastereinkommen festgesetzt oder angepasst?

Der Eigentümer einer Immobilie ist verpflichtet das Katasteramt über das Eintreten einer der folgenden Ereignisse zu informieren, damit das Amt das Katastereinkommen im Zuge des jeweiligen Ereignisses festsetzt oder anpasst:

- Bau einer neuen Immobilie;
- Abschluss von Arbeiten an einer Immobilie (Vergrößerung, Umbau, Verbindung mit oder Aufteilung einer anderen Immobilie);
- Abbrucharbeiten;
- Änderungen von unbebauten Grundstücken.

Die Mitteilung muss innerhalb von 30 Tagen nach Abschluss der jeweiligen Arbeiten bzw. nach der ersten Ingebrauchnahme der Immobilie (durch Eigenbewohnung oder Vermietung) anhand der dafür vorgesehenen Formulare (genannt 43B) erfolgen. Diese Formulare sind unter https://finanzen.belgium.be/de/privatpersonen/wohnung/kataster/erklaerung abrufbar.

Bei Nichteinreichung dieser Erklärung droht eine Verwaltungsstrafe und in Extremfällen sogar eine strafrechtliche Verfolgung.

Anhand der übermittelten Informationen wird die zuständige Behörde der Vermögensverwaltung unter Berücksichtigung von Vergleichswerten ein Katastereinkommen (bei Neubau) oder eine

Anpassung des Katastereinkommens (bei Durchführung von Arbeiten) festsetzen.

c) *Wie kann ich als Eigentümer die Höhe meines Katastereinkommens beanstanden?*

Sobald ein Katastereinkommen – wie im vorherigen Absatz b) erklärt – durch die Vermögensverwaltung neu festgesetzt, berichtigt oder aufgewertet wurde, wird es dem Eigentümer per Einschreiben und zusammen mit einer Erklärungsnotiz zugestellt.

Falls der Steuerpflichtige zusätzliche Informationen zur Festsetzung des Katastereinkommens wünscht, kann er sich an die zuständige Verwaltung wenden. Diese Behörde ist auf dem Zustellungsschreiben vermerkt und darüber hinaus unter folgendem Link herauszufinden: http://ccff02.minfin.fgov.be/annucomp/welcomeMenu1Extend.do.
Wenn der Eigentümer der Auffassung ist, dass das ihm zugestellte Katastereinkommen den durchschnittlichen Wert für Vergleichsimmobilien übersteigt, steht es ihm frei, Widerspruch einzulegen.
Der Widerspruch muss per Einschreiben an die für die Gemeinde zuständige Außendienststelle „Aufmaße und Bewertungen" – innerhalb einer Frist von zwei Monaten ab Datum der Zustellung des durch die Verwaltung festgelegten Katastereinkommens – eingelegt werden. Außerdem muss der Widerspruch einen Gegenvorschlag über die Höhe des Katastereinkommens beinhalten.
Außerhalb der vorgesehenen zweimonatigen Widerspruchsfrist für Bewertungen (im Zuge eines Neubaus) oder Neubewertungen (im Zuge von Umbau- oder Renovierungsarbeiten) kann ein Widerspruch nur in folgenden Fällen beantragt werden:

- Es liegt ein materieller Fehler der Verwaltung vor (z. B. Schreib- oder Rechenfehler).
- Falls der Mietwert einer Immobilie aufgrund von neuen Umständen (z. B. Bau einer Zuglinie in unmittelbarer Umgebung) um mindestens 15 % unter das Katastereinkommen fällt.

In diesem Fall kann die Anfrage durch den Steuerpflichtigen oder den Bürgermeister der betroffenen Gemeinde gestellt werden.

Der Kauf einer Immobilie, die nach Auffassung des Käufers ein zu hohes Katastereinkommen hat, ist also kein gültiger Anlass, um Widerspruch einzulegen.

Wenn der Widerspruch gültig eingereicht ist, wird dieser durch einen diesbezüglich bestellten Beamten geprüft. Dieser ist befugt, mit dem Eigentümer, der den Widerspruch eingelegt hat, eine gütliche Einigung zu erzielen. Gelingt dies nicht, wird der Beamte vorschlagen, über einen Schlichtungsdienst eine Einigung zu erzielen. Gelingt auch dies nicht, muss der Gerichtsweg eingeschlagen werden.

2. Immobiliensteuervorabzug

a) Was ist der Immobiliensteuervorabzug und wie wird er berechnet?

Der Immobiliensteuervorabzug ist die tatsächliche Steuer, die der Eigentümer einer Immobilie jährlich zahlen muss. Das indexierte Katastereinkommen bildet die Grundlage zur Errechnung des Immobiliensteuervorabzugs bzw. der besteuerbaren Immobilieneinkünfte. Der Begriff „Vorabzug" ist etwas irreführend, da diese Steuer für das laufende Jahr erst in den Monaten September und Oktober eingefordert wird.

Der Immobiliensteuervorabzug setzt sich aus einem *Prozentsatz* (1) des indexierten Katastereinkommens sowie den *Zusatzzentimen* (2) („centimes additionnels", auch „Grundsteuererhöhungen" genannt) zusammen.

(1) Die Prozentsätze belaufen sich auf 1,25 % (0,8 % für vermietete Sozialwohnungen) des jährlichen Katastereinkommens für Immobilien in der Wallonischen Region und der Region Brüssel-Haupt-

stadt, und 2,5 % (1,6 % für vermietete Sozialwohnungen) in der Flämischen Region.
Dieser Teil des Immobiliensteuervorabzugs wird in die Kassen der Region gespült, in dessen Gebiet die Immobilie liegt.

(2) Die Zusatzzentimen bilden den größten Teil des Immobiliensteuervorabzugs. Sie werden jährlich durch die verschiedenen Gemeinde- und Provinzialräte festgelegt und fließen auch in deren Haushalt. Zusammen mit den Zusatzzentimen auf die Einkommenssteuer bilden sie den wesentlichen Teil der Haushalte der Gemeinden. Folglich können die Zusatzzentimen und somit auch der Immobiliensteuervorabzug von Gemeinde zu Gemeinde sehr unterschiedlich sein.
Zusatzzentim heißt, dass pro Euro, der an die Region fließt, zusätzlich ein Cent in die Gemeinde- oder Provinzkasse fließt.
Die folgende Tabelle zeigt die Zusatzzentimen in den deutschsprachigen Gemeinden und den verschiedenen Provinzen für das Jahr 2019.

Gemeinde	Zusatzzentime Immobiliensteuervorabzug	Provinz	Zusatzzentime Immobiliensteuervorabzug
Amel	1.200	Antwerpen	1.453
Büllingen	1.900	Flämisch-Brabant	1.862
Burg-Reuland	2.500	Hennegau	1.895
Bütgenbach	2.000	Limburg	2.145
Eupen	2.700	Lüttich	1.750
Kelmis	2.600	Luxembourg	1.980
Lontzen	2.600	Namur	1.485
Raeren	2.200	Ostflandern	1.484
Sankt-Vith	1.700	Wallonisch-Brabant	1.150
		Westflandern	1.862

b) Reduzierung des Immobiliensteuervorabzugs

Der Eigentümer einer Immobilie kann u. a. in folgenden Situationen eine Ermäßigung des Immobiliensteuervorabzugs beantragen: Falls es sich bei seinem Eigentum um eine sogenannte „bescheidene Wohneinheit“ handelt (i), wenn der Eigentümer mehrere Kinder zu Lasten hat (ii), wenn die Immobilie durch eine behinderte Person bewohnt wird (iii) oder bei leerstehenden Bauten (iv). Der Antrag auf Ermäßigung muss bei der zuständigen Verwaltung mittels eines entsprechenden Formulars (siehe http://forms6.wallonie.be/formulaires/PRI-DemandeReduction-DE.pdf) beantragt werden.

(i) Bescheidene Wohneinheit

Falls das Katastereinkommen der Immobilie (bzw. sämtlicher Immobilien des Eigentümers) nicht 745 Euro übersteigt, hat der Eigentümer Anrecht auf eine Reduzierung in Höhe von 25 % des Immobiliensteuervorabzugs.

Der Immobiliensteuervorabzug wird sogar um 50 % reduziert, falls es sich um einen Neubau handelt, vorausgesetzt der Eigentümer ist nicht in den Genuss von Prämien für den Bau gelangt.

(ii) Kinder zu Lasten

Der Eigentümer kommt in den Genuss einer Reduzierung von 125 Euro des Immobiliensteuervorabzugs pro Kind, das zu seinen Lasten ist. Es wird häufig vergessen, diesen Antrag zu stellen, wenn der Mieter einer Wohnung die Bedingung erfüllt; in diesem Fall wird die Ermäßigung dem Vermieter gewährt, der sie dem Mieter von der Miete abziehen muss.

(iii) Behinderte Person

Die Ermäßigung des Immobiliensteuervorabzugs für eine behinderte Person beträgt 125 Euro, wenn sie alleinstehend ist. Die Ermäßigung beträgt 250 Euro, wenn die behinderte Person verheiratet oder gesetzlich zusammenwohnend ist und 375 Euro, wenn beide Ehepartner oder gesetzlich Zusammenwohnende behindert sind.

(iv) Bei Leerstand

Die Bedingungen sind in jeder Region Belgiens anders formuliert. Bei unfreiwilligem Leerstand von mindestens 180 Tagen während eines Kalenderjahrs erlässt die Wallonische Region proportional zur Dauer des Leerstands den Immobilienvorabzug. Dies gilt insgesamt allerdings nur für die Dauer eines Jahres.

3. Mieteinkommen und Einkommenssteuer

Seit dem 1. Januar 2005 wird der Eigentümer nicht mehr auf die Nutzung der Wohnung besteuert, die sein Wohnsitz ist. Die Höhe des Katastereinkommens dieser Immobilie spielt keine Rolle. Er muss folglich „nur" den Immobiliensteuervorabzug zahlen.

Wenn der Eigentümer (Privatperson) seine Immobilie *an Privatperson(en) vermietet*, wird er nicht auf die Mieteinkünfte, sondern auf das indexierte Katastereinkommen, zzgl. 40 % besteuert. Dies trifft auch auf eine weitere Wohneinheit zu, die der Eigentümer zwar nicht vermietet, aber an der er nicht seinen Wohnsitz gemeldet hat (z. B. ein Ferienhaus).

Beispiel: Das Katastereinkommen meiner Immobilie beträgt 1.000 Euro. Das indexierte Katastereinkommen im Jahre 2022 beträgt somit 1.908 Euro. Die Besteuerungsgrundlage beträgt folglich 1.908 Euro + 40 % von 1.908 Euro = 2.671,20 Euro. Wenn mein Grenzsteuersatz z. B. 50 % beträgt, liegt die Steuer, die ich bzgl. der Immobilie zahlen muss, bei 1.335,60 Euro.

Wenn die Immobilie an *Gesellschaften oder Privatpersonen, die diese zu beruflichen Zwecken nutzen, vermietet wird*, wird die Einkommenssteuer auf die tatsächliche Nettomiete erhoben.
Dabei handelt es sich um die Bruttomiete, zzgl. etwaiger Mietvorteile und abzüglich des kleineren folgender beiden Beträge: 2/3 des aufgewerteten Katastereinkommens (4,6 für das Jahr 2020) oder 40 % der Bruttomiete.

Kapitel 3: Kosten und Steuern anlässlich des Verkaufs einer Immobilie

Im Regelfall zahlt der Verkäufer keinerlei Steuern beim Verkauf seiner Immobilie (Punkt 1).

In gewissen Fällen wird der Verkäufer auf den von ihm beim Weiterverkauf der Immobilie erzielten Mehrwert besteuert (Punkt 2).

Erfolgt der Weiterverkauf innerhalb von zwei Jahren nach dem Erwerb, wird dem Verkäufer unter gewissen Bedingungen ein Teil der beim Kauf entrichteten Registrierungsgebühren zurückerstattet (Punkt 3).

1. Regelfall: Preis ist netto

Bei Immobilienübertragungen werden die Registrierungsgebühren, die Notarkosten, die Abschreibung beim Amt für Rechtssicherheit und die Mehrwertsteuer durch den Käufer gezahlt. Der Verkäufer zahlt keine Steuern und erhält den Preis im Prinzip netto. Er muss lediglich für die Kosten der durch ihn vorzulegenden Dokumente aufkommen, auch „Lieferungskosten" genannt (u.a. Energieausweis, Protokoll der Elektroinstallation usw.).

2. Ausnahme: Besteuerung des Mehrwertes

Der Gesetzgeber hat für gewisse Situationen, in denen der Verkäufer einen Mehrwert erzielt hat, eine Besteuerung dieses Mehrwertes vorgesehen.

Bei der Besteuerung des Mehrwertes muss unterschieden werden, ob der Verkäufer eine Gesellschaft (Punkt a)) oder eine Privatperson (Punkt b)) ist. Wenn der Verkäufer eine Privatperson ist, muss noch einmal unterschieden werden, ob es sich um einen beruflich erzielten Mehrwert (Punkt b) (i)) handelt, der Mehrwert im Rahmen der einer spekulativen Vermögensverwaltung (Punkt b) (ii)) oder im

Rahmen einer normalen Verwaltung des Privatvermögens (Punkt b) (iii)) erzielt wird.

a) Verkäufer ist eine Gesellschaft

Bei Gesellschaften fließt der erzielte Mehrwert mit ins operative Resultat und ist folglich Teil der Besteuerungsgrundlage für die Gesellschaftssteuer.

b) Verkäufer ist eine Privatperson

Wie in der Einleitung dieses Punktes erwähnt, muss bei Privatpersonen unterschieden werden, ob es sich um einen beruflich erzielten Mehrwert handelt (i), der Mehrwert im Rahmen einer spekulativen Vermögensverwaltung (ii) oder im Rahmen einer normalen Verwaltung des Privatvermögens (iii) erzielt wurde.

(i) Beruflich erzielter Mehrwert

Wenn die Immobilien zu Berufszwecken genutzt wurden, sind die Einkünfte als berufliche Einkünfte anzusehen. Der erzielte Mehrwert ist als Gewinn zu versteuern.

Der Ausgangspunkt für die Berechnung des Mehrwerts ist hier der buchhalterische Restwert der Immobilie, d. h. der Wert, zu dem die Immobilie noch in der Buchhaltung geführt wird, nach Abzug der bereits vorgenommenen Abschreibungen. Die für die Veräußerung der Immobilie ausgelegten Kosten (z. B. Immobilienmakler) können in Abzug gebracht werden.

Der beim Verkauf der beruflich genutzten Immobilie erzielte Mehrwert wird im Prinzip mit 16,5 % besteuert, wenn die Immobilie zum Zeitpunkt des Verkaufs seit *mehr als fünf Jahren zu beruflichen Zwecken genutzt* wurde. Die Fünfjahresbedingung muss nicht eingehalten werden, wenn die berufliche Aktivität oder der betroffene Tätigkeitsbereich endgültig eingestellt wurde. Rechtsunsicherheit besteht in Zusammenhang mit der Frage, wie lange eine Immobilie nicht mehr beruflich genutzt werden muss, bis sie ein Bestandteil des Privatvermögens wird und steuerfrei veräußert werden kann; das Einkommensteuergesetzbuch nennt leider keine Fristen. Sicher ist, dass beim Weiterverkauf einer beruflich genutzten Immobilie, die nach Einstellung der Aktivität nur einige Monate privat vermietet wurde, der erzielte Mehrwert durchaus steuerpflichtig ist; eine Stilllegung der beruflichen Nutzung schützt also nicht immer vor einer späteren Besteuerung.

Wenn die Dauer der *beruflichen Nutzung der veräußerten Immobilie geringer als fünf Jahre* war, ist der progressive Steuersatz auf berufliche Einkommen anwendbar.

Wenn die Steuerverwaltung der Auffassung ist, dass der Steuerpflichtige eine Mietverwaltung ausübt, die den Rahmen der Verwaltung eines guten Familienvaters sprengt, kann sie die Mieten als Einkünfte einer beruflichen Aktivität besteuern. Um dies zu erreichen, muss die Steuerverwaltung belegen, dass der Steuerpflichtige Immobilienhandlungen durchführt, die aufgrund ihrer Häufigkeit und ihrer Verbundenheit untereinander als eine kontinuierliche und gewohnheitsmäßige Beschäftigung anzusehen sind.

Um dieses Risiko zu vermeiden, kann der Steuerpflichtige entscheiden, diese Einkünfte in eine Gesellschaft zu verlagern.

(ii) Mehrwert im Rahmen einer spekulativen Vermögensverwaltung

Der Spekulationscharakter liegt dann vor, wenn der Mehrwert einer Risikovermögensverwaltung entspringt, ohne dass es sich dabei um eine berufliche Aktivität (siehe (i) hiervor) handelt. Um zu entscheiden, ob eine Risikoverwaltung vorliegt, werden verschiedene Kriterien geprüft, vor allem:

1° Wie ist die Immobilie in das Vermögen des Verkäufers gelangt? Falls dies durch Schenkung, Erbschaft oder durch einen durch Eigenmittel finanzierten Kauf geschehen ist, liegt kein Spekulationscharakter vor und die folgenden Kriterien brauchen im Prinzip gar nicht mehr geprüft werden. Wenn der Erwerb durch eine Fremdfinanzierung geschah, liegt ein Risiko vor.

2° Wie lange ist die Zeitspanne zwischen Erwerb und Veräußerung? Je kürzer diese Zeitspanne ist, desto mehr deutet dies auf einen spekulativen Charakter hin.

3° Handelt es sich um einen einmaligen oder häufigen Vorgang? Je öfter eine Person diese Kauf-Verkauf-Operationen tätigt, desto mehr deutet dies auf einen spekulativen Charakter hin.

4° Kenntnisse im Immobiliensektor: Wenn es sich bei dem Steuerpflichtigen um jemanden handelt, der im Immobiliensektor aktiv ist, steigert dies die Vermutung einer spekulativen Vorgehensweise.

Ein spekulativ erzielter Mehrwert unterliegt einer 33%igen Steuer. Falls kein spekulativer Mehrwert vorliegt, handelt es sich um einen Vorgang aus der normalen Verwaltung des Privatvermögens, dessen etwaige Besteuerung im folgenden Punkt erklärt wird.

(iii) Mehrwert im Rahmen einer normalen Verwaltung des Privatvermögens

Wenn die Immobilie nicht zu beruflichen Zwecken (siehe (i) hiervor) genutzt wurde und kein Spekulationscharakter (siehe (ii) hiervor) vorliegt, so handelt es sich um einen Verkauf im Rahmen einer normalen Verwaltung des Privatvermögens.

In diesem Fall geschieht die etwaige Besteuerung des Mehrwertes wie folgt:

Falls der Eigentümer seine *bebaute Immobilie* (Haus oder Wohnung) *innerhalb von fünf Jahren* nach seinem Kauf weiterverkauft, wird der erzielte Mehrwert mit 16,5 % besteuert.

Der bei einem Weiterverkauf eines nicht bebauten *Grundstücks* erzielte Mehrwert ist besteuerbar, wenn der Weiterverkauf *innerhalb einer Frist von acht Jahren* nach Kauf des Grundstücks erfolgt. Während der ersten fünf Jahre beträgt die Steuer 33 % und zwischen dem sechsten und dem Ende des achten Jahres 16,5 %.

Wenn der *Beschenkte* die ihm vor weniger als *drei Jahren* geschenkte Immobilie verkauft und diese Immobilie vor weniger als fünf Jahren vor dem Verkauf durch den Schenker erworben wurde, kommt es ebenfalls zur Besteuerung des Mehrwertes. Ausgangspunkt für die Berechnung des Mehrwertes ist hier der im Rahmen der Schenkung angegebene Wert.

Außerhalb dieser drei Fälle bzw. Fristen kommt es also zu keiner Besteuerung des Mehrwertes bei Immobilienveräußerungen im Rahmen der normalen Verwaltung des Privatvermögens.

Aufgrund des gänzlich nicht vorhandenen Spekulationscharakters sind folgende Immobilienverkäufe von einer Besteuerung des Mehrwerts ausgenommen:

- Die Immobilie, die durch den Verkäufer mindestens zwölf Monate bewohnt wurde. Diese Ausnahme von der Besteuerung des Mehrwertes ist sehr wichtig, da dieser Fall in der Praxis sehr viele Menschen betrifft. Wenn ich also die Immobilie verkaufe, in der ich mindestens zwölf Monate gewohnt und die ich nicht beruflich genutzt habe, fällt keine Steuer auf den etwaig erzielten Mehrwert an.
- Immobilien, die Minderjährigen oder allgemein nicht geschäftsfähigen Personen gehören.
- Enteignete Immobilien.

Die Formel, um die Besteuerungsgrundlage des Mehrwerts zu errechnen, lautet wie folgt:

Besteuerbarer Mehrwert = Verkaufspreis (1°) – (Kaufpreis (2°) + Kosten des Kaufs (3°) + 5 % von 2° und 3° pro abgelaufenem Jahr zwischen Kauf und Verkauf (4°) + Kosten etwaiger Arbeiten (5°))

1° Der in der notariellen Verkaufsurkunde vermerkte und folglich gezahlte Preis bildet den Ausgangpunkt für die Errechnung der Besteuerung des Mehrwertes. Kosten, die der Verkäufer ausgelegt hat, um die Immobilie zu verkaufen (z. B. die Rechnung des Immobilienmaklers) können vom Verkaufspreis abgezogen werden. Falls die Steuerverwaltung jedoch befindet, dass der Verkaufspreis zu niedrig angesetzt ist, bildet der Verkehrswert den Ausgangspunkt für die Errechnung der Besteuerung des Mehrwertes (siehe Teil 2, Kapitel 1, Punkt 1, c)).

Vom Verkaufspreis werden die unter 2°, 3°, 4° und 5° erklärten Werte abgezogen.

2° Der Kaufpreis, der aus der Kaufurkunde der Immobilie hervorgeht, ist natürlich der erste Wert, der vom Verkaufspreis abgezogen werden muss, da ein Mehrwert ja voraussetzt, dass der erzielte Verkaufspreis höher als der gezahlte Kaufpreis ist.

3° Die Kosten, die der nun verkaufende Eigentümer beim Kauf seiner Immobilie ausgelegt hat, können ebenfalls für die Berechnung des Mehrwertes vom Verkaufspreis abgezogen werden. Bei diesem Abzug hat der Eigentümer die Wahl entweder die tatsächlich ausgelegten Kosten (Registrierungsgebühren, Notarhonorar, Urkundenkosten, Vermessungskosten zu seinen Lasten usw.) oder einen Pauschalbetrag von 25 % des Kaufpreises anzugeben. Nur in Ausnahmefällen (z. B. ein Kauf unter Anwendung der Mehrwertsteuer – siehe Teil 4, Kapitel 3) sind die tatsächlich ausgelegten Kosten niedriger als 25 %, sodass im Regelfall die 25%ige Kostenpauschale die steuergünstigere Variante ist.

4° Neben Kaufpreis (2°) und Kosten (3°) kann der verkaufende Eigentümer bei der Berechnung des Mehrwertes ebenfalls 5 % auf die Summe von Kaufpreis (2°) und Kosten (3°) pro abgelaufenem Jahr, in dem er Eigentümer der Immobilie war, in Abzug bringen. Grund dieser Maßnahme ist, dass je länger die Immobilie im Eigentum des Verkäufers war, desto mehr könnte ihr Wert kurzfristig durch die Benutzung sinken, und desto weniger liegt ein Spekulationscharakter vor.

5° Die Kosten etwaiger Arbeiten, die der Eigentümer an der Immobilie durch Unternehmer hat durchführen lassen, können ebenfalls für die Ermittlung des erzielten Mehrwertes in Abzug gebracht werden.

Der Mehrwert muss in der Steuererklärung der natürlichen Personen im Jahr nach dem Verkauf angegeben werden.

> **Beispiel:** Hugo kauft am 16. August 2016 ein Haus als Zweitwohnsitz in Saint Hubert für 500.000 Euro. 2018 errichtet er einen Anbau für 100.000 Euro und am 1. Oktober 2020 verkauft er die Immobilie für 800.000 Euro. Die Rechnung des etwaig besteuerbaren Mehrwerts ergibt sich wie folgt:
>
> Verkaufspreis 800.000 Euro (1°) – (Kaufpreis 500.000 Euro (2°) + 25 % Kosten des Kaufpreises 125.000 Euro (3°) + 5 % von (2° + 3°) x vier Jahre (4°) 125.000 Euro + Rechnungen der Arbeiten 100.000 Euro (5°))
> 800.000 Euro – (500.000 Euro + 125.000 Euro + 125.000 Euro + 100.000 Euro) = - 50.000 Euro. Der Wert ist negativ und folglich gibt es keinen Mehrwert im Sinne des Gesetzes, der zu besteuern wäre.

3. Ausnahme: Teilrückerstattung der Registrierungsgebühren bei Weiterverkauf innerhalb von zwei Jahren

Wenn der Käufer einer Immobilie diese innerhalb von zwei Jahren weiterverkauft, hat er Anrecht auf eine Teilrückerstattung der beim Kauf gezahlten Registrierungsgebühren, unter der Voraussetzung, dass folgende Bedingungen erfüllt sind:

- Der Verkäufer muss die Immobilie unter Anwendung des normalen Steuersatzes für Verkäufe (12,5 % in der Wallonischen Region) gekauft haben.
- Der notarielle Weiterverkauf geschieht innerhalb von zwei Jahren nach dem Datum der notariellen Kaufurkunde, durch die er die Immobilie erworben hat.
- Der Weiterverkauf geschieht durch den Verkäufer oder seinen Rechtsnachfolger (Erben, Beschenkte usw.).
- Die Teilrückerstattung wird nicht automatisch gewährt, sondern muss ausdrücklich beantragt werden, entweder durch einen Antrag beim zuständigen Registrierungsamt oder in der notariellen Verkaufsurkunde.

Die Teilrückerstattung beträgt 3/5 (d.h. 60%) der geleisteten Registrierungsgebühren, wenn die Immobilie in der Wallonischen Region liegt, und 36 %, wenn die Immobilie in der Region Brüssel-Hauptstadt liegt.

Wenn der Weiterverkauf nur einen Teil der Immobilie betrifft, wird die Teilrückerstattung auch nur auf den Wert dieses Teils gewährt.

Wenn der Weiterverkauf auf einen geringeren Wert als der des Kaufs besteuert wird, wird die Teilrückerstattung nur auf den letzten Wert besteuert.

> **Beispiel:** X kauft am 12. Februar 2018 (Datum der notariellen Urkunde) ein Haus in Eupen für einen Preis von 250.000 Euro. Die Registrierungsgebühren von 31.250 Euro werden erhoben.

1. Variante: Die Immobilie wird am 8. Januar 2020 (Datum der notariellen Urkunde) für den Preis von 250.000 Euro weiterverkauft. In diesem Fall beträgt der Betrag der Teilrückerstattung 18.750 Euro.
2. Variante: Die Immobilie wird am 8. Januar 2020 (Datum der notariellen Urkunde) für den Preis von 300.000 Euro weiterverkauft. In diesem Fall beträgt der Betrag der Teilrückerstattung 18.750 Euro.
3. Variante: Die Immobilie wird am 8. Januar 2020 (Datum der notariellen Urkunde) für den Preis von 200.000 Euro weiterverkauft. In diesem Fall beträgt der Betrag der Teilrückerstattung 15.000 Euro.
4. Variante: Die Immobilie wird am 15. Februar 2020 (Datum der notariellen Urkunde) weiterverkauft. In diesem Fall ist keine Rückerstattung möglich, da die notarielle Verkaufsurkunde mehr als zwei Jahre nach der notariellen Kaufurkunde erfolgte.

Teil 3 – Finanzierung: Kredit und Sicherheiten (Hypothek usw.)

Wenn der Erwerber einer Immobilie den gesamten Preis und die Kosten (siehe Teil 2) nicht durch Eigenmittel begleichen kann oder will, braucht er eine Finanzierung. Die unterschiedlichen Finanzierungsformen sind in Kapitel 1 hiernach erklärt.

Die finanzierende Partei – üblicherweise eine Bank oder ein Finanzinstitut – wird vom Kreditnehmer Sicherheiten für die Rückzahlung des Kredites verlangen, die unterschiedlicher Art sein können. Hierbei handelt es sich in erster Linie um Hypotheken und Hypothekenvollmachten, aber auch um Pfändungen jeglicher Art (Konten, Depots, Gehalt, Schuldforderungen, Geschäftsfonds usw.). Diese Sicherheiten sind in Kapitel 2 dieses Teils 3 erklärt.

Die Schaffung dieser Sicherheiten unterliegt unterschiedlichen Kosten und Steuern. Wenn man die Angebote der verschiedenen Banken vergleicht, sollte man dabei nicht nur den Zinssatz und die Kosten der Restschuldversicherung im Auge haben. Die von der Bank verlangten Sicherheiten und die damit verbundenen Kosten fallen ebenfalls beim Vergleich mit ins Gewicht.

Kapitel 1: Die verschiedenen Kreditarten

1. Fester Zinssatz

Der feste Zinssatz ist ein von den Marktbewegungen unabhängiger Zinssatz. Er bleibt während der gesamten Dauer des Kredits gleich.

Mit anderen Worten, wenn die Zinsen, zu denen die Banken Geld leihen, steigen, bleibt der Zinssatz, der monatlich auf das ausstehende Kapital angewandt wird, gleich; der Kreditnehmer ist also von der Zinserhöhung nicht betroffen. Der Kreditnehmer, der hinsichtlich seines Kredites einen festen Zinssatz mit der Bank vereinbart hat, profitiert jedoch auch nicht, wenn die Zinssätze, zu denen die

Banken Geld leihen, fallen. Wenn allerdings diese Zinsen bedeutend fallen, hat ein Kreditnehmer immer die Möglichkeit, bei seiner Bank eine Reduzierung seines Zinssatzes zu beantragen oder seinen Kredit bei einer anderen Bank zu refinanzieren (siehe Punkt 4).

Beispiel: Die monatlichen Zinsen, die auf einen Kredit von 20.000 Euro mit einem Zinssatz von 2,5 % und einer Laufzeit von zwei Jahren anfallen, gehen aus nachstehender Tabelle hervor. Die Zinsen werden monatlich auf das noch ausstehende Kapital berechnet. Das Beispiel setzt eine gleichbleibende Monatsrate voraus (siehe Punkt 4 in diesem Kapitel).

Monat	Ausstehendes Kapital	Gezahlte Zinsen im Monat	Kapitaltilgung im Monat	Monatliche Rate (Kapital + Zinsen)	Insgesamt zurückgezahltes Kapital	Summe der gezahlten Zinsen
1	19.186,24	41,20	813,76	854,96	813,76	41,20
2	18.370,80	39,52	815,44	854,96	1.629,20	80,72
3	17.553,68	37,84	817,12	854,96	2.446,32	118,56
4	16.734,88	36,16	818,80	854,96	3.265,12	154,72
5	15.914,39	34,47	820,49	854,96	4.085,61	189,19
6	15.092,21	32,78	822,18	854,96	4.907,79	221,97
7	14.268,34	31,09	823,87	854,96	5.731,66	253,06
8	13.442,77	29,39	825,57	854,96	6.557,23	282,45
9	12.615,50	27,69	827,27	854,96	7.384,50	310,14
10	11.786,53	25,99	828,97	854,96	8.213,47	336,12
11	10.955,85	24,28	830,68	854,96	9.044,15	360,40
12	10.123,46	22,57	832,39	854,96	9.876,54	382,97
13	9.289,35	20,85	834,11	854,96	10.710,65	403,82
14	8.453,53	19,13	835,82	854,96	11.546,47	422,95
15	7.615,98	17,41	837,55	854,96	12.384,02	440,37
16	6.776,71	15,69	839,27	854,96	13.223,29	456,05
17	5.935,71	13,96	841,00	854,96	14.064,29	470,01
18	5.092,97	12,23	842,73	854,96	14.907,03	482,24
19	4.248,51	10,49	844,47	854,96	15.751,49	492,73
20	3.402,30	8,75	846,21	854,96	16.597,70	501,48
21	2.554,35	7,01	847,95	854,96	17.445,65	508,49
22	1.704,65	5,26	849,70	854,96	18.295,35	513,75
23	853,20	3,51	851,45	854,96	19.146,80	517,26
24	0,00	1,76	853,20	854,96	20.000,00	519,02

2. Variabler Zinssatz

Ein variabler Zinssatz bedeutet, dass der Zinssatz, der monatlich auf den noch ausstehenden Kapitalbetrag des Kredits berechnet wird, zu einem vorab festgelegten Moment (z. B. zum 1. März eines jeden Jahres) der Marktentwicklung angepasst wird.

Die gängigsten Formeln von variablen Krediten sind jährliche Anpassungen (1/1/1), Anpassungen alle drei Jahre (3/3/3) oder alle fünf Jahre (5/5/5).

Man spricht auch von „halb-variablen" Zinssätzen, wenn der vereinbarte Zinssatz zum ersten Mal nach 15 Jahren angepasst wird (15/5/5). Diese letzte Form bedeutet, dass der Zinssatz, der bei Vertragsabschluss anwendbar ist, die ersten 15 Jahre gleich bleibt und erst nach 15 Jahren zum ersten Mal der Marktentwicklung der Zinssätze angepasst wird.

3. Konstante Raten oder konstante Kapitaltilgung

Zinsen werden immer (d. h. in der Praxis meistens monatlich) auf den noch ausstehenden Kapitalbetrag des Kredits berechnet. Je mehr Kapital vom Kredit noch offen ist, desto höher sind folglich die monatlich zu zahlenden Zinsen. Die zu zahlenden Zinsen fallen von Monat zu Monat, da jede Monatsrate neben den Zinsen auch einen Teil Kapitalrückzahlung beinhaltet.

Die Zusammensetzung der monatlichen Raten aus Kapital und Zinsen ist abhängig von dem vereinbarten Tilgungssystem:

a) <u>Konstante Raten</u>

Konstante Raten bedeutet, dass der Kreditnehmer vom ersten bis zum letzten Monat die gleiche Rate (d. h. dieselbe Summe) an den Kreditgeber zurückzahlt. Da sich eine Rate ja aus Zinsen auf den noch ausstehenden Kapitalbetrag sowie Teilkapitaltilgung zusammensetzt, sinkt jeden Monat der Anteil Zinsen und steigt jeden Monat der Anteil Kapital in dieser konstanten Rate.

Die Tilgungstabelle unter Punkt 1 hiervor illustriert eine konstante Ratenzahlung. Diese konstante Monatsrate geht aus Kolonne 5 hervor (nämlich 854,96 Euro). Kolonne 3 dokumentiert den monatlich fallenden Zinsanteil und Kolonne 4 den folglich monatlich steigenden Kapitalanteil dieser monatlichen Rate. Der 2. Kolonne entnehmen Sie den pro Monat noch ausstehenden Kapitalbetrag, der 6. Kolonne die Summe des jeweils zurückgezahlten Kapitals und der 7. Kolonne die Summe der zu jedem Zeitpunkt gezahlten Zinsen.

Das System der gleich bleibenden Raten ist mit Abstand die häufigste Kredittilgungsform.

b) <u>Konstante Kapitaltilgung</u>

Diese Form der Kreditrückzahlung ist so strukturiert, dass jeden Monat die Höhe des zurückgezahlten Kapitals gleich bleibt (siehe Kolonne 4 in nachstehender Tilgungstabelle). Da die Zinsen ja immer auf den ausstehenden Kapitalbetrag berechnet werden und folglich jeden Monat abnehmen (siehe Kolonne 3), reduziert sich die monatliche Rate (Kolonne 5) immer um den Differenzbetrag in der Zinszahlung.

Monat	Ausste-hendes Kapital	Gezahlte Zinsen im Monat	Kapital-tilgung im Monat	Monatli-che Rate (Kapital + Zinsen)	Insgesamt zurück-gezahltes Kapital	Summe der gezahlten Zinsen
1	19.166,67	41,67	833,33	875,00	833,33	41,67
2	18.333,33	39,93	833,33	873,26	1.666,67	81,60
3	17.500,00	38,19	833,33	871,53	2.500,00	119,79
4	16.666,67	36,46	833,33	869,79	3.333,33	156,25
5	15.833,33	34,72	833,33	868,06	4.166,67	190,97
6	15.000,00	32,99	833,33	866,32	5.000,00	223,96
7	14.166,67	31,25	833,33	864,58	5.833,33	255,21
8	13.333,33	29,51	833,33	862,85	6.666,67	284,72
9	12.500,00	27,78	833,33	861,11	7.500,00	312,50
10	11.666,67	26,04	833,33	859,38	8.333,33	338,54
11	10.833,33	24,31	833,33	857,64	9.166,67	362,85
12	10.000,00	22,57	833,33	855,90	10.000,00	385,42
13	9.166,67	20,83	833,33	854,17	10.833,33	406,25
14	8.333,33	19,10	833,33	852,43	11.666,67	425,35
15	7.500,00	17,36	833,33	850,69	12.500,00	442,71
16	6.666,67	15,63	833,33	848,96	13.333,33	458,33
17	5.833,33	13,89	833,33	847,22	14.166,67	472,22
18	5.000,00	12,15	833,33	845,49	15.000,00	484,38
19	4.166,67	10,42	833,33	843,75	15.833,33	494,79
20	3.333,33	8,68	833,33	842,01	16.666,67	503,47
21	2.500,00	6,94	833,33	840,28	17.500,00	510,42
22	1.666,67	5,21	833,33	838,54	18.333,33	515,63
23	833,33	3,47	833,33	836,81	19.166,67	519,10
24	0,00	1,74	833,33	835,07	20.000,00	520,83

c) Aussetzung der Kapitaltilgung oder Endfälligkeit (Bullet repayment)

Die Kapitaltilgung kann zeitweise ausgesetzt werden, z. B., um einem Käufer einer Immobilie, die renoviert wird, zu ermöglichen, während des Zeitraums der Renovierungsarbeiten eine Doppelbelastung aus Miete (für die aktuell bewohnte Immobilie) und Kapitaltilgung (für die neu gekaufte Immobilie) zu vermeiden.

Eine Kapitaltilgungsaussetzung kann zu jedem Zeitpunkt und aus diversen Gründen (z. B. vorläufige Rückzahlungsschwierigkeiten) zwischen Kreditnehmer und Kreditgeber vereinbart werden.

Im Bereich von großen Akquisitionsfinanzierungen von Gesellschaften (z. B. Hotels oder Bürokomplexe) ist es sogar keine Seltenheit, dass die Kapitaltilgung bis ans Ende des Kreditvertrages ausgesetzt wird; die sogenannte *bullet*-Rückzahlung. Nach Ende der Laufzeit wird in solch einem Fall der Kredit üblicherweise refinanziert, oder das finanzierte Objekt veräußert.

Monat	Ausstehendes Kapital	Gezahlte Zinsen im Monat	Kapitaltilgung im Monat	Monatliche Rate (Kapital + Zinsen)	Insgesamt zurückgezahltes Kapital	Summe der gezahlten Zinsen
1	20.000	41,67	0,00	41,67	0,00	41,67
2	20.000	41,67	0,00	41,67	0,00	83,33
3	20.000	41,67	0,00	41,67	0,00	125,00
4	20.000	41,67	0,00	41,67	0,00	166,67

4. Entwicklung des Zinssatzes über die Jahre und Refinanzierung

Der durchschnittliche Zinssatz für Hypothekenkredite ist in den letzten Jahrzehnten massiv gefallen.

Anfang der 1990er-Jahre lag der durchschnittliche Zinssatz für Hypothekenkredite bei über 9 %. Im Lauf der 1990er-Jahre fiel er kontinuierlich, um 1998 bei etwa 5 % zu liegen. Im Jahre 2006 erreichte der durchschnittliche Zinssatz für Hypothekenkredite einen vorläufigen Tiefpunkt mit 3,5 %.

Die *Subprime*-Krise, die im Jahre 2007 die Vereinigten Staaten erschütterte, entwickelte sich im Jahre 2008 zu einer Weltwirtschaftskrise und führte in unseren Längen- und Breitengraden zu einem Anstieg des durchschnittlichen Zinssatzes für Hypothekenkredite auf etwa 5 %.

Mit dem Ziel, die Wirtschaft durch Investitionen wieder anzukurbeln, wurden die Zinsen wieder gesenkt, sodass der durchschnittliche Zinssatz für Hypothekenkredite bis 2011 wieder auf durchschnittlich 3,5 % fiel. 2015 erreichte er gar 2 % und fiel in den kommenden Jahren sogar darunter. Seit Anfang 2022 ist die erste Zinssteigung seit Jahren zu verzeichnen.

Anhand eines Zahlenbeispiels lässt sich die Auswirkung dieser Zinsunterschiede für den Kreditnehmer erkennen:

> **Beispiel:** Während bei einem Kredit von 200.000 Euro und einem Festzinssatz von 9 % (wie dies Ende der 1980er-Jahre, Anfang der 1990er-Jahre der Fall war) die Summe der über die Laufzeit von 20 Jahren gezahlten Zinsen bei 221.086,33 Euro lagen, liegt die Summe der Zinsen bei einem Kredit über den gleichen Betrag aber mit den heute üblichen 2 % bei 42.412,70 Euro: Eine unglaubliche Differenz von 178.673,63 Euro.

Diese Zinsentwicklung war und ist auch heute noch immer Anlass zur Refinanzierung sämtlicher laufender Kredite, durch die Kreditnehmer in den Genuss von günstigeren Zinsen kommen als die, die sie in ihrem ursprünglichen Kreditvertrag vereinbart haben.

> **Beispiel:** Ich habe im Jahre 2014 einen Kredit über 20 Jahre mit einem festen Zinssatz von 2,9 % abgeschlossen. Heute, im Jahre 2021, erfahre ich über einen Zeitungsartikel, dass der durchschnittliche Zinssatz für Hypothekenkredite auf unter 2 % gefallen ist. Ich stelle mir die Frage, ob eine Refinanzierung für mich von Vorteil wäre, wissend, dass diese Refinanzierung eine Vorfälligkeitsentschädigung von drei Monaten Zinsen auf den ausstehenden – und somit neu zu finanzierenden – Kapitalbetrag mit sich bringt.
>
> Die Antwort ergibt sich aus folgender Rechnung:

Zwischen dem 1. Januar 2014 und dem 1. Januar 2020 habe ich sechs Jahre, d. h. 72 Monatsraten zurückgezahlt. Anhand der monatlichen Rate von 1.059,44 Euro habe ich 48.515,05 Euro Kapital getilgt und 30.356,98 Euro Zinsen gezahlt. Der noch offene Restkapitalbetrag beläuft sich auf 151.484,95 Euro. Falls ich meinen aktuellen Kredit weiterhin ohne Refinanzierung monatlich abzahlen würde, fielen auf den Restkapitalbetrag von 151.484,95 Euro über die Restlaufzeit von 14 Jahren insgesamt noch 32.549,80 Euro Zinsen an.

Um zu wissen, ob die Refinanzierung sich lohnt, muss ich diese Summe vergleichen mit der Gesamtzinszahlung auf dem Restkapitalbetrag von 151.484,95 Euro zzgl. der Vorfälligkeitsentschädigung von drei Monaten Zinsen auf eben diesen Betrag (= 1.083,93 Euro) unter dem möglichen neuen Zinssatz von 2 % (= 22.269,03 Euro).

Die Refinanzierung kostet mich also insgesamt 22.269,03 Euro (Summe der Zinsen über die Restlaufzeit) + 1.083,93 Euro (Vorfälligkeitsentschädigung) = 23.352,96 Euro, und ist damit um 9.196,84 Euro günstiger, als wenn ich ohne Refinanzierung den Kredit von 2014 mit einem Zinssatz von 2,9 % monatlich bis zum Ende der Vertragslaufzeit abbezahlen würde.

Dieses Beispiel befasst sich nicht mit der Frage, ob der Kredit aus 2014 vom selben oder einem anderen Kreditinstitut refinanziert wird. Davon hängt nämlich ab, ob ggf. neue Sicherheiten für das neue Kreditinstitut geschaffen werden müssen. Wie wir in Kapitel 2, Punkt 1, c) erklären werden, ist eine Hypothek mit Kosten verbunden. Dies muss in der Rechnung, ob eine Refinanzierung finanziell vorteilhaft ist, mit einbezogen werden.

Kapitel 2: Sicherheiten

Eine Bank überprüft bei Kreditanfragen vor allem folgende Elemente in Bezug auf den oder die Antragsteller: Vorhandensein von Eigenmitteln, monatliche Einkünfte, monatliche Ausgaben und Stabilität im Beruf.

Wenn sie dann zu dem Entschluss kommt, dem Antragsteller einen Kredit zu gewähren, so ist dieser Beschluss häufig an die Bedingung geknüpft, dass der Bank *Sicherheiten* gewährt werden. Diese Sicherheiten sollen gewährleisten, dass der Kredit auch dann zurückgezahlt werden kann, wenn die Rückzahlungsfähigkeit des Kreditnehmers irgendwann einmal nicht mehr so gut wie bei Vertragsabschluss sein sollte, z. B. aufgrund von Arbeitslosigkeit, Einkommensausfall, Krankheit, Scheidung oder gar Todesfall.

Wenn der Kredit tatsächlich irgendwann nicht mehr vertragsgerecht zurückgezahlt wird (oder werden kann ...), wird die Bank zuerst versuchen, mit den Betroffenen nach Lösungen zu suchen (z. B. zeitweise Aussetzung der Kapitaltilgung – siehe auch Kapitel 1, Punkt 3, c) in diesem Teil 3). In der Praxis wird die Bank meist erst dann, wenn ihr nichts mehr anderes übrig bleibt, d. h., wenn der Betroffene sich für Lösungswege nicht offen zeigt, die Kommunikation einstellt oder es keine Aussicht auf Besserung gibt, auf die Sicherheit zurückgreifen, um ihre offene Forderung anhand der Sicherheit zu tilgen.

Sicherheiten können sich entweder auf *Güter* beziehen (z. B. Hypothek, Hypothekenvollmacht, Pfand) oder durch andere *Personen* erteilt werden (z. B. Bürgschaft). Sicherheiten sind immer akzessorisch zur Schuldforderung: Wenn keine Schuldforderung mehr besteht, ist die Sicherheit eine leere Hülle und nicht mehr für den Gläubiger zu gebrauchen.

Sicherheitsinstrumente sind üblicherweise gänzlich zugunsten der Bank oder des Gläubigers geschrieben. Diese Tatsache wird mitunter als „unfair“ oder als „ungerechtfertigte Macht der Bank“

wahrgenommen. Diese Sichtweise ist jedoch etwas voreilig: Sicherheiten erwirken lediglich, dass derjenige, der Geld zur Verfügung stellt, dieses auch zurückerhält, was ja völlig legitim ist. Außerdem eröffnen Sicherheiten für Kreditnehmer erst den Zugang zur Fremdfinanzierung, die in Ermangelung dieser Sicherheit für den Kreditnehmer nicht zu erhalten gewesen wäre (was oft mit der Beendigung des Projekts gleichzustellen ist). Das bedeutet nicht, dass man blind irgendwelche Sicherheiten unterschreiben sollte. Es ist vielmehr wichtig, die Konsequenzen einer zu gewährenden Sicherheit gut zu verstehen, um somit deren Verhältnismäßigkeit in Bezug auf die gesicherte Schuld zu gewährleisten.

1. Hypothek

a) Definition

Die Hypothek ist die gängigste Sicherheit bei der Finanzierung von Immobilien.

Sie kann definiert werden als *Vorzugsrecht*, das dem Gläubiger, zugunsten dessen die Hypothek auf eine Immobilie eingetragen wird, ermöglicht, in Höhe des Betrags der Hypothek vor allen anderen Gläubigern aus dem aus einem Verkauf erzielten Preis ausgezahlt zu werden.

Falls die Forderung des Hypothekengläubigers nicht durch freiwillige Rückzahlung der Raten oder des Restkapitals getilgt wird, geschieht dies im Rahmen einer Immobilienzwangsversteigerung, durch Verrechnung mit dem erzielten Preis.

Dabei spielt es keine Rolle, ob die Zwangsversteigerung durch den Darlehensgeber bzw. Begünstigten der Hypothek oder einen anderen Gläubiger, dessen Forderung nicht honoriert wurde, eingeleitet wird. Nachdem eine Zwangsversteigerung durchgeführt wurde und der Preis durch den Meistbietenden gezahlt wurde, obliegt es dem

Notar im Rahmen eines sogenannten Preisverteilungsprotokolls, unter Berücksichtigung der gesetzlichen Rangregelungen, zu ermitteln, in welcher Reihenfolge die Forderungen der verschiedenen Gläubiger abgegolten werden. Der Gläubiger, zugunsten dessen eine Hypothek im ersten Rang bestellt wurde (d. h., ohne dass vorher bereits eine andere Hypothek auf diese Immobilie eingetragen wurde), wird als erster bedient.

Beispiel: X kann seine Schulden gegenüber einer Bank (100.000 Euro, besichert mit einer Hypothek auf Xs Immobilie), dem Steueramt (40.000 Euro) und einem Bekannten, der ihm Geld geliehen hat (10.000 Euro), nicht zahlen. Einer der drei Gläubiger (oder mehrere) leiten das Zwangsvollstreckungsverfahren ein, das letztendlich zur Versteigerung der Immobilie für einen Preis von 95.000 Euro führt. Ganz gleich, welcher der drei Gläubiger das Zwangsvollstreckungsverfahren eingeleitet hat, die Preisverteilung wird immer dieselbe sein: Die Bank verfügt mit der Hypothek über ein Vorzugsrecht; sie wird also in Höhe ihrer Forderung vor den anderen Gläubigern, die entweder nicht oder in einem untergeordneten Rang besichert sind, ausgezahlt. Konkret erhält die Bank in unserem Beispiel 95.000 Euro, die Steuerverwaltung und der Bekannte gehen leer aus. Die nicht beglichenen Forderungen bleiben weiter bestehen, doch falls X zahlungsunfähig ist – wovon auszugehen ist, wenn es zur Zwangsvollstreckung gekommen ist – werden die Bank (für 5.000 Euro), die Steuerverwaltung und der Bekannte auf ihren Forderungen sitzen bleiben.

b) Eigenschaften einer Hypothek

Eine Hypothek hat folgende Eigenschaften:

(i) Eine Hypothek belastet eine Immobilie

Die Hypothek ist eine Sicherheit, die beim Amt für Rechtssicherheit auf eine *bestimmte Immobilie* eingetragen wird (meistens die Immobilie, die anhand des durch die Hypothek besicherten Kredits gekauft oder renoviert wird). Diese Eintragung erteilt der Hypothek ein Folgerecht, was bedeutet, dass die Hypothek der Immobilie folgt, falls diese ohne Genehmigung des Hypothekengläubigers weiterverkauft würde.

Diese Immobilie wird sozusagen durch den Gläubiger in Pfand genommen; der Hypothekenbesteller behält allerdings weiterhin das Eigentums- und Nutzungsrecht.
Jede Person (Privatperson oder Gesellschaft) haftet mit ihrem gesamten Vermögen für ihre gesamten Schulden. Wenn ich also meine Schulden gleich welcher Art nicht tilge, kann der Gläubiger ein Zwangsvollstreckungsverfahren gegen mein Vermögen – z. B. meine Immobilie – einleiten. Ob die Forderung des Gläubigers, der das Verfahren eingeleitet hat, auch tatsächlich durch den bei der Zwangsversteigerung erzielten Preis beglichen wird, hängt auch davon ab, ob der Gläubiger sich im erfolgreichen Platz/Rang befindet.

(ii) Die Sicherheit gilt über einen gewissen Betrag

Die Immobilie wird als Garantie der Rückzahlung eines gewissen Betrags mit der Hypothek belastet. Dabei kann es sich um den Betrag des Kredits oder um eine geringere Summe handeln (insbesondere, wenn die Hypothek in Kombination mit einer Hypothekenvollmacht gebraucht wird – siehe Punkt 2 hiernach).

Der Betrag der Hypothekeneintragung ist die Maximalsumme, in Höhe derer die Rückzahlung der Forderung des Hypothekengläubigers (z. B. die Bank) den anderen, rangtieferen Gläubigern vorgezogen wird.

> **Beispiel:** X ist Eigentümer einer Immobilie, dessen Kauf er über einen Bankkredit von 250.000 Euro finanziert hat. Der Kredit wurde mit einer Hypothek über den Betrag der Finanzierung besichert (d. h. 250.000 Euro). Nach fünf Jahren wird X arbeitslos und schafft es nach ein paar Monaten leider nicht mehr, den Kredit fristgerecht zurückzuzahlen. Die Immobilie wird zwangsvollstreckt und zu einem Preis von 280.000 Euro verkauft. Die Restforderung der Bank zum Moment der Zwangsversteigerung beträgt 190.000 Euro. Die Bank erhält folglich 190.000 Euro und X erhält 90.000 Euro (d. h. die Differenz zwischen dem Versteigerungserlös und der Tilgung der Restschuld gegenüber der Bank).

(iii) Besicherte Schuldforderung

Die Rückzahlung einer *spezifischen* Schuldforderung kann mit einer Hypothek besichert werden.
In den allermeisten Fällen und so gut wie bei allen üblichen Hypothekenkrediten besichert die Hypothek jedoch *sämtliche Summen, die der Kreditnehmer, heute oder in Zukunft,* alleine oder in Zusammenhang mit Dritten, der Bank schuldet.

> **Beispiel:** Im Jahre 2001 erhalten Herr X und seine Ehefrau Y von der Bank Z für ihren gemeinsamen Wohnungskauf einen Kredit über einen Betrag von 150.000 Euro, der mit einer Hypothek über dieselbe Summe abgesichert wird. Im Jahre 2010 kauft X ein Auto, das er ebenfalls über ein Darlehen der Bank Z finanziert. 2011 bürgt X der Bank Z gegenüber für einen Kredit von 80.000 Euro, den sein Bruder im Rahmen seiner beruflichen Aktivität aufgenommen hat. Im Jahre 2013 muss Xs Bruder Konkurs anmelden. X schämt sich, verheimlicht die Situation seiner Frau Y und reagiert nicht mehr auf die Lösungsvorschläge der Bank Z, sodass diese keine andere

Möglichkeit hat, als zur Zwangsvollstreckung zu schreiten. Die zu diesem Zeitpunkt noch offenen Schulden von X und Y der Bank gegenüber sind 65.000 Euro (gemeinsamer Wohnungskredit), 14.000 Euro (Autokredit X), 63.000 Euro (Bürgschaftsschulden von X für den Bruder) sowie 3.200 Euro (unbezahlte Versicherungsprämien), macht zusammen 145.200 Euro. Da die Hypothek (über 150.000 Euro eingetragen) sämtliche Summen absichert, die der Kreditnehmer, heute oder in Zukunft, alleine oder in Zusammenhang mit Dritten, der Bank schuldet, wird die Bank im Preisverteilungsprotokoll der Zwangsversteigerung der Immobilie für den gesamten, ihr geschuldeten Betrag von 145.200 Euro den anderen Gläubigern vorgezogen, und nicht nur für den noch offenen Betrag unter dem Wohnungskredit, anlässlich dessen die Hypothek eingetragen wurde.

Diese sogenannte „Hypothek für alle geschuldeten Summen" sollte jedoch keinesfalls als Nachteil für den Kreditnehmer ausgelegt werden: Erstens ermöglicht diese Eigenschaft der Hypothek dem Kreditnehmer einen einfacheren Zugang zu weiteren Finanzierungen (z. B. Berufs-, Auto- oder Zweitimmobilienkredit), da die Bank aufgrund der Hypothek die Sicherheit hat, dass auch diese anderen Kredite durch den Gegenwert der Immobilie abgedeckt sind. Und zweitens ermöglicht die Tatsache, dass eine Hypothek bereits vorhanden ist, die Kosten einer neuen Hypothekeneintragung beim Kauf einer zusätzlichen Immobilie zu sparen.

Beispiel: X und Y kaufen 2003 ihr Familienhaus und finanzieren den Kauf über einen Kredit bei der Bank Z, der mit einer Hypothek über eine Summe von 250.000 Euro besichert wird. 2021 möchten X und Y als Geldanlage zusätzlich eine Wohnung kaufen, die sie teilweise über einen Kredit (der Bank Z) in Höhe von 120.000 Euro und für eine Laufzeit von 10 Jahren finanzieren möchten. Zu diesem Zeitpunkt sind noch 40.000 Euro von ihrem Kredit aus dem Jahr 2003 offen. Bank Z braucht hier zur Besicherung dieses neuen Kredits keine neue Hypothek auf die neue Wohnung zu verlangen, da sie ja dank der „Hypothek für alle geschuldeten Summen“, die auf das Familienhaus im Jahre 2003 für die übliche gesetzliche Frist von 30 Jahren eingetragen wurde (siehe dafür Punkt (iv) hiernach), genügend Sicherheit hat: 40.000 Euro sind noch aus dem Kredit von 2003 offen und 120.000 Euro kommen für den Wohnungskauf hinzu. Die Hypothek, die 2003 auf das Haus eingetragen wurde, bringt also bis 2033 eine Sicherheit in Höhe von bis zu 250.000 Euro. Da keine neue Hypothek eingetragen werden muss, sparen X und Y natürlich auch die Kosten, die mit solch einer Hypothekeneintragung verbunden wären (siehe Punkt c) hiernach).

Dieser Punkt verdeutlicht auch, warum die Bank, bei der ein Kreditnehmer einen Hypothekenkredit abgeschlossen hat, einen Vorteil gegenüber anderen Banken bei einer Refinanzierung hat: Wenn der Kreditnehmer den Kredit bei derselben Bank refinanziert, besichert die Hypothek, mit der die Immobilie anlässlich des ersten Kredites belastet wurde, automatisch auch den Refinanzierungskredit. Es fallen also hier keine zusätzlichen Kosten für den Kreditnehmer an. Wird die Refinanzierung allerdings bei einer anderen Bank abgeschlossen, fallen für den Kreditnehmer Kosten sowohl für die Löschung der Hypothek, die den ersten Kredit zugunsten der abgelösten Bank besicherte, als auch für die Eintragung der Hypothek, die den Refinanzierungskredit zugunsten der refinanzierenden Bank besichert, an.

(iv) Zubehör zur Forderung

Die vertragliche Hypothek wird laut Gesetz für eine Dauer von 30 Jahren eingetragen, unabhängig davon, welche Dauer zwischen Kreditnehmer und Kreditgeber für die Rückzahlung des Kredits vereinbart wurde. Nach 30 Jahren und ohne dass die Hypothek vorab durch eine notarielle Urkunde gelöscht wurde (z. B., weil die Immobilie weiterverkauft wird), erlischt die Hypothek von Rechts wegen (d. h. automatisch, ohne Zutun der Parteien oder des Notars).

Das automatische Erlöschen der Hypothek nach 30 Jahren bringt keine Kosten mit sich. Falls die Hypothek jedoch vor Ablauf der 30-jährigen Frist gelöscht wird (oder aufgrund eines Verkaufs der Immobilie gelöscht werden muss), fallen Steuern, Kosten (u. a.: Löschung beim Amt) und Notarhonorar an. Diese Gesamtkosten liegen z. B. bei der Löschung einer Hypothek, die für Beträge zwischen 150.000 Euro und 600.000 Euro eingetragen wurden, zwischen 1.000 Euro und 1.200 Euro.

Die Dauer des Kredits ist also etwas ganz anderes als die Dauer der Hypothek. Erstere wird bei Vertragsabschluss festgesetzt und kann jederzeit im Einverständnis beider Parteien verlängert oder gekürzt werden (oder der Kredit kann gänzlich und vorzeitig zurückgezahlt werden). All diese Fälle haben keinen Einfluss auf die Dauer der Hypothek, die, wie erwähnt, 30 Jahre ab Eintragung beträgt. Falls sämtliche Kredite und Schulden gegenüber der Bank getilgt wurden, die Hypothek aber noch nicht erloschen ist (durch eine notarielle Löschungsurkunde oder durch Ablauf der 30-jährigen Frist), besteht sie technisch weiter. Sie ist allerdings sozusagen nur noch eine leere Hülle. Da sie lediglich Zubehör der Schuldforderung ist, ist in Ermangelung einer Schuldforderung auch die Hypothek gegenstandslos.

> **Beispiel:** X kauft im Jahre 1998 eine Immobilie. Den Erwerb finanziert er größtenteils über einen Kredit, der durch eine Hypothek besichert wurde. Den Kredit zahlt X bis 2018 gänzlich zurück. In Ermangelung einer Löschung besteht die Hypothek weiter (bis 2028), vorausgesetzt, es wurde keine notarielle Löschungsurkunde unterzeichnet. Falls es im Jahre 2021 zu einer Zwangsvollstreckung kommen würde, da X irgendwelche anderen Schulden nicht beglichen hat, ist die Hypothek im Preisverteilungsverfahren nicht zu berücksichtigen: Durch ihren akzessorischen Charakter ist sie als gegenstandslos zu betrachten, wenn keine Schuld des gepfändeten Eigentümers gegenüber dem Begünstigten der Hypothek (hier die Bank) besteht.

c) Kosten der Hypothek

Die Hypothek bringt folgende Kosten mit sich, die Sie unter http://www.notaire.be/calcul-de-frais/credit errechnen können:

1° Registrierungsgebühren: Steuer von 1 % auf den Betrag, für den die Hypothek eingetragen wird.

2° Eintragungsgebühr, zu zahlen an das Amt für Rechtssicherheit: 0,3 % auf den Betrag, für den die Hypothek eingetragen wird.

3° Entlohnung des Hypothekenbewahrers (Amt): 230 Euro, falls die Hypothek für einen Betrag von 300.000 Euro oder weniger eingetragen wird, und 985 Euro, falls der Betrag über 300.000 Euro liegt.

4° Gesetzliches Notarhonorar: Prozentual degressiv auf den Kreditbetrag nach folgender Tabelle.

Tranche Nr.	Von	bis	Prozentsatz	Ergebnis Tranche
1	0 €	7.500 €	1,7100 %	128,25 €
2	7.500 €	17.500 €	1,3680 %	136,80 €
3	17.500 €	30.000 €	0,9120 %	114,00 €
4	30.000 €	45.495 €	0,6840 %	105,99 €
5	45.495 €	64.095 €	0,4560 %	84,82 €
6	64.095 €	250.095 €	0,2280 %	424,08 €
7	250.095 €	999.999.999.999 €	0,0456 %	

Mit Inkrafttreten der Reform von Februar 2022 d.h. ab 1. Januar 2023, wird das gesetzliche Notarhonorar für Hypotheken, die den Erwerb der einzigen Immobilie des Käufers besichern (siehe Kapital 1, Punkt 2 in diesem Teil 2), um 20 Prozent gesenkt.

Das gesetzliche Notarhonorar für alle anderen Hypotheken wird ab 1. Januar 2023 wie folgt berechnet bzw. gesenkt:

Tranche Nr.	Von	bis	Prozent-satz	Ergebnis Tranche
1	0 €	7.500 €	0,750 %	56,25 €
2	7.500 €	17.500 €	0,650 %	65 €
3	17.500 €	30.000 €	0,500 %	62,50 €
4	30.000 €	45.495 €	0,400 %	61,98 €
5	45.495 €	64.095 €	0,400 %	74,40 €
6	64.095 €	250.095 €	0,228 %	424,08 €
7	250.095 €	999.999.999.999	0,046 %	

5° Schreibrechtsteuer: 50 Euro (siehe Teil 2, Kapitel 1, Punkt 3, c).

6° + 7° Kosten der gesetzlichen Nachforschungen, Antragsgebühren und Dossierkosten: siehe Teil 2, Kapitel 1, Punkt 3, a).

8° Mehrwertsteuer: 21 % auf die Posten 4°, 5°, 6° und 7°.

Beispiel: Die Kosten eines Hypothekenkredits über 250.000 Euro, abgesichert durch eine Hypothek über einen Betrag von 250.000 Euro Hauptsumme und 12.500 Euro Nebenleistungen lauten wie folgt:

1	Registrierungsgebühren	2.625 €
2	Eintragungsgebühr	787,50 €
3	Entlohnung des Hypothekenbewahrers	230 €
4	Gesetzliches Notarhonorar*	999,60 €
5	Schreibrechtsteuer	50 €
6	Gesetzliche Nachforschungen	+/- 100 €
7	Antragsgebühren, Dossier	+/- 550 €
8	Mehrwertsteuer auf Punkte 4, 5, 6 und 7	356,92 €
	GESAMTKOSTEN	**5.699,02 €**

* Ab dem 1. Januar 2023: 751,07 Euro

Variante: Falls die Hypothek den Erwerb der einzigen Immobilie des Käufers besichert (siehe Kapitel 1, Punkt 2 in diesem Teil 2), wird das gesetzliche Notarhonorar mit Inkrafttreten der Reform von Februar 2022 (d.h. ab 1. Januar 2023) um 20 Prozent gesenkt. Es beträgt also im vorherigen Beispiel 799,68 Euro statt 999,60 Euro.

d) Einkommenssteuerermäßigung dank des Hypothekenkredits – Wohnungsbonus oder Wohnungsscheck

Unter der Voraussetzung, dass gewisse Bedingungen erfüllt sind, kommt der Kreditnehmer in den Genuss einer Einkommenssteuerermäßigung.

Diese Steuerreduzierungen sind in den drei Regionen Belgiens unterschiedlich geregelt und die Materie ist in den letzten Jahren sehr häufig reformiert und abgeändert worden.

Allgemein sei jedoch gesagt, dass es Ziel dieser Maßnahmen ist, den Erwerb vom ersten Eigenheim steuerlich zu unterstützen.

Generell kommen diese „regionalen" Steuervorteile nur dann infrage, wenn die Immobilie durch den Kreditnehmer bewohnt wird (Ausnahmen bilden Härtefälle, die ein Bewohnen unmöglich machen). Wird die Immobilie vermietet, sind nicht mehr regionale, sondern föderale Bestimmungen anwendbar. Letztere sind glücklicherweise während den letzten Jahren stabil geblieben.

Bei einer Umschuldung oder Refinanzierung eines Darlehens ist immer das ursprüngliche Datum des Hypothekenkredits von Bedeutung. Ein in 2015 aufgenommener Kredit, der in 2022 umgeschuldet wird, fällt also weiterhin unter die Bestimmungen zum Wohnungsbonus (siehe (ii) hiernach) und nicht unter diejenigen des Wohnungsschecks (siehe (i) hiernach).

(i) Bedingungen des Wohnungs***schecks*** in der Wallonischen Region (d. h. Darlehen, die ab dem 1. Januar 2016 aufgenommen wurden)

Folgende Bedingungen müssen erfüllt sein, damit der Kreditnehmer in den Genuss des Steuervorteils eines Wohnungsschecks gelangt.

1° Der Kredit muss für den Erwerb oder den Bau (nicht für ausschließlich Umbauarbeiten) einer Wohneinheit abgeschlossen werden, eine Laufzeit von mindestens 10 Jahren haben und über eine Hypothek abgesichert sein.

2° Die Wohneinheit muss durch den Käufer/Kreditnehmer selbst bewohnt werden – die Hilfen können also nicht für Investitionsobjekte beansprucht werden.

3° Die Wohneinheit muss die einzige Wohneinheit des Kreditnehmers sein (Stichtag: 31. Dezember des Jahres, in dem der Kredit abgeschlossen wird). Ist der Kreditnehmer (Mit-)Eigentümer, Nießbraucher oder bloßer Eigentümer (außer durch Erbschaft), Erbpächter oder Erbbauer einer anderen Wohneinheit, kommt er nicht in den Genuss dieses Steuervorteils. Ausnahme: Die zweite Wohneinheit wird vor dem 31. Dezember des Jahres, in dem der Kredit abgeschlossen wird, zum Verkauf gestellt und der Verkauf wird spätestens zum 31. Dezember des darauffolgenden Jahres vollzogen.

4° Wenn die Wohneinheit nicht die einzige Wohneinheit bleibt (d. h., dass sie es bei Abschluss des Kredits war, aber später eine Wohneinheit hinzugekommen ist), wird der Vorteil halbiert.

Der Wohnungsscheck wird jährlich und pro Person auf Grundlage der Nettoeinkünfte und der Anzahl Kinder zu Lasten berechnet. Die Einkünfte von Ehe- und gesetzlich zusammenwohnenden Partnern werden getrennt beurteilt: Beide dürfen also in den Genuss des Steuervorteils kommen.

Ziel der Maßnahme ist es, Geringverdienern unter die Arme zu greifen, um den Kauf eines Eigenheims zu fördern. Deswegen gilt: Je höher die Einkünfte sind, desto geringer ist der Vorteil. Somit wird gewährleistet, dass selbst die Personen, die sehr wenig oder gar keine Steuern zahlen, in den Genuss des Wohnungsschecks kommen können (ggf. in Form einer Steuerrückzahlung).

Höhe der jährlichen Netto-einkünfte (wird jedoch indexiert)	Höhe der Steuerbefreiung
Unter 22.567 €	1.520 €
Zwischen 22.567 € und 87.043 €	1.520 € - 1 € pro Tranche von 78 €*
Über 87.043 €	0

* Die Formel lautet:
1.520 Euro – [(Nettoeinkünfte – 22.567) x 1,275 %]

Pro Kind zu Lasten kommen 125 Euro hinzu.

Letztlich ist die Höhe der Steuerbefreiung auf die Höhe der jährlichen Kapital- und Zinsrückzahlungen des Hypothekenkredits sowie der gezahlten Restschuldversicherungsprämien bzgl. dieses Kredits begrenzt.

Beispiel: X, alleinstehend, nimmt einen Hypothekenkredit von 50.000 Euro mit einer Laufzeit von 20 Jahren und einem Festzinssatz von 2 % auf. Seine jährliche Rückzahlung beträgt 3.030,12 Euro. Die Steuerbefreiung (Maximalbetrag von 1.520 Euro) kann gänzlich geltend gemacht werden, natürlich nach Kürzung, proportional zu seinem steuerlichen Nettoeinkommen.

Variante: Gleiche Kredithöhe, Zinssatz und Laufzeit. Jedoch sind nur 10.000 Euro über eine Hypothek und die restlichen 40.000 Euro über eine Hypothekenvollmacht abgesichert. Nur der Teil, der über eine Hypothek abgesichert ist, kann steuerlich geltend gemacht werden. Die jährliche Kapital- und Zinsrückzahlungen auf den mit der Hypothek besicherten Teil beträgt 606 Euro. Die Steuerbefreiung (Maximalbetrag von 1.520 Euro) kann hier nur in Höhe von 606 Euro geltend gemacht werden.

Der Wohnungscheck kann während 20 Jahren in Anspruch genommen werden. Zwischen dem 10. und 20. Jahr wird der Vorteil jedoch halbiert.

Das Erfüllen der Bedingungen und die Höhe der Steuerbefreiung werden jährlich anhand der Nettoeinkünfte des Jahres, der Anzahl Kinder zu Lasten und der Summe der Kapital- und Zinsrückzahlungen sowie der gezahlten Restschuldversicherungsprämien neu geprüft bzw. errechnet.

(ii) Bedingungen des Wohnungs***bonus*** in der Wallonischen Region

Hypothekenkredite, die zwischen dem 1. Januar 2005 und dem 1. Januar 2016 aufgenommen wurden, kommen für den Wohnungsbonus infrage. Im Gegensatz zum Wohnungsscheck (siehe Absatz (i) hiervor) handelt es sich hier um eine Steuerermäßigung. Man muss also Steuern zahlen, um Steuern zu sparen. Beim Wohnungsscheck wird dagegen die Technik des „Steuerkredits" angewandt: auch Steuerpflichtige, die wegen eines sehr geringen Einkommens oder aufgrund eines Doppelbesteuerungsabkommens keine Steuern zahlen, kommen in den Genuss der Maßnahme. Ihnen werden Steuern, die sie nicht eingezahlt haben, erstattet.

Um in den Genuss des Wohnungsbonus zu gelangen, muss man also Einkünfte erzielen, die Steuern auslösen.

Auch hier werden Zinsen und Tilgung berücksichtigt. Allerdings hat ein steigendes Einkommen hier keine negative Auswirkung auf die Höhe der Steuereinsparung, wie das beim Wohnungsscheck (Punkt i)) der Fall ist.

Wie beim Wohnungsscheck muss es sich um die einzige Wohnung zum 31. Dezember der Kreditaufnahme handeln.

(iii) Kreditaufnahmen vor dem 1. Januar 2005

Es würde zu weit führen, auf alle Varianten der vor 2005 aufgenommenen Darlehen einzugehen. Es sei nur gesagt, dass in diesen Fällen immer zwischen Tilgung und Zinsen unterschieden werden muss und dass die Tilgung erstaunlicherweise immer größere Steuereinsparungen bewirkt als die Zinsen.

Abschließend weisen wir noch darauf hin, dass auch das Hypothekendarlehen einer Bank aus einem anderen Land des Europäischen Wirtschaftsraums Anspruch auf Steuervorteile gibt.

2. Hypothekenvollmacht („Mandat")

Die Hypothekenvollmacht – in unserer deutschsprachigen Gegend Belgiens auch mitunter (vom Französischen abgeleitet) „Mandat" genannt – ist ein Recht, das der Eigentümer einer Immobilie einem Gläubiger (bzw. einer ihm verbundenen Person) erteilt, um Letzterem zu ermöglichen, *in Zukunft* und ohne Mitwirkung des Eigentümers eine Hypothek auf die Immobilie eintragen zu lassen.

Die Hypothekenvollmacht ist also (noch) keine Hypothek, sondern lediglich eine Vollmacht, die durch Ausübung derselbigen in eine Hypothek umgewandelt werden kann.

Im Gegensatz zur Hypothek wird bei der Hypothekenvollmacht keine proportionale Registrierungsgebühr von 1 % erhoben (nur die Festgebühr von 50 Euro), und weder eine Eintragungsgebühr noch die

3. Andere Sicherheitsinstrumente

Neben der Hypothek und der Hypothekenvollmacht gibt es noch diverse andere Instrumente, die zur Besicherung der Forderung eines Gläubigers in der Praxis gebraucht werden.

Das Erteilen der Sicherheiten ermöglicht dem Kreditnehmer den Zugang zur Finanzierung, da der Kreditgeber eben durch die Sicherheiten gewährleistet weiß, dass er die durch ihn zur Verfügung gestellten Gelder auch vertragsgerecht zurückerhält.

Jedes Sicherheitsinstrument hat jedoch unterschiedliche Konsequenzen, deren man sich als Kreditnehmer und Kreditgeber bewusst sein sollte.

a) Gesamtschuldnerische Haftung der Kreditnehmer

Wenn ein Kredit durch zwei oder mehrere Personen aufgenommen wird (z. B. durch ein (Ehe-)paar), wird der Kreditvertrag vorsehen, dass beide Personen *gesamtschuldnerisch* (auch *„solidarisch"* genannt) gegenüber der Bank zur Rückzahlung verpflichtet sind. Das bedeutet, dass die Bank sich für die Rückzahlung des gesamten Betrags an den einen oder den anderen Kreditnehmer wenden kann – und nicht die ausstehende Kapitalsumme durch die Anzahl Schuldner teilen und von jedem dieser Schuldner nur seinen geteilten Anteil eintreiben muss. Wird ein Kreditnehmer aufgrund der gesamtschuldnerischen Haftung zur Zahlung eines Betrags, der „seinen Anteil" übersteigt, verpflichtet, so hat er „im Innenverhältnis" (d. h. im Verhältnis zu den anderen Kreditnehmern, nicht dem Kreditgeber) eine Regressforderung.

Aufgrund der gesamtschuldnerischen Haftung der Kreditnehmer ist die Zahlungsunfähigkeit eines Kreditnehmers somit ein Risiko, das der oder die anderen Kreditnehmer trägt/tragen und nicht der Kreditgeber.

Beispiel: Ein Ehepaar (A und B) kauft im Jahr 2015 für 300.000 Euro ein Haus, das es anhand eines Hypothekenkredits finanziert. Dieser Kredit sieht – der so gut wie einheitlichen Marktpraxis entsprechend – eine gesamtschuldnerische Haftung von A und B vor. 2021 lassen A und B sich scheiden. A und B einigen sich, dass B die Immobilie übernimmt. Damit A aus der gesamtschuldnerischen Haftung der Bank gegenüber entlassen wird, muss die Bank damit einverstanden sein, d. h. die sogenannte „Desolidarisierung" erteilen. Dies wird die Bank verständlicherweise nur dann tun, wenn die Zahlungskraft von B ausreichend ist, um den Kredit alleine zurückzahlen zu können.

b) Restschuldversicherung

Die Restschuldversicherung garantiert der Bank, den noch offenen Teil der Kreditsumme im Todesfall des Kreditnehmers zurückzuerhalten. Siehe diesbezüglich die Erklärung des Begriffs „Restschuldversicherung" in Teil 7.

c) Bürgschaft

Wenn der Kreditgeber Zweifel hat, dass ein Antragsteller alleine die nötige Zahlungsfähigkeit besitzt, kann vereinbart werden, dass eine dritte Person für die Rückzahlung der Schuld bürgt. Die Bürgschaft bedeutet, dass falls der Schuldner seinen Rückzahlungsverpflichtungen nicht nachkommt, der Gläubiger seine Forderungen gänzlich gegenüber dem Bürgen geltend machen kann.

Beispiel: X ist selbstständig und gründet eine Gesellschaft mit beschränkter Haftung, um seine Aktivität auszuüben. Er finanziert seine Anschaffungen über diverse Kreditlinien. Die Bank knüpft die Erteilung der Finanzierung an die Bedingung, dass X für die Schulden seiner Gesellschaft gegenüber der Bank bürgt. Wenn die Gesellschaft also Zahlungsschwierigkeiten hat oder gar Konkurs anmelden muss, kann die Bank die offene Forderung der Gesellschaft gänzlich hinsichtlich des Privatvermögens von X geltend machen.

Ein anderes Beispiel sind Bürgschaften von Eltern zur Besicherung der Kredite des oder der Kinder. Das Erteilen der Bürgschaft durch die Eltern erfüllt den Zweck, dass dem Kind die Finanzierung gewährt wird, was in Ermangelung der Bürgschaftsleistung nicht der Fall gewesen wäre. Trotzdem muss der Bürge sich im Klaren sein, dass er mit seinem gesamten Privatvermögen für die Rückzahlung des Kredits der Kinder haftet.

Bürgschaften dürfen nicht in allen Situationen erteilt werden. Das belgische Recht kennt rechtliche Grenzen und Bedingungen, deren Überschreitung oder Nichterfüllung zur Unwirksamkeit der erteilten Bürgschaft führt. Dies ist insbesondere bei kostenlosen Bürgschaftsleistungen der Fall, oder wenn ein Ehepartner Bürgschaften erteilt hat, die nicht im Familieninteresse sind.

d) Drittsicherheitsgeber

Wenn eine Person sein Eigentum (z. B. eine Immobilie) zur Sicherheit der Rückzahlung des Kredits einer anderen Person mit einer Hypothek belastet, spricht man von einer Drittsicherheitsgebung.

Der Drittsicherheitsgeber haftet – anders als der Bürge – nicht mit seinem gesamten Vermögen; sein Risiko ist auf das Objekt (z. B. eine Immobilie) beschränkt, das er mit der Sicherheit belastet. Falls der Kreditnehmer seinen Rückzahlungsverpflichtungen dem Gläubiger gegenüber nicht nachkommt, kann Letzterer das mit der Sicherheit belastete Objekt zwangsvollstrecken lassen, um anhand des Preises die offene Schuld zu begleichen. Sollte der Preis nicht ausreichen, kann der Gläubiger die Differenz nicht beim Drittsicherheitsgeber einfordern.

Beispiel: X braucht für den Erhalt eines Kredits für seine berufliche Aktivität Sicherheiten, da seine Einkünfte nicht ausreichen. Seine Eltern sind nicht bereit, für die Rückzahlung des Kredits zu bürgen. Sie wollen dem Sohn aber helfen und schlagen der Bank vor, eine ihrer Eigentumswohnungen zugunsten der Bank mit einer Hypothek zu belasten, als Sicherheit für die Rückzahlung des Kredits des Sohns. Falls X zahlungsunfähig würde, ist das Risiko der Eltern auf den Verlust der Eigentumswohnung an die Bank „begrenzt".

e) Gehaltsabtretung

Eine Gehaltsabtretung bewirkt, dass der Gläubiger zugunsten dessen diese Sicherheit bestellt wurde, sich bei Nichtzahlung der Schuld an den Arbeitgeber des Schuldners wenden kann, damit monatlich der pfändbare Teil des Gehalts direkt vom Arbeitgeber an den Gläubiger und nicht an den Schuldner (Arbeitnehmer) ausgezahlt wird.

Das belgische Recht sieht jedoch einen Mindestanteil des Gehalts vor, der aus Gründen der Menschenwürde nicht pfändbar ist.
Im Jahre 2022 beliefen sich diese Beträge auf folgende Summen:

Obergrenze des monatlichen Nettogehalts	Pfändbarer Anteil
Unter 1.186 €	0 €
Zwischen 1.186,01 € und 1.274 €	20 % = höchstens 17,6 €
Zwischen 1.274,01 € und 1.406 €	30 % = höchstens 39,6 €
Zwischen 1.406,01 € und 1.538 €	40 % = höchstens 52,8 €
Über 1.538 €	alles

Pro Kind zu Lasten können diese Beträge um 73 Euro erhöht werden. Zu diesem Zweck muss jedoch das Formular „Kinder zu Lasten" an den Arbeitgeber geschickt werden, welches unter diesem Link abrufbar ist: https://www.rjv.fgov.be/sites/default/files/atoms/files/Formular_Kinder%20zu%20Lasten_2021%20DE.pdf

f) Preisabtretung

Bei Überbrückungskrediten wird im Regelfall der Preis der Immobilie, die verkauft werden soll und mittels dessen der Überbrückungskredit zurückgezahlt werden soll, zugunsten des Finanzinstituts, das den Überbrückungskredit gewährt hat, abgetreten.

Diese Sicherheit bewirkt, dass am Tag der notariellen Beurkundung des Verkaufs der Immobilie der Preis, der vom Käufer auf das Drittgeldkonto des Notars überwiesen wurde, von dort direkt an das Finanzinstitut, das den Überbrückungskredit erteilt hat, überwiesen wird, und nicht an den Verkäufer/Kreditnehmer des Überbrückungskredits.

g) Verpfändung

Verpfändungen bewirken, dass der Gläubiger zugunsten dessen eine Sache verpfändet wird, die Schuld, die der Pfandgeber ihm gegenüber hat, anhand des Verkaufspreises der Sache tilgen kann, wenn der Pfandgeber die Schuld nicht freiwillig zurückzahlt oder zurückzahlen kann.

Kann z. B. verpfändet werden: eine Schuldforderung, Bank- oder Depotkonten, Aktien (bewegliche Gegenstände) usw.

> **Beispiel:** N aus Brüssel kauft ein Haus in Spanien. Da er sich mit dem spanischen Bankensystem nicht auskennt, bittet er seine belgische Bank, den Erwerb zu finanzieren. Die belgische Bank erteilt die Finanzierung, allerdings nur unter der Bedingung, dass das Aktienportfolio, das N besitzt, zugunsten der Bank als Sicherheit für die Kreditrückzahlung verpfändet wird. Dieser Vorgang bewirkt, dass, wenn N aus irgendeinem Grund den Kredit für das Haus in Spanien nicht mehr bedient oder bedienen kann, die Bank die offene Schuld ihr gegenüber anhand des Werts der Aktien prioritär vor etwaigen anderen Gläubigern tilgen kann.

Teil 4 – Immobilienpromotion, (Ver-)Kauf im Bau oder auf Plan, Teilung von Grundstücken usw.

Dieser Teil richtet sich an *Käufer/Verkäufer* von Immobilien, die sich im Bau oder noch auf Plan befinden, *Immobilienpromotoren, Architekten* und *Makler*, die diese Projekte betreuen sowie ganz allgemein Personen, die Veränderungen baulicher Art an bebauten oder unbebauten Immobilien durchführen möchten, wie z. B. *Teilung eines Grundstücks* in mehrere Teile oder Schaffung von mehreren Wohneinheiten in einem Haus.

Diese Personen erfahren in diesem vierten Teil, welche besonderen Regeln zusätzlich zu den in Teil 1 (Vertrag) und Teil 2 (Steuern) erklärten Regeln zu beachten sind oder zu ihrem Schutz anwendbar sind.

Es werden folgende Themenbereiche behandelt:

Kapitel 1 befasst sich mit den besonderen Regeln, die zum Schutz des Käufers einer sich im Bau befindlichen Wohneinheit oder einer Wohneinheit auf Plan befolgt werden müssen. Dabei handelt es sich um das sogenannte „Breyne-Gesetz".

In **Kapitel 2** durchleuchten wir die Aufteilung von bebauten Immobilien und von Grundstücken. Konzepte wie Grundurkunde, Parzellierung oder auch notarielle Teilung werden erklärt.

In **Kapitel 3** wird die Besteuerung beim Erwerb von neuen Immobilien (Mehrwertsteuer) erklärt und das für Personen oder Gesellschaften, die Immobilienaktivitäten ausüben, interessante Statut des Immobilienhändlers.

Kapitel 1: Kauf von Immobilien im Bau oder auf Plan – Das Breyne-Gesetz

Käufer von sich im Bau befindlichen Wohneinheiten oder Wohneinheiten „auf Plan" (d. h. der Bau ist fortlaufend, aber noch nicht fertiggestellt) werden vom sogenannten Breyne-Gesetz besonders geschützt. Da die Käufer bei Vertragsabschluss rechtlich die „schwache Vertragspartei" sind (sie haben die ihnen versprochene, fertiggestellte Immobilie noch nicht, müssen aber ggf. schon zahlen), sieht das Gesetz für sie einen besonderen Schutz vor: So muss der Vertrag u. a. mit dem Verkäufer oder Unternehmer gewisse Schutzmaßnahmen vorsehen, und die Preiszahlung darf erst zu gesetzlich vorgegebenen Zeitpunkten geschehen.

In den Jahren 1969 und 1970 musste eine große Anzahl Bauunternehmer, darunter der Bauriese Etrimo, Konkurs anmelden. Diese Konkurse hatten schlimme finanzielle Folgen für die Käufer von Wohnungen im Bau oder auf Plan dieser Unternehmen. Meist hatten diese Unternehmer von den Käufern bereits den gesamten Kaufpreis eingenommen, die Wohnungen waren aber noch nicht gebaut oder noch nicht zu Ende gebaut. Durch die Konkurse standen die Käufer mit leeren Händen da: Das Geld war weg und die Wohnung nicht (zu Ende) gebaut.

Um die Käufer von Wohnungen im Bau oder auf Plan zu schützen, wurde am 9. Juli 1971 das Breyne-Gesetz vom Parlament verabschiedet.

In diesem Kapitel erklären wir, wann das Breyne-Gesetz zur Anwendung kommt (Punkt 1), wann der Käufer durch den Verkäufer/Unternehmer erst zu Zahlungen verpflichtet werden kann (Punkt 2) und welche anderen Garantien das Gesetz für den Käufer vorsieht (Punkt 3).

1. Wann ist das Breyne-Gesetz anwendbar?

Der Schutz des Breyne-Gesetzes ist in folgenden Fällen anwendbar:

a) Immobilienprojekte, die noch nicht fertiggestellt sind

Bei folgenden Immobilienprojekten sind die Käufer/Bauherren durch das Breyne-Gesetz geschützt:

1° Der **Kauf** von Häusern oder Wohnungen, die zum Zeitpunkt des Kaufs (Kaufvorvertrag) noch nicht fertiggestellt sind, d. h. die **noch nicht in einem bewohnbaren Zustand** sind.

> **Beispiel:** Dies ist der klassische Fall des Verkaufs durch einen Promotor einer Wohnung in einer Residenz, die sich noch im Bau befindet oder die bei Abschluss des Kaufvertrages noch nicht in einem bewohnbaren Zustand ist.

2° Häuser oder Wohnungen, die ein Unternehmer sich verpflichtet zu **bauen**. Hier handelt es sich also um den Fall, in dem ein Unternehmer sich verpflichtet, ein Wohnhaus auf dem Grundstück des Kunden zu bauen oder bauen zu lassen. Der Unternehmer ist ein Generalunternehmer oder ein Unternehmer, der die verschiedenen Gewerbe durch Subunternehmer ausführen lässt. Entscheidend ist, dass der Unternehmer die Gesamtkoordination gewährleistet und sich verpflichtet, für einen gewissen Preis das Haus zu bauen oder bauen zu lassen.

> **Beispiel:** Chloé und Hugo haben ein Grundstück gekauft. Sie möchten darauf ein Haus bauen, aber nicht selbst jedes Gewerbe einzeln vergeben. Deswegen schließen sie mit dem Generalbauunternehmer Paul einen Vertrag ab, damit dieser ihnen das Haus für einen gewissen Preis baut oder bauen lässt. Die etwaigen Subunternehmer sucht Paul aus und er übernimmt die Koordination.

Dieser Fall unterscheidet sich von dem, in dem der Eigentümer eines Grundstücks mithilfe seines Architekten ein Haus bauen lässt und diesbezüglich verschiedene Gewerbe beauftragt. Letztere Situation fällt nicht in den Anwendungsbereich des Breyne-Gesetzes.

3° Bereits bebaute Immobilien, an denen **schwerwiegende Renovierungsarbeiten** durchgeführt werden müssen, die mindestens 80 % des Kaufpreises der Immobilie betragen und sich auf mindestens 18.600 Euro belaufen, fallen ebenfalls in den Anwendungsbereich des Breyne-Gesetzes. Auch hier ist das Breyne-Gesetz nur anwendbar, wenn der Unternehmer das Endprodukt liefert und nicht, wenn der Eigentümer selbst, ggf. mithilfe seines Architekten, die Koordination des Projekts und die Vergabe der verschiedenen Gewerke gewährleistet.

> **Beispiel:** Chloé und Hugo kaufen ein altes, gänzlich zu renovierendes Bauernhaus. Sie schließen einen Vertrag mit dem Generalunternehmer Paul ab, der sich um die Kernsanierung und Renovierung kümmern wird, und das Haus im fertig gestellten Zustand übergeben wird.

Die folgenden zwei wichtigen Bedingungen müssen erfüllt sein, damit das Breyne-Gesetz in den drei vorgenannten Fällen anwendbar ist:

1° Der Käufer oder der Bauherr muss vertraglich verpflichtet sein, **Zahlungen vor Fertigstellung** der Immobilien zu leisten. Falls der gesamte Preis erst nach Fertigstellung der Immobilie fällig ist, ist das Breyne-Gesetz nicht anwendbar, da kein Risiko für den Käufer oder Bauherrn besteht, dass er bei einem etwaigen Konkurs des Bauunternehmers Geld und Immobilie verliert.

2° Der Unternehmer/Promotor/Verkäufer und nicht der Bauherr muss für die **Fertigstellung** der Immobilie zuständig sein oder diese gewährleisten. Wenn der Eigentümer oder Bauherr selbst, ggf. mithilfe seines Architekten, die verschiedenen Gewerbe beauftragt und kontrolliert, ist das Breyne-Gesetz nicht anwendbar.

b) Immobilien zu Wohnzwecken, gelegen in Belgien und für private Nutzung

Die Immobilie muss folgende Eigenschaften haben, um in den Schutz des Breyne-Gesetzes zu gelangen:

1° Wohnzweck: Nur Immobilien, die ganz oder teilweise zu Wohnzwecken dienen, fallen unter den Schutz des Breyne-Gesetzes. Zugehörigkeiten wie Keller, Garagen oder Gärten sind ebenfalls geschützt. Falls die Immobilie ausschließlich beruflichen Zwecken dient oder der Wohnzweck im Vergleich zum beruflichen Zweck nur ganz nebensächlich ist, ist das Breyne-Gesetz nicht anwendbar.

2° Hauptwohnsitz oder nicht, Privatperson oder Gesellschaft: Es spielt keine Rolle, ob die Immobilie als Hauptwohnsitz, Zweitwohnsitz oder als Mietobjekt für den Käufer bestimmt ist. Ebenfalls ist es irrelevant, ob der Käufer eine Privatperson oder eine Gesellschaft ist.

3° In Belgien: Die Immobilie muss in Belgien liegen, damit das Breyne-Gesetz anwendbar ist. Die Staatsbürgerschaft oder der Wohnsitz der Parteien spielen keine Rolle, genauso wenig wie der Ort der Vertragsunterzeichnung.

Anhand folgender, zusammenfassender Tabelle können Sie prüfen, ob Ihr Kauf unter den Schutz des Breyne-Gesetzes fällt:

1.	Ist die Immobilie bei Abschluss des Kaufvertrags fertiggestellt, d. h. im bewohnbaren Zustand?	JA - Das Breyne-Gesetz ist nicht anwendbar.
		NEIN - Weiter mit Frage 2
2.	Gewährleistet der Unternehmer, Verkäufer und/oder Promotor die Fertigstellung?	NEIN - Das Breyne-Gesetz ist nicht anwendbar.
		JA - Weiter mit Frage 3
3.	Liegt die Immobilie in Belgien und wird sie zu Wohnzwecken genutzt?	NEIN - Das Breyne-Gesetz ist nicht anwendbar.
		JA - Weiter mit Frage 4
4.	Werden Sie aufgefordert, Zahlungen zu leisten, bevor die Immobilie fertiggestellt, d. h. im bewohnbaren Zustand ist?	NEIN - Das Breyne-Gesetz ist nicht anwendbar.
		JA - Das Breyne-Gesetz ist anwendbar.

2. Preiszahlung nur zu gesetzlich vorgegebenen Zeitpunkten

Das Gesetz verbietet (Teil-)Preiszahlungen außerhalb der gesetzlich erlaubten Zeitpunkte. Das Gesetz ist zwingender Natur, d. h., es darf vertraglich nicht davon abgewichen werden.

Ziel ist es, wie bereits in der Einleitung zu diesem Kapitel erklärt, den Käufer/Bauherrn vor einem etwaigen Konkurs des Verkäufers/Unternehmers zu schützen. Falls die Preiszahlungen nur zu den gesetzlich vorgesehenen Zeitpunkten geschehen, hat der Käufer, selbst im Falle einer Insolvenz des Verkäufers/Unternehmers, nie mehr als die tatsächlich durchgeführten Arbeiten gezahlt.

Dieses Ziel war dem Gesetzgeber so wichtig, dass die Zuwiderhandlung sogar strafrechtlich verfolgt werden kann. Neben der Zahlung von Schadensersatz kann eine Zahlungsaufforderung des Verkäufers/Unternehmers außerhalb der gesetzlich erlaubten Zeitpunkte für ihn mit einer Gefängnisstrafe von acht Tagen bis zu einem Monat und/oder mit einer Geldstrafe von 208 Euro bis 1.600 Euro belegt werden.

Die Kaufpreiszahlung ist zu folgenden Zeitpunkten zu den genannten Höhen erlaubt:

a) Vor Kaufvorvertrag: Keine Zahlung. Auch nicht für eine Reservierung

Das Gesetz verbietet ausdrücklich jegliche Zahlung vor der Unterzeichnung des Kaufvorvertrags, egal ob diese Zahlung nun „Reservierung“, „Anzahlung“, „Teilkaufzahlung“ oder wie auch immer genannt wird.

Diese Regel ist sehr streng, und es sind keine Ausnahmen gestattet.

Für den Unternehmer ist diese gesetzliche Regel unangenehm, da er fürchten muss, dass der Interessent, nachdem er eine Wohnung reserviert hat, wieder abspringt. Zwischenzeitlich kann der Unternehmer die Wohnung keinen anderen Interessenten anbieten und hätte somit Zeit verloren. Dies führt in der Praxis mitunter dazu, dass gewisse Unternehmer durchaus Reservierungsverträge unterzeichnen lassen und von den Käufern eine gewisse Summe für die Reservierung verlangen. Diese Praxis ist laut Gesetz aufgrund der vorgenannten Gründe verboten. Nichtdestotrotz ist es in solch einer Situation nicht selten, dass der Käufer sich auf die Forderung des Unternehmers einlässt und die Summe zahlt, einfach, um die Reservierung sicherzustellen. In diesem Fall muss der Unternehmer wissen, dass er das Gesetz missachtet und der Käufer, dass er bei einer Insolvenz des Unternehmers ggf. den Reservierungsbetrag verliert.

b) Bei Unterzeichnung des Kaufvorvertrags: 5 %

Bei Unterzeichnung des Kaufvorvertrags darf eine Anzahlung von bis zu 5 % gezahlt werden.

c) Bei der notariellen Beurkundung des Kaufs

Bei notarieller Beurkundung des Kaufs können folgende Beträge durch den Verkäufer/Unternehmer eingefordert werden:

1. Der Teil des Preises, der auf das Grundstück (beim Kauf eines im Bau befindlichen Hauses) oder den Grundstücksanteil (beim Kauf einer im Bau befindlichen Wohnung) entfällt.

2. Der Teil des Preises, der den zu diesem Zeitpunkt bereits ausgeführten Arbeiten entspricht, abzüglich der ggf. bereits beim Kaufvorvertrag geleisteten Anzahlung von bis zu 5 %. Die Ausführung der Arbeiten muss durch einen in Belgien zugelassenen Architekten bescheinigt werden.

d) Restbeträge: Nach Fortschritt der Arbeiten

Der Restbetrag des Preises der Gebäulichkeiten kann in Teilbeträgen oder Tranchen mit Fortschritt der Arbeiten eingefordert werden. Die Zahlungsmodalitäten werden in der notariellen Urkunde schriftlich festgehalten.

3. Andere Garantien und Besonderheiten des Breyne-Gesetzes

a) Fertigstellungsgarantie oder Bürgschaft

Der Käufer oder Bauherr einer sich im Bau befindlichen oder noch nicht fertiggestellten Wohnimmobilie erhält finanzielle Garantien, deren Höhe davon abhängt, ob der Unternehmer für die auszuführenden Arbeiten zugelassen ist oder nicht:

- ist das der Fall, entspricht die Garantie einer Bürgschaft von 5 % des Gegenwerts der Gebäulichkeiten. Das bedeutet, dass, falls der Unternehmer seinen Verpflichtungen nicht vollends nachkommen würde, der Käufer auf diese Bürgschaft zurückgreifen kann,
- ist das nicht der Fall, muss der Verkäufer/Unternehmer dem Käufer eine Fertigstellungsgarantie einer Bank übermitteln. Diese Garantie ist für den Käufer ein sehr großer Schutz, da sie die Fertigstellung sämtlicher vertraglich festgelegter Arbeiten (Fertigstellung ...) garantiert. Sollte der Verkäufer/Unternehmer seinen Verpflichtungen aus irgendeinem Grund nicht nachkommen, kann der Käufer die Garantie der Bank gegenüber geltend machen.

Der Grund für diese unterschiedliche Höhe in den Sicherheiten ist, dass der Gesetzgeber ein Gleichgewicht zwischen dem Käufer- oder Bauherrenschutz (zugelassene Unternehmen besser als nicht zugelassene; höhere Garantie ist besser als niedrigere) und den Kosten der Garantiestellung für den Unternehmer (Fertigstellungsgarantie deutlich teurer als die 5%ige Bürgschaft) finden musste. Durch die Maßnahme, dass nur der für diese Arbeiten nicht zugelassene

Unternehmer die Fertigstellungsgarantie übergeben muss, möchte der Gesetzgeber erreichen, dass der Käufer oder Bauherr in jedem Fall geschützt ist: Entweder über die Zulassung, die ein gewisses Volumen des Unternehmens und somit eine Standhaftigkeit voraussetzt, oder durch die Fertigstellungsgarantie.

b) Vorläufige und endgültige Abnahme

Abnahme bedeutet Annahme durch den Käufer/Bauherrn der durch den Unternehmer durchgeführten Arbeiten, welche mit oder ohne Anmerkungen des Käufers/Bauherrn erfolgen kann.

Das Breyne-Gesetz unterscheidet zwischen „vorläufiger" (i) und „endgültiger" (ii) Abnahme. Im Abnahmeprozess der Arbeiten hat der Käufer/Bauherr zu verschiedenen Zeitpunkten die Möglichkeit, Mängel unterschiedlicher Art mitzuteilen, die der Unternehmer beheben muss, nämlich:

(i) Vorläufige Abnahme

Die vorläufige Abnahme der Arbeiten entspricht der Feststellung, dass die Arbeiten fertiggestellt sind, oder die Wohnung/das Haus sich in einem bewohnbaren Zustand befindet. Die Verträge sehen üblicherweise vor, dass die vorläufige Abnahme die Genehmigung der Arbeiten beinhaltet, d. h., dass der Käufer/Bauherr die ordnungsgemäße Ausführung der Arbeiten bestätigt. Dies entspricht dem Beginn der zehnjährigen Garantielaufzeit (siehe Punkt c) hiernach). Im Abnahmeprotokoll werden darüber hinaus die ggf. bei der Abnahme festgestellten Mängel festgehalten, z. B.: Fußleisten fehlen in einem Raum, ein Fußbodenkachel in der Küche ist kaputt, die Türklinke zu einem Zimmer fehlt, Lampen fehlen in zwei Zimmern usw. Diese Mängel muss der Unternehmer schnellstmöglich beheben. Bei diesen Mängeln darf es sich also nur um kleinere Punkte handeln, die nicht zur Folge haben, dass die Immobilie sich eigentlich noch gar nicht in einem bewohnbaren Zustand befindet. Die Tatsache, dass z. B. die Haustüre fehlt, die Sanitärarbeiten noch nicht ausgeführt wurden oder die Stromleitungen noch geschlossen sind, führt dazu, dass die vorläufige Abnahme der Arbeiten noch nicht stattfinden kann.

Wichtig ist, dass der Käufer/Bauherr die Immobilie nicht vor Unterzeichnung des Abnahmeprotokolls bewohnt oder die Schlüssel an sich nimmt, denn dies wird ggf. als stillschweigende Annahme der Arbeiten betrachtet.

(ii) Vierjahreszeitengarantie, endgültige Abnahme

Die endgültige Abnahme darf frühestens ein Jahr nach der vorläufigen Abnahme der Arbeiten stattfinden. Diese Frist ermöglicht dem Käufer/Bauherrn die Immobilie durch seine Benutzung zu prüfen und etwaige Mängel mitzuteilen, die der Unternehmer dann beheben muss. Man spricht hier auch von einer Vierjahreszeitengarantie, da der Käufer/Bauherr z. B. bei einer vorläufigen Abnahme im Hochsommer nicht prüfen kann oder wird, ob das Thermostat der Heizung ordnungsgemäß funktioniert.

Die endgültige Abnahme findet häufig auch stillschweigend statt. Deswegen ist es für den Käufer/Bauherrn wichtig, etwaig festgestellte Mängel umgehend dem Unternehmer mitzuteilen.

Nach der endgültigen Abnahme läuft im Prinzip nur noch die zehnjährige Garantie weiter sowie die Garantien der verwendeten Baustoffe und Vorrichtungen.

c) Zehnjährige Garantie

Die zehnjährige Garantie ist eine Garantie, die das Breyne-Gesetz für den Käufer/Bauherrn seitens des Verkäufers, Architekten und Unternehmers vorsieht. Die zehnjährige Laufzeit beginnt üblicherweise mit der vorläufigen Abnahme und bezieht sich auf schwerwiegende Baumängel wie Stabilitätsprobleme (keine natürlichen Setzrisse) und Feuchtigkeitsprobleme.

d) Eigentumsübertragung und Übertragung der Risiken

Unter dem Breyne-Gesetz wird der Käufer bereits Eigentümer des Grundstücks (bei einem Hauskauf) oder seines Grundstückanteils (bei einem Wohnungskauf) bei Unterzeichnung des Kaufvorvertrages. Er wird Eigentümer der Gebäulichkeiten mit Fortschritt der Arbeiten oder Einverleibung der Baustoffe und Materialien.

Anders als beim (Ver-)Kauf von bebauten Immobilien (siehe Teil 1, Kapitel 2, Punkt 2, a) (iii)) findet die Übertragung der Risiken bei einem Verkauf mit Anwendung des Breyne-Gesetzes erst bei der vorläufigen Abnahme der Arbeiten statt. Bis zu diesem Zeitpunkt trägt der Verkäufer/Unternehmer das Risiko und muss dieses versichern.

e) Übermittlung von Dokumenten und Hinweise auf das Breyne-Gesetz

Das Breyne-Gesetz sieht darüber hinaus noch vor, dass der Käufer/Bauherr mindestens 15 Tage vor Vertragsabschluss Kenntnis von gewissen Informationen erhalten haben muss (i) und gewisse Dokumente erhalten hat (ii).

(i) Informationen im Kaufvorvertrag oder in der notariellen Urkunde

Dem Käufer/Bauherrn müssen im Kaufvorvertrag unter Anwendung des Breyne-Gesetzes gewisse Informationen übermittelt werden. Dies soll gewährleisten, dass der Käufer/Bauherr vollständig über das Projekt informiert ist und somit bei voller Sachkenntnis den Vertrag unterzeichnet.

Bei diesen Informationen handelt es sich u. a. um die genauen Angaben des Grundstücks- und Gebäudeeigentümers, das Datum und die Bedingungen der Baugenehmigung, den Gesamtpreis des Hauses/der Wohnung sowie die Zahlungsmodalitäten, den Beginn der Arbeiten, die Ausführungs- oder Lieferfrist und den Schadensersatz wegen Ausführungs- oder Lieferverzug, der mindestens einem normalen Mietpreis des Objekts entspricht. Auch müssen gewisse Artikel aus dem Breyne-Gesetz wortwörtlich in den Vertrag mit aufgenommen werden.

(ii) Dokumente, die dem Käufer/Bauherrn übermittelt werden müssen

Folgende Dokumente müssen übermittelt werden:

- die genauen Pläne;
- das Lastenheft der Arbeiten, das angibt, wie die Arbeiten ausgeführt werden müssen und welche Materialien gebraucht werden;
- bei einer Wohnung: eine Abschrift der Grundurkunde;
- die Grundbedingungen der regionalen öffentlichen Unterstützungen für das Wohnungswesen.

Kapitel 2: Teilung von Häusern und Grundstücken in mehrere Einheiten

Dieses Kapitel erklärt die notwenigen Schritte bei der Schaffung von Wohnungen und den Teilungen vor Grundstücken. Es werden folgende Projekte bearbeitet:

- Sie sind (oder werden) Eigentümer eines Hauses, das mehrere Wohnungen umfasst oder das Sie in mehrere Wohnungen aufteilen möchten. Das ist die sogenannte horizontale Teilung, die das Aufstellen einer notariellen Grundurkunde voraussetzt (siehe Punkt 1 hiernach).
- Sie sind (oder werden) Eigentümer eines unbebauten Grundstücks und wünschen dieses in mehrere Grundstücke (genannt „Lose") aufzuteilen (Punkt 2). Wenn Sie in drei oder mehrere unbebaute Lose zu Wohnzwecken aufteilen, muss eine Verstädterungsgenehmigung eingeholt werden (Punkt 2 a)). Andere Grundstücksteilungen sind von der Verpflichtung, eine Verstädterungsgenehmigung einzuholen, befreit (Punkt 2 b)).
- Sie sind Eigentümer eines bebauten Grundstücks und wünschen einen Teil abzutrennen, zu Bauzwecken oder auch nicht (Punkt 3).

1. Horizontale Aufteilung – Schaffung mehrerer Wohneinheiten: Grundurkunde

Wenn mindestens zwei Personen Eigentümer von unterschiedlichen Einheiten (Wohnungen, Büros, Gewerbeflächen, Garagen, Keller usw.) einer Immobilie (d. h. „unter einem Dach") sind, setzt dies das Aufstellen einer notariellen Grundurkunde voraus.

Die offizielle, gesetzliche Terminologie für Grundurkunde lautet „Statut der Immobilie", welches sich aus Basisakte und Miteigentumsordnung zusammensetzt. In der Praxis ist jedoch der Begriff „Grundurkunde" am geläufigsten, somit haben wir diesen Begriff auch im gegenwärtigen Buch gebraucht.

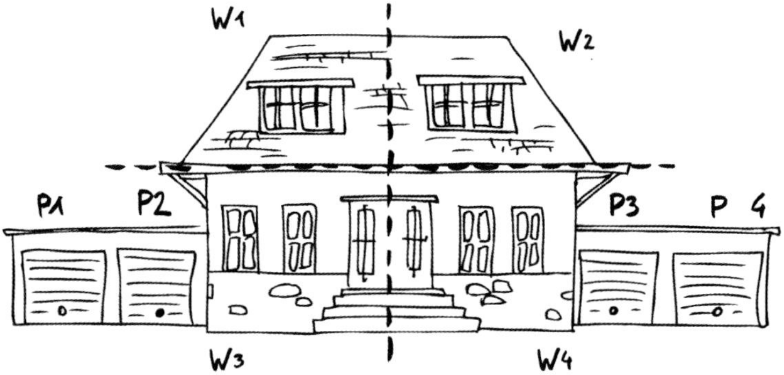

Das typische Beispiel einer Immobilie, für die eine Grundurkunde bestehen muss, ist ein Appartementgebäude oder eine Residenz: Jeder Eigentümer einer Wohnung, Garage oder Keller ist zwangsweise und zusammen mit den Eigentümern der anderen Einheiten, Miteigentümer der sogenannten gemeinschaftlichen Teile. Diese bestehen z. B. aus dem Grund und Boden, der Fassade, den gemeinschaftlichen Flure, Treppen und Aufzügen, dem Dach, der tragenden Mauern usw.

Eine Grundurkunde ist folglich notwendig, wenn:

- Sie Eigentümer einer Immobilie sind, die mehrere Einheiten umfasst und Sie eine Einheit veräußern wollen;
- Sie eine Immobilie mit mehreren Einheiten bauen möchten und mindestens eine Einheit veräußern möchten;
- Sie eine Einheit aus einem Appartementgebäude kaufen möchten.

Die Grundurkunde ist eine notarielle Urkunde, die zwei Bestandteile hat: Die Aufteilung der Immobilie in die unterschiedlichen Einheiten (siehe a) hiernach) und die Miteigentumsordnung, d. h. vereinfacht ausgedrückt, die Spielregeln des Miteigentums (siehe b) hiernach). Außerdem wird eine Hausordnung (siehe c) hiernach) verfasst.

a) Aufteilung der Immobilie

Dieser Teil der Grundurkunde enthält die **Beschreibung** der gesamten Immobilie (**1°**), die **Aufteilung** der privaten (**2°**) und gemeinschaftlichen Teile (**3°**) sowie die **Festsetzung** des jedem privaten Teil zugeordneten Anteils an den gemeinschaftlichen Teilen (**4°**).

1° Beschreibung der gesamten Immobilie: Jede Fläche (Garten, Parkplatz, Terrasse, Einfahrt usw.) und jeder Raum (Zählerraum, Wohnzimmer, Küche, Flur, Schlafzimmer, WC usw.) wird mit Verweis auf die sich im Anhang befindlichen, genehmigten Baupläne beschrieben. Das ist die Voraussetzung, um diese Flächen und Räume im Anschluss in private Flächen und gemeinschaftliche Flächen aufteilen zu können.

2° Private Teile: Dies sind – vereinfacht ausgedrückt – alle Räume, die man vorfindet, nachdem man durch die Eingangstüre einer Wohnung gegangen ist, d. h. Wohnzimmer, Küche, Schlafzimmer, Büro, Abstellraum, WC usw. Allgemein ausgedrückt sind dies also sämtliche Flächen, die nur zu einer Einheit gehören und nur durch den Eigentümer dieser Einheit (und folglich nicht durch die anderen Miteigentümer) genutzt werden dürfen. Diese Flächen stehen im sogenannten *„Sonder- und Alleineigentum"*.

3° Gemeinschaftliche Teile: Es handelt sich hierbei um die Gebäudeteile, Flächen und Räume, die im Nutzen sämtlicher Miteigentümer stehen und sämtlichen Eigentümern der Einheiten (d. h. der privaten Teile) gemeinschaftlich gehören, z. B. Eingangsflur des Gebäudes, gemeinschaftliches Treppenhaus, Aufzug, Zählerraum usw. Diese Teile stehen im sogenannten *„Miteigentum- und Zwangsgemeinschaft"*.

4° Anteil: Jeder Eigentümer einer privaten Einheit ist ebenfalls in Höhe eines gewissen Anteils Miteigentümer der gemeinschaftlichen Teile. Der proportionale Anteil entspricht einem Bruch, der in der Praxis oft in „Tausendstel" ausgedrückt ist. Es handelt sich dabei um den Wert der Einheit im Vergleich zum Wert der gesamten Immobilie (sprich die Summe der Einheiten).

Beispiel: Ein Appartementgebäude setzt sich aus vier gleich großen Wohnungen zusammen. Dem Eigentümer jeder Wohnung gehört somit die Wohnung in *Sonder- und Alleineigentum* und ein ¼ (oder 250/1.000stel) der gemeinschaftlichen Teile in *Miteigentum und Zwangsgemeinschaft*.

Der prozentuale Anteil an den gemeinschaftlichen Teilen gibt dem Eigentümer das Recht, bei der Generalversammlung der Miteigentümer mittels seines Prozentsatzes sein Stimmrecht auszuüben. Er bestimmt ebenfalls, in welcher Höhe der Eigentümer sich an den Kosten der gemeinschaftlichen Teile beteiligen muss (siehe auch b) hiernach).

Fortsetzung des vorherigen Beispiels: Jede Wohnung übt ein Viertel des Stimmrechts bei der Generalversammlung aus. Wenn bei der Generalversammlung entschieden wird, dass das Dach repariert werden muss und die Kosten sich auf 16.000 Euro belaufen, wird sich jeder Eigentümer einer Wohnung in Höhe von einem Viertel, d. h. 4.000 Euro, an den Gesamtkosten beteiligen; nicht deshalb, weil das Appartementgebäude sich aus vier Wohnungen zusammensetzt, sondern weil jede Wohnung in meinem Beispiel einen Anteil von ¼ in den gemeinschaftlichen Teilen hält.

Wenn die Nettogrundfläche, die Zweckbestimmung und die Lage der Wohnungen unterschiedlich sind, ist auch der Bruch und somit das Stimmrecht und die prozentuale Beteiligung an den Kosten eine andere.

b) Die Miteigentumsordnung

Die Miteigentumsordnung umfasst die Beschreibung aller Rechte und Pflichten jedes Miteigentümers in Bezug auf die privaten und gemeinschaftlichen Teile. Im Prinzip haben alle Miteigentümer einen proportionalen Anspruch auf Nutzung der gemeinschaftlichen Teile, außer wenn die Miteigentumsordnung etwas anderes vorsieht.

> **Beispiel:** In der Praxis ist es häufig ratsam, dass die Grundurkunde oder Miteigentumsordnung vorsieht, dass Gärten, Balkone oder Terrassen gemeinschaftliche Flächen sind, da sie Teil von Grund und Boden oder der Fassade sind. Dies bezweckt, dass für Entscheidungen hinsichtlich deren Gestaltung, Harmonie und Stabilität die Miteigentümerversammlung – und nicht jeder Eigentümer für sich –entscheidungsbefugt ist. Nichtsdestotrotz wird die Miteigentumsordnung natürlich hier vom Prinzip der Nutzung durch alle Miteigentümer abweichen und dem Eigentümer, über dessen Wohnung allein der Garten, der Balkon oder die Terrasse erreichbar ist, die ausschließliche Nutzung dieser Flächen zuweisen.

Darüber hinaus enthält die Miteigentumsordnung den Berechnungsmodus für die Aufteilung der Lasten. Wie unter a), 4° hiervor erklärt, entspricht die Kostenaufteilung des Miteigentums im Prinzip dem proportionalen Anteil einer jeden Einheit in den gemeinschaftlichen Teilen. Von diesem Prinzip kann in der Miteigentumsordnung abgewichen werden.

> **Beispiel:** Die Miteigentumsordnung kann vorsehen, dass die Erdgeschosseinheit nicht anteilig zu den Unterhaltskosten des Aufzugs beiträgt, da sie davon keinen Nutzen hat.

c) Hausordnung

Für jede Immobilie wird ebenfalls eine Hausordnung erstellt. Eine Kopie davon ist meist im Eingangsbereich der Immobilie einsehbar. Die Hausordnung muss nicht notariell festgehalten werden und enthält u. a. folgende Angaben:

1° Die Regeln bzgl. der Einberufung und Arbeitsweise der Generalversammlung der Miteigentümervereinigung sowie den jährlichen 15-tägigen Zeitraum, in dem die ordentliche Generalversammlung stattfindet.

2° Die Regeln für die Ernennung, Erneuerung und Kündigung eines Hausverwalters sowie seine Befugnisse.

3° Regeln bzgl. des gemeinschaftlichen Lebens, die durch alle einzuhalten sind, z. B. bzgl. der etwaigen Haltung von Tieren, der Handhabung des Mülls, der Nutzung von gemeinschaftlichen Räumen usw.

2. Vertikale Teilung – Teilung von *unbebauten* Grundstücken

Dieser Punkt behandelt eine äußerst komplizierte Materie. Wir haben versucht, sie im Bereich des Möglichen verständlich zu erklären.

Abhängig von der Art der Aufteilung von unbebauten Grundstücken müssen unterschiedliche städtebauliche Formalitäten durchgeführt werden.

Das Einholen einer Verstädterungsgenehmigung (bis 2009 „Parzellierung" genannt) ist das umfangreichste Verfahren (siehe a) hiernach): Der Antrag setzt eine detaillierte Beschreibung, Pläne und Motivierung voraus, die Fristen sind nicht unerheblich und die Verwaltung hat weitgehende Befugnisse, das Projekt zu genehmigen oder nicht oder auch die Genehmigung an Bedingungen (z. B. Anzahl der Lose, Größe und Bauartweise) und das Ausführen von Auflagen (z. B. Bau einer Straße, Bepflanzungen, Anlage von öffentlichen Bereichen wie Spielplätze oder anderer Infrastrukturen usw.) zu knüpfen.

Während bei Großprojekten kein Weg an einer Verstädterungsgenehmigung vorbeiführt, versuchen Unternehmer und Privatpersonen für kleinere und mittlere Projekte, wenn gesetzlich möglich, an der

Beantragung einer Verstädterungsgenehmigung vorbei zu kommen. Unter b) erklären wir die verschiedenen Arten der Grundstücksaufteilung, für die keine Verstädterungsgenehmigung eingeholt werden muss.

a) Die Verstädterung

Eine Verstädterung bedeutet das Durchführen einer stadtplanerischen Gestaltung, die sich auf ein Gesamtprojekt (i) bezieht, welches hauptsächlich den Bau von zu Wohnzwecken (ii) bestimmten Gebäuden beinhaltet und die Schaffung von mindestens drei unbebauten und zu Wohnzwecken bestimmten Lose (iii) voraussetzt.

(i) Gesamtprojekt

Ein städtebauliches Gesamtprojekt beinhaltet eine *subjektive* Komponente (der Wille, zu teilen 1°) und eine *objektive* Komponente (städtebauliche Kontinuität 2°):

> **Beispiel zu 1°:** Ich bin Eigentümer einer 10.000 Quadratmeter großen Parzelle, die gänzlich im Wohngebiet liegt. 2019 verkaufe ich ein Grundstück von 1.000 Quadratmetern, um von dem Geld mein Haus zu renovieren. 2024 verkaufe ich erneut ein Grundstück von 1.000 Quadratmetern, um meinem Sohn ein Auslandsstudium zu finanzieren.
>
> Ein Gesamtprojekt liegt hier nicht vor, da die subjektive Komponente fehlt. Anhand der Fristen zwischen den Verkäufen wird kaum zu belegen sein, dass ich in Wirklichkeit ein Gesamtprojekt durchführen wollte. Für diese Teilung (hier in drei unbebaute Lose: die zwei verkauften Grundstücke und die mir bleibende Restparzelle) muss folglich keine Verstädterungsgenehmigung eingeholt werden.
>
> **Beispiel zu 2°:** Ich bin Eigentümer einer Parzelle auf einer Straßenseite und einer anderen Parzelle auf der gegenüber-

liegenden Straßenseite. Ich teile beide Parzellen in zwei Grundstücke auf und verkaufe sie an vier junge Paare, die jedes dort ein Haus bauen. Für diese Teilung muss keine Verstädterungsgenehmigung eingeholt werden, weil trotz Teilung in vier Lose zu Wohnzwecken die objektive Komponente des Gesamtprojekts fehlt: die städtebauliche Einheit ist durch die Straße „durchbrochen".

(ii) Haupsächlich zu Wohnzwecken

Mindestens die Hälfte der Gebäulichkeiten muss ganz oder teilweise zu Wohnzwecken bestimmt sein.

Zu Wohnzwecken bestimmte Immobilien sind im Sinne des Gesetzes: Ein- oder Mehrfamilienhäuser, Wochenendhäuser, Appartementhäuser usw. Hotels, Immobilien für betreutes Wohnen sowie Pförtnereien sind nicht als zu Wohnzwecken bestimmte Immobilien anzusehen.

Beispiel: Die Schaffung von sieben Losen, wovon drei zu Wohnzwecken und vier zu Bürozwecken bestimmt sind, ist nicht verstädterungsgenehmigungspflichtig, da weniger als die Hälfte der Lose zu Wohnzwecken bestimmt ist.

(iii) Mindestens drei unbebaute Lose, zu Wohnzwecken bestimmt

Die Aufteilung eines Grundstücks in weniger als drei unbebaute Lose ist nicht verstädterungsgenehmigungspflichtig.

Ein Grundstück gilt als bebaut ab dem Zeitpunkt, an dem der Rohbau, d. h. die Außenmauern und das Dach, gemäß einer erteilten Baugenehmigung errichtet wurde. Der Rohbau muss nicht geschlossen sein, damit das Grundstück als bebaut gilt.

Beispiel 1: X ist auf der Suche nach einem Baugrundstück, um sein Wohnhaus zu bauen. Er findet ein Grundstück, das jedoch zu groß für seine Verhältnisse ist. Er kauft es trotzdem, trennt aber umgehend einen Teil des Grundstücks ab und verkauft dieses an ein Paar, das dort ein Wohnhaus errichtet. Der Vorgang ist nicht verstädterungsgenehmigungspflichtig, da nur eine Teilung in zwei unbebaute Lose vorliegt.

Variante: X teilt sein Grundstück in drei Lose. Zusätzlich zu den beiden Wohnhäusern wird das dritte Los durch Y gekauft, der dort einen Bürokomplex baut. Der Vorgang ist nicht verstädterungsgenehmigungspflichtig, da zwar eine Teilung in drei unbebaute Lose vorliegt, aber eben nur zwei davon zu Wohnzwecken bestimmt sind.

Beispiel 2: T ist Eigentümer einer großen Wiese, die sich hinter zehn Wohnhäusern befindet, die nebeneinander entlang der Straße gebaut wurden. T verkauft jedem Eigentümer eine Fläche von 300 Quadratmetern zum Zweck der Gartenvergrößerung. Diese Aufteilung in elf unbebaute Lose (die zehn verkauften und das Reststück, das T behält) ist nicht verstädterungsgenehmigungspflichtig, da die Lose nicht zu Wohnzwecken bestimmt sind, sondern lediglich als Gartenvergrößerung dienen.

b) Ausnahmen: Teilung ohne Verstädterung oder Bau außerhalb des Wohngebiets

Die gängigsten Ausnahmen, d. h. Handlungen, die keiner Verstädterungsgenehmigung bedürfen, sind folgende:

(i) Schenkungen

Die Aufteilung von Grundstücken durch Schenkung ist nicht verstädterungsgenehmigungspflichtig.

Beispiel: R ist Eigentümer einer großen, sich im Wohngebiet befindlichen Fläche. Er teilt diese in fünf Baugrundstücke auf, schenkt seinen vier Kindern je eins und behält eins für sich. Für diesen Vorgang muss er keine Verstädterungsgenehmigung einholen, da die Schaffung der Lose durch das Rechtsgeschäft der Schenkung geschieht.

In der Praxis geschieht die Verstädterung meist durch das Rechtsgeschäft des Verkaufs. Eine Verstädterung anhand anderer dinglicher Rechte (z. B. Übertragung ungeteilter Anteile, Teilung, Einlage in eine Gesellschaft, Schaffung eines Nießbrauchs-, Wohn-, Erbbau- oder Erbpachtrechts usw.) ist jedoch denkbar, mit Ausnahme der Hypothek und der Pfandnutzung, die das Gesetz ausdrücklich ausschließt.

(ii) Unfreiwillige Handlungen

Da eine Verstädterung eine subjektive Komponente beinhaltet, nämlich den Willen, eine stadtplanerische Gestaltung durchzuführen, ist eine Teilung, die aus einer unfreiwilligen Handlung herrührt, nicht verstädterungsgenehmigungspflichtig.

Beispiele: ein Verkauf infolge einer Zwangsvollstreckung, eines Konkurses oder einer kollektiven Schuldenregelung, eine gerichtliche Teilung einer Erbschaft, eine Güterstandsliquidierung infolge einer Scheidung, ein gerichtlicher Miteigentumsaustritt oder die Ausübung eines Vorkaufsrechts des Pächters.

(iii) Teilung Erbengemeinschaft – nicht mehr Lose als Mitteilende

Teilungen zur Auflösung einer ungeteilten Erbengemeinschaft sind ebenfalls von einer Verstädterungsgenehmigung freigestellt unter der Voraussetzung, dass es nicht mehr Lose als Mitteilende gibt.

Bei der Teilung muss es sich ausdrücklich um den Austritt aus einer Erbengemeinschaft handeln. Wenn mehrere Personen zusammen ein Grundstück kaufen, dieses dann hinterher in verschiedene Lose aufteilen und die Lose den verschiedenen Miteigentümern zuweisen, greift die Ausnahme nicht.

> **Beispiel:** W verstirbt verwitwet und kinderlos. Erben sind seine zwölf Neffen und Nichten. Zum Erbe gehört eine 7.500 Quadratmeter große Parzelle. Die Neffen und Nichten dürfen hier das Erbe aufteilen, das große Grundstück in bis zu zwölf Lose teilen und jedem der Erben zuweisen, ohne dass dazu eine Verstädterungsgenehmigung vonnöten wäre.

(iv) Lückenschließung zwischen zwei weniger als 100 Meter voneinander entfernten Gebäuden

Die Teilung eines Grundstücks, das unmittelbar an einem aus festem Belag bestehenden, öffentlichen Verkehrsweg liegt, der ausreichend mit Strom und Wasser versorgt und breit genug ist, und das zwischen zwei seit mindestens fünf Jahren bestehenden Gebäuden liegt, die auf derselben Seite eines öffentlichen Verkehrswegs liegen und höchstens 100 Meter voneinander entfernt sind, bedarf ebenfalls keiner Verstädterungsgenehmigung.

Ziel dieser Ausnahme ist es, die Lücke zwischen bestehenden Immobilien durch die sogenannte „kleine Verstädterung" zu schließen.

Das Gesetz sieht ein Pendant zu dieser Ausnahme für die Erteilung einer *Baugenehmigung* für den Bau eines Wohnhauses auf einem Gelände vor, das nicht im Wohngebiet und zwischen zwei Wohnhäusern liegt (wovon mindesten eins vor Inkrafttreten des Sektorenplans gebaut und das andere im Wohngebiet – ggf. mit ländlichem Charakter – liegt), die höchstens 100 Meter voneinander entfernt sind, unter folgenden Bedingungen:

1° Das Gelände liegt nicht in einem Natur- oder Parkgebiet oder einem Areal mit bemerkenswertem Ausblick (also z. B. im Agrar- oder Forstgebiet).

2° Das Gelände und diese Wohnhäuser befinden sich direkt am und auf derselben Seite eines aus einem festen Belag und weniger als vier Bahnen bestehenden, öffentlichen Verkehrswegs, der unter Berücksichtigung der Ortslage über eine ausreichende Wasser- und Stromversorgung sowie Entwässerungsausrüstung verfügt.

3° Die Bauten, Umbauten, Erweiterungen oder Wiederaufbauten beeinträchtigen nicht die Einrichtung des Gebiets.

> **Beispiel:** Die Fläche zwischen Wohnhaus 1 und 2 darf bebaut werden, die Fläche neben Wohnhaus 3 nicht, da die Distanz zwischen Haus 2 und 3 zwar weniger als 100 Meter beträgt, aber beide Immobilien sich nicht auf derselben Straßenseite befinden.

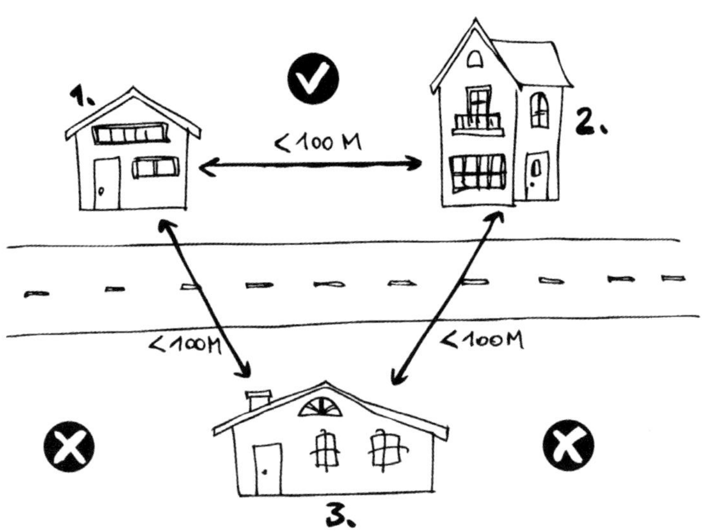

(v) Städtebaugenehmigung für gruppierte Bauten („plan masse")

Die Städtebaugenehmigung für gruppierte Bauten ist eine Städtebaugenehmigung über mehrere (angrenzende oder nicht angrenzende) Bauten, die ein Ganzes bilden und zu Wohnzwecken (ganz oder teilweise) bestimmt sind.

Es handelt sich hier üblicherweise um ein Gesamtbauprojekt, für das ein Unternehmer einen Antrag stellt, dieses dann nach und nach errichtet und die bebauten Immobilien als einzelne Lose verkauft.

Im Zuge dieses Gesamtprojekts kann es zu gewissen Zeitpunkten vorkommen, dass die Bedingungen einer Verstädterungsgenehmigung erfüllt sind.

Damit nicht zusätzlich zur Städtebaugenehmigung für gruppierte Bauten eine Verstädterungsgenehmigung eingeholt werden muss, sieht das Gesetz eine Befreiung von Letzterer in folgenden Situationen vor:

1° Die Abtretung eines oder mehrerer zu Wohnzwecken (ganz oder teilweise) bestimmten Lose (bebaut oder nicht), gemäß den in der Städtebaugenehmigung festgelegten Grenzen, unter der Voraussetzung, dass das Gemeindekollegium bescheinigt hat, dass die dem Genehmigungsinhaber auferlegten Handlungen, Arbeiten und Auflagen durchgeführt oder die zu ihrer Durchführung erforderlichen finanziellen Garantien aufgebracht hat.

Wenn das Los nicht bebaut ist, muss gewährleistet sein, dass der Unternehmer die Immobilie fertigstellen wird. Dies ist entweder der Fall, wenn der Verkauf auf Plan die Fertigstellung gewährleistet oder der Käufer sich dazu auf eine andere Art und Weise verpflichtet.

2° Die Schaffung eines oder mehrerer zu Wohnzwecken (ganz oder teilweise) bestimmen Lose, die den in der Genehmigung festgelegten Grenzen entsprechen, wenn das Gemeindekollegium für mindestens zwei Drittel der Bauten bescheinigt hat, dass die Arbeiten innerhalb der vorgesehenen Frist und vorschriftsgemäß ausgeführt worden sind oder diese auf Plan (mit Anwendung das Breyne-Gesetzes – siehe Kapitel 1 hiervor – oder nicht) verkauft werden.

c) Die „notarielle Teilung"

Im Falle der Aufteilung einer Immobilie in mindestens ein unbebautes Los, für die keine Verstädterungsgenehmigung eingeholt werden muss und dessen zu bildende Lose zu Wohnzwecken (ganz oder teilweise) bestimmt sind, sieht das Gesetz leichtere Formalitäten vor:

Der Notar Ihrer Wahl muss mindestens 30 Tage vor dem für die Unterzeichnung der Verkaufsurkunde festgelegten Termin dem Gemeindekollegium und dem beauftragten Beamten der Wallonischen Region oder der Deutschsprachigen Gemeinschaft den Aufteilungsplan mitteilen, sowie die Art des Rechtsgeschäfts und die in der Urkunde aufgenommene Bestimmung der Lose (Wohnzweck, Gartenvergrößerung usw.) bescheinigen.

Die etwaigen, durch das Gemeindekollegium oder den Beamten der Wallonischen Region oder der Deutschsprachigen Gemeinschaft innerhalb der Frist mitgeteilten Anmerkungen müssen in der Urkunde aufgenommen werden. Falls eine Verwaltung nicht fristgerecht antwortet, kann das Rechtsgeschäft bzw. die Teilung in Ermangelung der Antwort nichtsdestotrotz durchgeführt werden.

Beispiel: Für die auf nachstehender Abbildung illustrierte Abtrennung von Los B ist keine Verstädterungsgenehmigung notwendig, da sie keine drei unbebauten Lose schafft. Da aber mindestens ein unbebautes Los geschaffen wird, muss die Teilung, wie vorgehend erwähnt, besagten Verwaltungen mitgeteilt werden.

3. Vertikale Teilung – Teilung von *bebauten* Grundstücken

Aufteilungen von **bebauten** Immobilien ohne Schaffung eines unbebauten Loses, das zu Wohnzwecken bestimmt wäre, setzen weder das Einholen einer Verstädterungsgenehmigung noch die unter Punkt 2 c) hiervor beschriebene notarielle Teilung voraus.

Die Aufteilung kann durch eine notarielle Urkunde allein auf der Grundlage eines Landmesserplans, der die genauen Einheiten aufnimmt, vorgenommen werden.

Beispiel: Der unten abgebildete Hof wird in drei zu Wohnzwecken bestimmte Einheiten aufgeteilt, und die Flügel B und C werden verkauft. Da weder die Bedingungen einer Verstädterungsgenehmigung (siehe Punkt 2, a) hiervor) noch die Bedingungen der unter Punkt 2 c) hiervor beschriebene notarielle Teilung vorliegen, kann der Vorgang durch den notariellen Verkauf der vermessenen Flügel B und C ohne weitere städtebaulichen Formalitäten durchgeführt werden (vorausgesetzt natürlich, dort sind bereits 3 Wohneinheiten genehmigt).

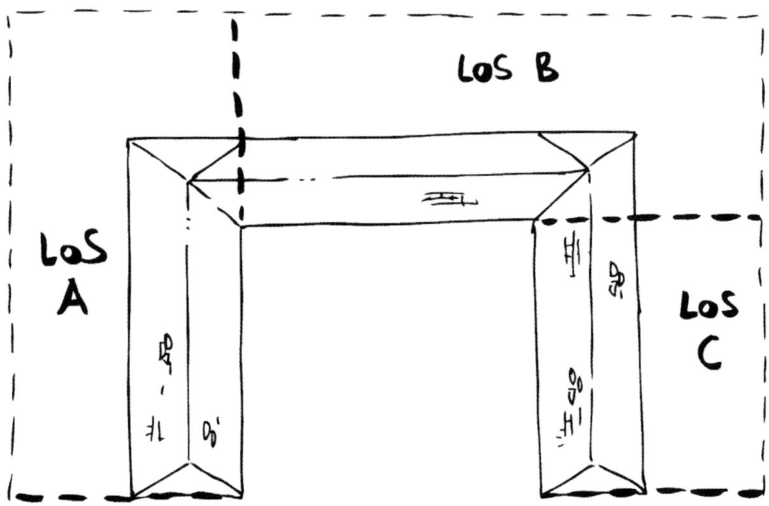

Kapitel 3: Steuern beim Kauf von neuen Immobilien

Unter Punkt 1 in diesem Kapitel erklären wir die Besteuerung des Kaufs von neu gebauten Immobilien (Häuser oder Wohnungen). Dieser ist der Mehrwertsteuer unterworfen und unterscheidet sich folglich von der allgemeinen Besteuerung von Immobilien (d. h. Registrierungsgebühr), die unter Teil 2, Kapitel 1 erklärt ist.

Der Immobilienhändler, der Immobilien kauft, diese renoviert (oder die Grundstücke bebaut) und dann weiterverkauft, kann in den Genuss einer reduzierten Registrierungsgebühr beim Kauf gelangen, vorausgesetzt die in Punkt 2 hiernach erklärten Bedingungen werden eingehalten.

1. Kauf von *Neu*immobilien – Mehrwertsteuer

a) Prinzip: 21 % Mehrwertsteuer auf den Preis

Der Kauf einer neuen Immobilie ist der Mehrwertsteuer von 21 % unterworfen und von der proportionalen Registrierungsgebühr (12,5 % in der Wallonischen Region und der Region Brüssel-Hauptstadt und 12 % in Flandern – siehe Teil 2, Kapitel 1, Punkt 1, b)) freigestellt.

Eine Immobilie (Haus oder Wohnung) gilt als neu, wenn sie spätestens zum 31. Dezember des zweiten Jahres nach dem der ersten Bewohnung oder Benutzung verkauft wird.

Typisches Beispiel: Der Erstkauf einer Wohnung in einer neu errichteten Residenz, die noch nicht bewohnt wurde.

Variante 1: Eine Immobilie wurde am 6. August 2021 zum ersten Mal bewohnt. Sie gilt als neu bis zum 31. Dezember 2023.

Variante 2: Eine Immobilie wurde 2016 durch einen Unternehmer fertiggestellt und 2021 verkauft, ohne dass sie vorher vermietet oder bewohnt wurde. Sie gilt als neu und der Verkauf wird der Mehrwertsteuer unterworfen.

b) Mehrwertsteuer auch auf das Grundstück?

Der Kauf einer neuen Immobilie unterliegt also wie gesehen der Mehrwertsteuer. Wie ist es jedoch für den Teil des Preises, der auf das Grundstück entfällt: Mehrwertsteuer oder Registrierungsgebühr?

Der Anteil des Preises, der auf das Grundstück entfällt, unterliegt ebenfalls der **Mehrwertsteuer** und ist folglich von der proportionalen Registrierungsgebühr freigestellt, wenn folgende Bedingungen erfüllt sind:

1° Die Gebäulichkeiten werden unter Anwendung der Mehrwertsteuer verkauft (d. h., die Bedingungen, die unter Punkt a) hiervor erklärt sind, sind erfüllt).

2° Grundstück und Gebäulichkeiten werden durch dieselbe Person verkauft.

3° Grundstück und Gebäulichkeiten werden zeitgleich verkauft.

Wenn mindestens eine der drei Bedingungen nicht erfüllt ist, wird der Grundstückskauf der proportionalen **Registrierungsgebühr** (12,5 % in der Wallonischen Region und der Region Brüssel-Hauptstadt und 12 % in Flandern – siehe Teil 2, Kapitel 1, Punkt 1, b)) unterworfen, während die der Verkauf der Gebäulichkeiten der 21%igen Mehrwertsteuer unterliegt.

Beispiel 1: Ein Promotor kontrolliert zwei Gesellschaften: Die eine (genannt: Gesellschaft G), durch die er mit Grundstücken handelt, und die andere (genannt: Gesellschaft B), die Bau- und Renovierungsarbeiten (Allgemeine Bauunternehmung) durchführt. Gesellschaft G verzichtet zugunsten von Gesellschaft B auf das Zuwachsrecht (siehe Teil 5, Kapitel 3, Punkt

1 hiernach) auf ein Grundstück in Eupen und Gesellschaft B baut auf diesem Grundstück einen Wohnkomplex (genannt: Residenz schöne Gärten). Der Promotor verkauft eine neue Wohnung auf der 2. Etage der Residenz für 280.000 Euro zzgl. Steuern. Von diesem Gesamtpreis fallen 45.000 Euro auf den Anteil der Wohnung am Grundstück an und 235.000 Euro auf die Gebäulichkeiten. Die 45.000 Euro werden der Registrierungsgebühr von 12,5 % unterworfen und die 235.000 Euro der 21%igen Mehrwertsteuer, da die zweite hiervor genannte Bedingung (nämlich Verkauf von Grundstück und Gebäulichkeiten durch dieselbe Person) nicht erfüllt ist.

Beispiel 2: A und B haben auf ihrem Grundstück ein Haus bauen lassen und bewohnen dies zusammen ab dem 24. April 2010. Leider geht die Ehe bereits ein Jahr nach der ersten Bewohnung in die Brüche, und die Immobilie wird am 30. Mai 2012 von A und B verkauft. Der Verkauf kann unter Anwendung der Mehrwertsteuer durchgeführt werden (die Immobilie gilt noch als „neu" (siehe a) hiervor) und zwar sowohl für den Anteil Grundstück als auch den Anteil Gebäulichkeiten (siehe c) hiernach).

c) Sondererklärung „Gelegentliche MwSt.-Unterwerfung": Verkauf durch einen nicht gewerblichen Immobilienverkäufer

Beim Verkauf einer neuen Wohnung oder eines neuen Hauses mit Erhebung der Mehrwertsteuer denkt man zwangsläufig an einen Verkauf durch einen Promotor an eine Privatperson.

Es gibt jedoch auch Verkäufe, bei denen das nicht der Fall ist, z. B. der Weiterverkauf einer neuen Immobilie durch eine Privatperson in einem Zeitraum, in dem die Immobilie noch als „neu" gilt oder der Verkauf einer neu gebauten Immobilie innerhalb dieser Frist (siehe das letzte Beispiel unter b) hiervor).

Dieser (Weiter-)Verkauf geschieht nicht automatisch unter Anwendung der Mehrwertsteuer, sondern muss durch den Verkäufer anhand der Erklärung „Gelegentliche MwSt.-Unterwerfung" beantragt werden (siehe Formular 104-1 unter https://eservices.minfin.fgov.be/myminfin-rest/finform/public/pdf/1136). Das Beantragen der gelegentlichen MwSt.-Unterwerfung – und der damit verbundenen Anwendung der Mehrwertsteuer auf den Verkauf – ist in den meisten Fällen für den Verkäufer finanziell sehr günstig, da dies ihm ermöglicht, die im Rahmen seines Kaufs, seines Baus, oder seiner Renovierung gezahlten Mehrwertsteuer zurückzuerhalten.

> **Beispiel:** A hat ein Haus auf sein Grundstück errichten lassen und verkauft Haus und Grundstück noch vor der ersten Bewohnung. Im Rahmen der Errichtung des Hauses hat er Mehrwertsteuern in Höhe von 45.000 Euro gezahlt. Der Verkaufspreis der Immobilie beträgt 300.000 Euro zzgl. 21%iger Mehrwertsteuer (d. h. 63.000 Euro). A erhält die 45.000 Euro Mehrwertsteuer, die er anlässlich der Errichtung der Immobilie gezahlt hat, gänzlich zurück.

Innerhalb von einem Monat nach dem Verkauf muss der Verkäufer erneut eine Erklärung (siehe Formular 104-5 unter https://eservices.minfin.fgov.be/myminfin-rest/finform/public/pdf/2775) beim zuständigen Mehrwertsteueramt einreichen. In dieser Erklärung nimmt der Verkäufer den beim Verkauf erhaltenen Mehrwertsteuerbetrag auf. Darüber hinaus belegt er die Mehrwertsteuer in Abzug, die er anlässlich des Kaufs oder der Errichtung der Immobilie gezahlt hat. Die gezahlte Mehrwertsteuer erhält er vom Mehrwertsteueramt zurück, jedoch ohne dass die zurückzuerhaltene Mehrwertsteuer die auf den (Weiter-)Verkauf erhobene Steuer übersteigen darf.

2. Immobilienhändler: Erwerb zu reduzierten Registrierungsgebühren

Gesellschaften (oder auch Privatpersonen, jedoch ist das in der Praxis quasi nie der Fall), die beruflich Immobilien kaufen, um sie, ggf. renoviert oder bebaut, weiterzuverkaufen, bietet sich die Möglichkeit, das Statut des „Immobilienhändlers“ anzunehmen. Dieses ermöglicht ihnen, unter Einhaltung der nachgenannten Bedingungen, Immobilien zu ermäßigten Registrierungsgebühren von 5 % in der Wallonischen Region, 8 % in der Region Brüssel-Hauptstadt und 4 % in Flandern zu erwerben.

Die Bedingungen, die für den Erhalt des Statuts erfüllt sein müssen, sind folgende:

1° Die Annahme des Statuts muss schriftlich beim zuständigen Registrierungsamt mitgeteilt oder **hinterlegt** werden.

2° Der Antragsteller muss eine **Bankgarantie** über die Differenz zwischen dem Regelsatz der Registrierungsgebühren (12,5 % in der Wallonischen Region und der Region Brüssel-Hauptstadt und 12 % in Flandern – siehe Teil 2, Kapitel 1, Punkt 1, b)) und der ermäßigten Registrierungsgebühren hinterlegen. Dieser Betrag muss bei jedem neuen Kauf unter dem Statut des Immobilienhändlers neu geprüft und ggf. erhöht werden.

3° Der Erwerb mittels ermäßigter Registrierungsgebühren muss per **notarieller Urkunde** oder Gerichtsurteil geschehen, und es darf sich dabei nicht um einen öffentlichen Verkauf handeln. Die Urkunde muss ausdrücklich beinhalten (im Text oder in einer Erklärung im Anhang der Urkunde), dass der Kauf unter dem Statut des Immobilienhändlers stattfindet.

4° Das Statut wird nur aufrechterhalten, wenn der Immobilienhändler innerhalb einer Frist von **fünf Jahren** nach Abgabe der Erklärung eine Reihe von Verkäufen tätigt (das Gesetz sieht keine Mindestanzahl vor – in der aktuellen Praxis sind es mindestens drei Verkäufe). Die Nichteinhaltung dieser Bedingung führt zu drastischen finanziellen Konsequenzen: Neben dem Verlust des Statuts des Immobilienhändlers wird die Differenz zwischen dem Regelsatz und der gezahlten, ermäßigten Registrierungsgebühren auf alle unter dem Statut getätigten Käufe fällig (ungeachtet der etwaigen Verkäufe) sowie eine Strafe über denselben Betrag.

Beispiel: P hinterlegt am 17. August 2017 die Erklärung zur Annahme des Statuts des Immobilienhändlers. Er kauft in den kommenden Jahren sieben Immobilien (insgesamt für eine Million Euro), allesamt mittels der ermäßigten Registrierungsgebühren von 5 %. Er zahlt insgesamt also 50.000 Euro Registrierungsgebühren. Am 17. August 2022 (Ende der Fünfjahresfrist) hat er erst eine Immobilie für 200.000 Euro zzgl. Registrierungsgebühren verkauft. Er hat die Bedingung also nicht erfüllt, verliert das Statut des Immobilienhändlers und muss folgende Summen zahlen: Den Regelsatz auf sämtliche Käufe (d. h. 12,5 % auf eine Million Euro = 125.000 Euro) abzüglich der geleisteten reduzierten Gebühren (50.000 Euro), also 75.000 Euro sowie eine Strafe über denselben Betrag (75.000 Euro), macht insgesamt 150.000 Euro. P hat somit – dadurch, dass er sich vergeblich als Immobilienhändler versucht hat – insgesamt 200.000 Euro Registrierungsgebühren gezahlt, d. h. 20 % der Summe des Kaufpreises der Immobilien, was also deutlich höher ist, als wenn er die Immobilien zum Regelsatz von 12,5 % gekauft hätte.

5° Jede Immobilie, die durch den Immobilienhändler unter Anwendung der ermäßigten Registrierungsgebühren gekauft wurde, muss entweder unter dem **Regelsatz** der **Registrierungsgebühren** (12,5 % in der Wallonischen Region und der Region Brüssel-Hauptstadt sowie 12 % in Flandern – siehe Teil 2, Kapitel 1, Punkt 1, b)) oder der 21%igen **Mehrwertsteuer** (falls die Immobilie beim Verkauf als „neu" gilt – siehe Punkt 1 hiervor) weiterverkauft werden. Bei dieser Veräußerung muss es sich nicht zwingend um einen Verkauf handeln: Andere Rechtsgeschäfte, die auch dem Regelsatz der Registrierungsgebühren für Verkäufe unterliegen, erfüllen diese Bedingung ebenfalls (Beispiel: Einbringung in eine Gesellschaft, Tausch usw.).

6° Diese Weiterveräußerung jeder durch den Immobilienhändler in Anwendung der ermäßigten Registrierungsgebühren muss innerhalb einer Frist von **zehn Jahren** (notarielle Kaufurkunde bis notarielle Verkaufsurkunde) geschehen. Genauer gesagt endet die Frist am 31. Dezember des zehnten Jahres nach dem Jahr, in dem die notarielle Kaufurkunde unterzeichnet wurde.

> **Beispiel:** Immobilienhändler A kauft ein Haus am 12. September 2019. Die notarielle Urkunde, durch die A dieses Haus weiterverkauft, muss bis spätestens 31. Dezember 2029 unterzeichnet sein, damit die gesetzlich vorgesehene Frist eingehalten ist.

Wenn diese Bedingung nicht erfüllt ist, muss der Immobilienhändler innerhalb von vier Monaten nach Ende der Frist eine freiwillige Erklärung diesbezüglich beim zuständigen Registrierungsamt hinterlegen und den Regelsatz der Registrierungsgebühren auf den Verkehrswert zum Zeitpunkt des Kaufs zahlen, und dies ohne die bereits geleisteten, ermäßigten Registrierungsgebühren abziehen zu dürfen. Wenn der Immobilienhändler diese Erklärung nicht freiwillig vor Ende der Viermonatsfrist hinterlegt, fällt zusätzlich eine Strafe in Höhe der geschuldeten Steuern an.

Zusammenfassend kann also gesagt werden, dass das Statut des Immobilienhändlers dem beruflichen Käufer/Verkäufer also den Vorteil bringt, dass er beim Kauf seiner Immobilien in den Genuss von ermäßigten Registrierungsgebühren kommt.

Das Statut bringt aber auch Nachteile mit sich: Die durch den Immobilienhändler zu hinterlegende Bankkaution ist kostspielig. Außerdem sind die Steuern und Strafen, wenn der Immobilienhändler es nicht schafft, die gesetzlich vorgesehenen Fristen einzuhalten, sehr hoch (siehe Beispiele unter den Bedingungen 4° und 6° hiervor).

Teil 5 – Andere Immobilienübertragungen: Schenkung, Teilung, Leibrente, Unpfändbarkeit

In diesem Teil erklären wir Ihnen einige andere Immobilienrechtsgeschäfte, die in der Praxis häufig vorkommen und, wenn sie in der richtigen Situation und zum richtigen Zeitpunkt gebraucht werden, zu Steuereinsparungen führen.

In **Kapitel 1** erfahren Sie, wie man anhand von Immobilienschenkungen Erbschaftssteuern sparen kann.

Kapitel 2 erklärt die Auflösung einer Erbengemeinschaft oder ganz allgemein eines bzgl. einer Immobilie bestehenden Miteigentums. Es handelt sich dabei um das sogenannte Rechtsgeschäft der „Teilung".

Kapitel 3 beschäftigt sich mit der Thematik des Baus einer Immobilie auf einem Grundstück, das jemand anderem gehört (z. B. einem Ehepartner alleine). Konzepte wie Verzicht auf Zuwachsrecht und Einbringung in den zwischen Eheleuten bestehenden Güterstand werden erklärt.

In **Kapitel 4** bringen wir Ihnen den Verkauf auf Leibrente näher und erklären, in welchen Situationen er sinnvoll ist und was die Menschen in der Praxis mitunter bei dieser Verkaufsform abschreckt.

Zuletzt erklären wir in **Kapitel 5** wie der Selbstständige seinen Hauptwohnsitz als unpfändbar erklären kann, und diese Immobilie somit vor einer etwaigen Pfändung und Zwangsversteigerung durch Gläubiger einer beruflichen Schuld schützt.

Kapitel 1: Erbschaftssteuern auf Immobilien sparen – Schenkungen

Dieses Thema wird ausführlich in meinem Buch C. Weling, *Erbschaft in Belgien verstehen und planen: Steuern sparen – Streit vermeiden*, GEV, 2018, 176 S., bearbeitet.

In diesem Kapitel begrenzen wir uns auf die zwei gängigsten Erbschaftssteuereinsparungsmöglichkeiten bei Immobilien.

Wenn ich Erbschaftssteuer sparen möchte, bietet sich mir die Möglichkeit, Immobilien zu Lebzeiten an die Personen, für die ich sie bestimme (z. B. Kinder), zu schenken (Punkt 1). Es besteht auch die Möglichkeit, die Immobilie bereits mit meinen Kindern (Eltern Nießbrauch – Kinder bloßes Eigentum) zu erwerben. Dieser Vorgang führt dazu, dass beim Tode der Eltern der Nießbrauch erlischt und die Kinder folglich Volleigentümer werden, ohne dass eine besteuerbare Übertragung (Schenkung oder Erbschaft) von Eltern an Kindern vorliegt (Punkt 2).

1. Immobilienschenkungen (Vergleich mit Erbschaft)

a) Einleitung und Beispiel

Schenkungen bieten sowohl steuer- als auch zivilrechtliche Vorteile:

Steuerrechtlich, da die geschenkten Werte das Vermögen des Schenkers verlassen und somit bei der zukünftigen Erbschaft des Schenkers nicht mehr Teil der Besteuerungsgrundlage der Erbschaftssteuer sind. Da die Schenkungssteuern im Regelfall in Belgien deutlich geringer sind als die Erbschaftssteuern, führt der Vorgang zu Steuereinsparungen.

Zivilrechtlich, da der Schenker bestimmt, welche(r) Wert(e) seines Vermögens welcher/welchen Person/Personen zukommt/zukommen. Hier geht es also um die Ziele der Begünstigung des Beschenkten, aber auch um den Schutz des Schenkers.

> **Beispiel:** Onkel O ist verwitwet, kinderlos und Eigentümer einer Immobilie in Eupen mit einem Wert von 150.000 Euro. Er wünscht sich, dass diese Immobilie seinem Neffen N zukommt, und dies möglichst steuergünstig. Er möchte aber vor allen Dingen abgesichert sein, den Mieter der Immobilie weiter selbst aussuchen und die Miete, solange er lebt, selbst einnehmen. Die Immobilie soll, so lange er lebt, nicht verkauft werden – außerdem könnte die Immobilie ein paar Renovierungsarbeiten vertragen.

Hier bietet sich an, dass O die Immobilie an N schenkt und folgende Klauseln zum Schutz des Schenkers in die notarielle Schenkungsurkunde aufgenommen werden: O behält die Nutznießung (das ermöglicht O, den Mieter auszusuchen und die Miete einzunehmen), Verbot für N, seine Rechte zu Os Lebzeiten zu veräußern, und Auflage für N, gewisse Renovierungsarbeiten an der Immobilie auszuführen.

Erreichte Ziele:

- *Steuerrechtlich*: Die Übertragung des Grundstücks durch Schenkung (15.000 Euro Schenkungssteuern) ist deutlich günstiger als durch Erbschaft (68.125 Euro Erbschafsteuern).

- *Zivilrechtlich*: Der Onkel gewährleistet, dass die Immobilie der Person zukommt, für die er sie bestimmt. Außerdem erhält er weiterhin sämtliche Einkünfte, bestimmt den Mieter, darf die Immobilie selbst bewohnen, ohne Miete zahlen zu müssen; und er muss nicht fürchten, dass die Immobilie verkauft wird. Aufgrund der Höhe der gesparten Steuern kann N sogar noch Renovierungsarbeiten finanzieren, die die Miete für O erhöhen, sodass man hier von einer absoluten Win-win-Situation für beide Parteien reden kann.

b) Höhe der Erbschaftssteuer und der Schenkungssteuer

Die Steuergesetzgebung in Belgien fällt in den Zuständigkeitsbereich der Regionen.

Die drei belgischen Regionen haben unterschiedlich hohe Erbschaftssteuern (siehe (i) hiernach). Um die anwendbare regionale Gesetzgebung zu ermitteln, ist ausschlaggebend, in welcher Region Belgiens der Erblasser in den letzten fünf Jahren vor seinem Ableben mehrheitlich wohnhaft war. Hat der Erblasser zum Todestag seinen gewöhnlichen Wohnsitz im Ausland, ist die Lage der Immobilien für die Ermittlung der regionalen Erbschaftssteuer ausschlaggebend.

Die Schenkungssteuerprozentsätze bei Immobilien sind in den drei Regionen Belgiens dieselben (siehe (ii) hiernach).

Die nachgenannten Tabellen betreffen die der allgemeinen Erbschaftssteuern. Die Reduzierungen und Sonderfälle sind in meinem Buch C. Weling, *Erbschaft in Belgien verstehen und planen: Steuern sparen – Streit vermeiden*, GEV, 2018, 176 S., genauer erklärt.

(i) Erbschaftssteuer

Die Besteuerungsprozentsätze in der Wallonischen Region pro Verwandtschaftsgradkategorie gehen aus der folgenden Tabelle hervor, wobei jede Tranche bei jedem Erben ausgeschöpft wird.

Nettobesteuerungstranche pro Erbe	**Steuersatz in direkter Linie (Kinder, Enkelkinder, ...), zwischen Eheleuten und gesetzlich Zusammenwohnenden**
Von 0 bis 12.500 €	3%
Von 12.500 bis 25.000 €	4%
Von 25.000 bis 50.000 €	5%
Von 50.000 bis 100.000 €	7%

Von 100.000 bis 150.000 €	10%
Von 150.000 bis 200.000 €	14%
Von 200.000 bis 250.000 €	18%
Von 250.000 bis 500.000 €	24%
Alles über 500.000 €	30%

Nettobesteuerungs-tranche pro Erbe	**Steuersatz**		
	Für Geschwister	**Für Onkel/ Tanten, Neffen/ Nichten**	**Für alle anderen, verwandt oder nicht**
Von 0 bis 12.500 €	20%	25%	30%
Von 12.500 bis 25.000 €	25%	30%	35%
Von 25.000 bis 75.000 €	35%	40%	60%
Von 75.000 bis 175.000 €	50%	55%	80%
Alles über 175.000 €	65%	70%	80%

(ii) Schenkungssteuer

Die Schenkungssteuer für Immobilien ist bedeutend günstiger als die Erbschaftsteuer. Sie ist wie folgt gestaffelt:

Besteuerungstranche	**Steuersatz in direkter Linie, für Ehepartner und gesetzlich Zusammenwohnende**	**Für alle anderen**
Von 0 bis 150.000 €	3%	10%
Von 150.000 bis 250.000 €	9%	20%
Von 250.000 bis 450.000 €	18%	30%
Alles über 450.000 €	27%	40%

Drei wichtige Bemerkungen zu Immobilienschenkungen:

1° Ausschöpfen der Tranchen alle drei Jahre

Nach Ablauf einer Frist von drei Jahren nach einer Schenkungsurkunde können die niedrigen Besteuerungsprozentsätze wieder geltend gemacht, d. h. erneut ausgeschöpft werden. Anders ausgedrückt: Alle drei Jahre werden die „Zähler" der Immobilienschenkungen zwischen denselben Parteien (Schenker und Beschenkter) wieder auf null gesetzt. Alle Immobilienschenkungen, die hingegen innerhalb von drei Jahren ab einer Immobilienschenkung geschehen sind, werden für die Ermittlung des Besteuerungsprozentsatzes dieser Immobilienschenkung berücksichtigt.

> **Beispiel:** Mutter B, wohnhaft in Kettenis, schenkt Sohn S am 23. Januar 2020 eine Immobilie im Wert von 150.000 Euro. Die Schenkung wird nach den oben aufgeführten Prozentsätzen besteuert, sodass die Schenkungssteuer 4.500 Euro beträgt. Findet eine weitere Immobilienschenkung von B zu Ss Gunsten für einen Gegenwert von z. B. 100.000 Euro vor dem 23. Januar 2023 statt (also innerhalb von drei Jahren), kann die Tranche von 3 % nicht noch einmal ausgeschöpft werden: Diese weitere Immobilienschenkung wird dem anwendbaren Besteuerungssatz zwischen 150.000 Euro und 250.000 Euro unterworfen, d. h. 9 %. Die Schenkungssteuer auf diese zweite Schenkung beträgt folglich 9.000 Euro.
> Geschieht die zusätzliche Immobilienschenkung jedoch nach dem 23. Januar 2023 (also mindestens drei Jahre nach der ersten Schenkung), findet die Progressivität keine Anwendung und die Steuertranche bis 150.000 Euro kann erneut zu 3 % ausgeschöpft werden. Die Schenkungssteuer auf diese zweite Schenkung beträgt folglich 3.000 Euro.

Das Ausschöpfen der niedrigen Besteuerungstranchen alle drei Jahre veranlasst viele Menschen, Immobilienschenkungen oder Immobilienanteilsschenkungen (z. B. ⅓ eines Hauses im Wert von 450.000 Euro) an ihre Kinder alle drei Jahre zu tätigen.

2° Ausschöpfen der Tranche pro Schenker und pro Beschenkten

Die Besteuerungsprozentsätze und die damit verbundene „Ausschöpfung" der niedrigen Tranchen werden pro Schenker und pro Beschenkten berechnet.

> **Beispiel:** Mutter B und Vater R schenken ihren beiden Söhnen (C und S) eine Immobilie im Wert von 600.000 Euro. Hier finden vier Schenkungen à 150.000 Euro statt (B an C, B an S, R an C und R an S) und alle vier Schenkungen kommen in den Genuss der niedrigen Tranchen. Diese Schenkungen würden insgesamt mit 3 %, d. h. 4.500 Euro (4 x 4.500 = 18.000 Euro) besteuert. Würde dieselbe Immobilienschenkung im Wert von 600.000 Euro nur zwischen z. B. Vater R und Sohn S stattfinden, so könnten die niedrigen Tranchen nur einmal ausgeschöpft werden und die Schenkungssteuer läge bei 90.000 Euro (und somit deutlich über den 18.000 Euro, die anfallen, wenn die niedrigen Tranchen viermal ausgeschöpft werden können). In letzterer Situation wäre R zu raten, jeweils alle drei Jahre einen Anteil von ¼ der Immobilie an S zu schenken (siehe 1° hiervor).

3° Schenkung unter Auflagen

Eine Schenkung kann einfach und anspruchslos geschehen oder aber Auflagen oder Lasten zugunsten des Schenkers, eines Dritten oder sogar des Beschenkten unterworfen werden.

Diese Auflagen sind ein wichtiger Bestandteil von Schenkungen, um den Schutz des Schenkers zu gewährleisten. In den meisten Fällen ist es nämlich so, dass der Schenker einerseits dem Beschenkten Erbschaftssteuern ersparen, aber andererseits nicht aufgrund einer Schenkung an Sicherheit verlieren möchte (um u. a. fürs Alter und bei einem etwaigen Pflegefall genügend Rücklagen zu haben, einen Verkauf verhindern zu können, die Miete weiter einzunehmen usw.).

Hier einige Beispiele solcher Auflagen und Lasten, die der Schenker falls gewünscht in die Schenkungsurkunde mit aufnehmen kann:

- Schenkung unter Nutznießungsvorbehalt durch den Schenker.
- Schenkung mittels Verbots für den Beschenkten, die geschenkten Werte zu Lebzeiten des Schenkers zu veräußern, in ein gemeinschaftliches Vermögen mit dem Ehepartner einzubringen oder mit einer Hypothek zu belasten.
- Schenkung unter der Auflage, den Schenker zu pflegen oder für Pflege und Unterhalt finanziell aufzukommen.
- Schenkung unter der Auflage, dem Schenker eine lebenslange monatliche Rente von x Euro zu zahlen.
- Geldschenkung unter der Auflage, die geschenkten Summen für einen Hochschul- oder Universitätsabschluss zu gebrauchen.
- Schenkung unter der Auflage, die Hälfte des Geschenkten für den Lebensunterhalt des behinderten Geschwisterteils zu gebrauchen.
- Schenkung einer Wohnung unter der Auflage, die Hälfte des Wertes der Wohnung an den anderen Geschwisterteil auszuzahlen.
- Usw.

Die Höhe der Auflagen darf jedoch den Wert des Geschenkten nicht überschreiten, sodass der Beschenkte nicht befürchten muss, dass die Schenkung sich als Danaergeschenk entpuppt.

c) Schlussfolgerung für Immobilienschenkungen: Schenkung des Familienhauses

Nicht jede Immobilienschenkung ist zwangsweise günstiger als die Vererbung: Als Faustregel kann man Folgendes anwenden: Das Eigenheim (Wohnung oder Haus) eines verheirateten (oder gesetzlich zusammenwohnenden) Paares mit Kindern sollte aufgrund der gesonderten, günstigen Besteuerung des Familienheims in Erbschaften in der Wallonischen Region nicht zu Lebzeiten geschenkt werden.

Wenn Sie sich also in dieser familiären Situation befinden, weder Eigentümer einer Zweitimmobilie sind noch erhebliches bewegliches Vermögen besitzen (Geld, Aktien, Autos, Kunst usw.), und wünschen, dass Ihre Kinder zu gleichen Teilen erben, müssen nicht zu Lebzeiten Schenkungen getätigt werden.

Diese Thematik ist genauer in meinem Buch C. Weling, *Erbschaft in Belgien verstehen und planen: Steuern sparen – Streit vermeiden*, GEV, 2018, ab S. 40 erklärt.

2. Mit Kindern zusammen eine Immobilie kaufen

Diese steuersparende Maßnahme lässt sich anhand des folgenden Beispiels erklären:

> **Beispiel:** Vater V möchte sein Geld, das ihm auf dem Bankkonto zu wenig Rendite bringt, in eine Immobilie anlegen, um diese zu vermieten und die Miete einzunehmen. Gleichzeitig möchte er vermeiden, dass sein Sohn S zu hohe Erbschaftssteuern (u. a. auf diese Immobilie) bei Vs Tod zahlen muss. V könnte hier vorschlagen, die Immobilie zusammen mit seinem Sohn zu kaufen, und zwar wie folgt: V erhält den Nießbrauch und S das nackte Eigentum. Da der Nießbrauch ein Leibrecht ist, d. h. mit dem Tod des Nießbrauchers endet, würde S bei Vs Tod Volleigentümer der Immobilie, ohne Erbschaftssteuern zahlen zu müssen.

Erreichte Ziele:

- *Steuerrechtlich*: Bei Vs Tod fallen keine Erbschaftssteuern auf die Immobilie an, da V „nur noch" den Nießbrauch an der Immobilie hält. Dieser erlischt im Todesfall und wird nicht erbschaftssteuerpflichtig vererbt. Das nackte Eigentum von S verwandelt sich also durch Vs Tod in ein Volleigentum, ohne dass Erbschaftssteuern anfallen.

- *Zivilrechtlich*: V gewährleistet, dass die Immobilie der Person zukommt, für die er sie bestimmt, nämlich S. Außerdem erhält V weiterhin sämtliche Einkünfte, bestimmt den Mieter, darf die Immobilie selbst bewohnen, ohne Miete zahlen zu müssen, und muss nicht fürchten, dass die Immobilie durch S ohne sein Einverständnis verkauft werden kann.

Da dieser Vorgang zur Einsparung der Erbschaftssteuer auf die erworbene Immobilie führt, ist er strikten Bedingungen unterworfen:

Beim Erwerb durch eine Person des Nießbrauchs an einer Immobilie und gleichzeitigem Erwerb der voraussichtlichen Erben (oder Zwischenpersonen dieser Person) des nackten Eigentums dieser Immobilie sieht eine Sondersteuerregel vor, dass der Wert dieser Immobilie im Volleigentum als Vermächtnis an diesen Erben angesehen und der Erbschaftssteuer unterworfen wird, es sei denn, dieser Erbe kann beweisen, dass keine Schenkung vorliegt.

Die durch den Erben zu erbringenden Beweise sind folgende:

1° Dass er den Preis des erworbenen bloßen Eigentums *selbst finanziert* hat (aus Eigenmitteln oder über einen Kredit) und nicht die nötigen Mittel vom Erblasser erhalten hat. Dieser Beweis wird erbracht durch den Kontoauszug, aus dem hervorgeht, dass der Preis des bloßen Eigentums vom Konto des Erben (und nicht das des Erblassers) überwiesen wurde. Wenn die nötigen Summen vorher durch den Erblasser geschenkt wurden, so muss diese Schenkung entweder zwingend vor dem Kauf registriert (d. h. besteuert*) werden, oder [in der Wallonischen Region] gänzlich vor Vertragsabschluss (gegengezeichnetes Angebot, Kaufvorvertrag...) auf das Konto des Schenknehmers überwiesen sein, um die Erbschaftssteuer zu vermeiden; und

2° Dass der Erblasser zu Lebzeiten auch *effektiv den Nießbrauch ausgeübt* hat, d. h., die Immobilie bewohnt oder die Miete erhalten hat.

Beispiel: Gleiche Ausgangslage wie das vorherige Beispiel, das diesen Punkt einleitete: Die Immobilie hat einen Wert von 300.000 Euro. Anhand von Vs Alter beträgt der Gegenwert des Nießbrauchs, den V erwirbt, z. B. 100.000 Euro. Folglich entfallen 200.000 Euro auf den Erwerb des nackten Eigentums durch S. Wenn V das Geld für den Erwerb des nackten Eigentums „einfach so" an S kurz vor notarieller Kaufurkunde überweist, führt der Vorgang nicht zu einer Erbschaftssteuereinsparung: Bei Vs Tod wird S Erbschaftssteuern auf den Verkehrswert der Immobilie zahlen müssen. Wenn S die 200.000 Euro allerdings von selbstverdientem Geld zahlt oder von Geld, das V ihm mittels einer besteuerten Schenkung* oder [in der Wallonischen Region] vor Einigung überwiesen hat, kann der Besteuerung im Rahmen von Vs zukünftiger Erbschaft entgangen werden.

* 3,3 % in direkter Linie in der Wallonischen Region. Siehe diesbezüglich mein Buch C. Weling, *Erbschaft in Belgien verstehen und planen: Steuern sparen – Streit vermeiden*, GEV, 2018, S. 102 bis 105, und vor allem das Schema auf S. 105 - allerdings ist die Frist 5 Jahre (und nicht mehr 3 wie noch im Buch vermerkt) seit einer Reform, die zum 1. Januar 2022 in Kraft getreten ist.

Kapitel 2: Auflösung einer Erben- oder Miteigentümergemeinschaft – Teilung

Wenn Miteigentümer (z. B. Erben oder geschiedene Ehepartner) das im Miteigentum stehende Vermögen zwischen sich aufteilen und somit die Miteigentümerschaft (oder Erbengemeinschaft) auflösen, fallen hinsichtlich des Verkehrswerts der im Miteigentum stehenden Immobilien u. a. Registrierungsgebühren an.

Diese belaufen sich in der Wallonischen Region und der Region Brüssel-Hauptstadt auf 1 %, und in Flandern auf 2,5 % (außer bei Teilungen nach Scheidungen, dann sind es ebenfalls 1 %).

Die Teilung von beweglichem Vermögen (Geld, Aktien, Möbel usw.) erfolgt steuerfrei.

> **Beispiel:** Das Ehepaar A und B kaufen eine Immobilie. Drei Jahre später kommt es zur Scheidung. A übernimmt die Immobilie und zahlt B aus. Diese Immobilienübertragung von B an A wird mit 1 % Registrierungsgebühren auf den Verkehrswert der Immobilie besteuert.

Die Besteuerungsgrundlage für die Errechnung der Registrierungsgebühr, wenn das Miteigentum aufhört zu existieren, unterscheidet sich von der Besteuerungsgrundlage, wenn nur ein gewisser Prozentsatz des Miteigentums übertragen wird. Im ersten Fall wird die 1%ige Registrierungsgebühr auf den Verkehrswert der gesamten Immobilie berechnet, im zweiten Fall nur auf den Verkehrswert des übertragenen Anteils.

> **Beispiel:** Die Geschwister A, B, C und D haben von ihren Eltern ein Haus im Wert von 500.000 Euro geerbt.
> C will aus der Erbengemeinschaft austreten und A ist bereit, Cs Teil zu übernehmen und C auszuzahlen. Die 1%igen Registrierungsgebühren werden hier nur auf Cs Teil (also 125.000 Euro) erhoben, da das Miteigentum hinsichtlich der Immo-

bilie durch diese Übertragung nicht beendet wird (A, B und D befinden sich hinsichtlich der Immobilie noch immer im Miteigentum).
Wenn A jedoch auch den Anteil seiner anderen Geschwister übernimmt und folglich das Miteigentum aufgelöst wird (A ist Alleineigentümer), werden die 1%igen Registrierungsgebühren bei diesem Rechtsgeschäft auf den Verkehrswert der gesamten Immobilie (d. h. 500.000 Euro) erhoben.

Für die Besteuerung spielt es also keine Rolle, ob ich 99%iger Eigentümer bin und den letzten Prozent erwerbe oder ob ich 1%iger Eigentümer bin und 99 % erwerbe. In beiden Fällen wird das Miteigentum beendet und die Übertragung („Teilung" genannt) mit einer 1%igen Registrierungsgebühr auf den Verkehrswert der gesamten Immobilie besteuert.

Tipp: Wenn ich bereits zu Lebzeiten vorsehen möchte, wer von meinen Erben an meinem Todestag welche Güter erhalten soll, kann ich dies in einem Testament verankern und den Erben somit zukünftige Registrierungsgebühren bei einer etwaigen Immobilienteilung ersparen.

Beispiel: Ein Ehepaar hat drei Kinder (A, B und C) und ist Eigentümer von dem Familienhaus, in dem sie wohnen, einem Baugrundstück und von 300.000 Euro auf verschiedenen Bankkonten. Kind A zeigt Interesse an dem Familienhaus. Kind B möchte später selbst bauen. Kind C möchte im Ausland leben und zieht demnach das Geld den Immobilien vor.

Wenn die Eheleute *kein Testament* aufstellen, erbt jedes der drei Kinder aufgrund der gesetzlichen Erbfolge ungeteilt 1/3 des gesamten Nachlassvermögens, d. h. jedes Kind wird Miteigentümer zu 1/3 des Familienhauses, 1/3 des Baugrundstücks und 1/3 des Geldes. Wenn die Kinder dann später das Nachlassvermögen unter sich aufteilen, damit Kind A das alleinige Eigentum des Familienhauses, Kind B das Baugrundstück und Kind C das Geld erhält, fallen hinsichtlich der aufgeteilten Immobilien die 1%igen Registrierungsgebühren an. Außerdem kann diese Situation zu Streit führen – wegen etwaiger unterschiedlicher Auffassungen über die Bewertung dieser Vermögenswerte oder wenn eines der Kinder seine Meinung ändert und plötzlich andere Elemente des Nachlasses für sich beansprucht als die, die vielleicht ursprünglich geplant oder im Sinne der Eltern waren.

Die Lösung in diesem Fall wäre, ein *Testament aufzustellen*, in dem die Eltern drei gleichwertige Lose bilden (z. B. Los 1 das Haus, Los 2 das Baugrundstück und Los 3 das Geld) und jedem Kind eines der Lose zuweisen. Dank dieses Testaments würden die drei Kinder nicht ungeteilt (jeder zu 1/3 im Miteigentum) alles erben, sondern jeder das volle Eigentum von einem Los. Folglich wird nicht nur ein möglicher Streit zwischen den Erben vermieden, sondern es werden auch die Registrierungsgebühren auf eine spätere Teilung gespart, da diese Teilung aufgrund der Tatsache, dass jeder voller Eigentümer eines Vermögenswertes geworden ist und es demnach nichts zu teilen gibt, nicht stattfindet.

Kapitel 3: (Ehe-)Partner bauen auf einem Grundstück oder wohnen in einem Haus, das einem der beiden alleine gehört

In diesem Kapitel erklären wir die Möglichkeiten, eine finanziell „gerechte" Situation für (Ehe-)Partner in folgenden Situationen zu schaffen:

- Einer der beiden ist Eigentümer eines *Grundstücks* (das er z. B. von seinen Eltern geschenkt bekommen oder vor der Ehe gekauft hat) und beide wollen auf diesem Grundstück ein Haus errichten und darin wohnen.

- Einer der beiden ist Eigentümer eines *Hauses* oder einer *Wohnung* und beide wollen diese Immobilie renovieren oder anbauen, um dort gemeinsam zu wohnen.

Die rechtliche Ausgangslage ist folgende:

Der Eigentümer eines Grundstücks ist von Rechts wegen (d. h. automatisch, ohne dass dies vertraglich festgehalten werden muss) auch alleiniger Eigentümer der Gebäulichkeiten, die auf diesem Grundstück errichtet werden. Der Eigentümer eines Hauses ist von Rechts wegen auch alleiniger Eigentümer sämtlicher Renovierungsarbeiten, die an dem Haus durchgeführt werden.

> **Beispiel:** Wenn ich Eigentümer eines Grundstücks bin und einen Generalunternehmer beauftrage, auf meinem Grundstück ein Haus zu bauen, muss der Unternehmer mir dieses Haus nicht verkaufen, da es ihm zu keinem Zeitpunkt gehört. Ich bin bereits Eigentümer des Hauses, da es auf meinem Grundstück gebaut wurde.

Dieses Rechtsprinzip nennt sich das Zuwachsrecht; es bedeutet also, dass die Pflanzungen und Gebäulichkeiten auf einem Grundstück, dem Eigentümer „zuwachsen".

1. Verzicht auf Zuwachsrecht

Das Rechtsprinzip des Zuchwachsrechts ist sehr nützlich und schützend im Aufbau unseres Rechtssystems.

Es gibt jedoch Situationen, in denen genau das Gegenteil gewünscht ist. Dies kann der Fall sein, wenn einer der beiden (Ehe-) Partner Eigentümer eines Grundstücks ist und beide auf diesem Grundstück ein Haus errichten und darin wohnen möchten.

Um zu erreichen, dass eine andere Person als (nur) der Eigentümer des Grundstücks (ebenfalls) Eigentümer der Gebäulichkeiten wird, müssen die Parteien (Eigentümer und Begünstigter) sich vertraglich und per notarieller Urkunde auf einen Verzicht auf Zuwachsgerecht einigen.

> **Beispiel:** E und A möchten ein Haus bauen. E hat von ihren Eltern ein Grundstück direkt neben dem Wohnhaus ihrer Eltern geschenkt bekommen. E verzichtet per notarieller Urkunde zu As Gunsten auf das Zuwachsrecht auf die ungeteilte Hälfte des Grundstücks. Das Grundstück gehört also weiterhin E, aber das Haus gehört zur einen Hälfte E und zur anderen Hälfte A.

Der Verzicht auf Zuwachsrecht sieht auf den ersten Blick wie eine Ideallösung aus, bringt aber in der Praxis durchaus auch Schwierigkeiten mit sich, die so gut wie möglich vorab vertraglich geregelt werden sollten. Dabei handelt es sich u. a. darum, bei einem zukünftigen Verkauf oder bei einer zukünftigen Trennung den fiktiven Wert des Grundstücks zu ermitteln bzw. den Gesamtwert oder den Verkaufspreis einer Immobilie zwischen dem Anteil Grundstück und dem Anteil Gebäulichkeiten aufzuteilen.

2. Schuldschein

Das Verfassen eines Schuldscheins ist eine andere Möglichkeit, eine „gerechte" Situation zwischen (Ehe-)Partnern zu schaffen. Der Schuldschein kann entweder *anstelle* der unter Punkt 1 hiervor und Punkt 3 hiernach erklärten Möglichkeiten oder *zusätzlich* zu diesen Möglichkeiten vereinbart werden.

Einen finanziellen Ausgleich anhand eines Schuldscheins zu schaffen, funktioniert wie folgt: Der (Ehe-)Partner, der Alleineigentümer des Grundstücks ist, wird auch Alleineigentümer des Hauses. Es wird also nicht vertraglich vom gesetzlich vorgesehenen Zuwachsrecht abgewichen (siehe Punkt 1 hiervor). Der Eigentümer verfasst jedoch einen Schuldschein zugunsten des anderen (Ehe-)Partners über die durch diesen investierten Summen. Falls sich die (Ehe-)Partner trennen sollten, gewährleistet der Schuldschein, dass der (Ehe-)Partner, der nicht Eigentümer der Immobilie ist, die durch ihn investierten Summen von seinem (mittlerweile ...) Ex-Partner zurückerhält.

> **Beispiel:** E und A möchten ein Haus bauen. E hat von ihren Eltern ein Grundstück direkt neben dem Wohnhaus ihrer Eltern geschenkt bekommen. A bringt sein Erspartes (z. B. 60.000 Euro) in den Bau des Hauses ein. Den Rest finanzieren beide anhand eines gemeinsamen Kredits. E und A sind sich einig, dass im Trennungsfall E die Immobilie bekommen soll (sonst würde A ja direkt neben seinen ehemaligen Schwiegereltern wohnen, was sich für die guten Nachbarschaftsverhältnisse als problematisch herausstellen könnte). Andererseits möchten sie gewährleisen, dass A die durch ihn investierten Summen zurückerhält. Um diese Ziele zu erreichen, stellt E zu As Gunsten einen Schuldschein aus, der gewährleistet, dass sämtliche Gelder, die A investiert hat (As Erspartes, die 60.000 Euro - ggf. indexiert oder verzinst - und die durch ihn getätigten Kreditrückzahlungen) von E an ihn zurückgezahlt werden – und dies entweder bei Trennung, im Todesfall oder beim Verkauf der Immobilie.

Die Gerechtigkeit ist also hier durch einen finanziellen Ausgleich und nicht anhand von gleichmäßig verteiltem Immobilieneigentum gewährleistet. Die sogenannte „Gerechtigkeit" ist aber auch hier relativ. Abhängig davon, ob das Haus an Wert gewinnt oder verliert, die Summen des Schuldscheins indexiert (Verbraucherpreisindex, Wert der Immobilie usw.) und/oder verzinst werden oder nicht, wird am Ende des Tages immer einer der Partner mehr oder weniger finanziell gewinnen oder verlieren. Das soll keinesfalls bedeuten, dass ein Schuldschein ein mangelhaftes Instrument ist, ganz im Gegenteil. Man muss sich nur seiner Grenzen bewusst sein und so eine informierte Entscheidung treffen.

3. Einbringung in den Güterstand

Bei verheirateten Paaren ist es möglich, dass der Ehepartner, der Eigentümer des Grundstücks ist, dieses durch Abschluss eines Ehevertrags oder Abänderung eines bestehenden Ehevertrags in ein gemeinsames bzw. gemeinschaftliches Vermögen einbringt.

Diese Einbringung ist eine sehr kostengünstige Vermögensplanung, da sie weder den Registrierungsgebühren eines Kaufs (i.d.R. 12,5 %) noch Schenkungssteuern unterworfen ist.

Diese Einlage geschieht nach folgendem Schema:

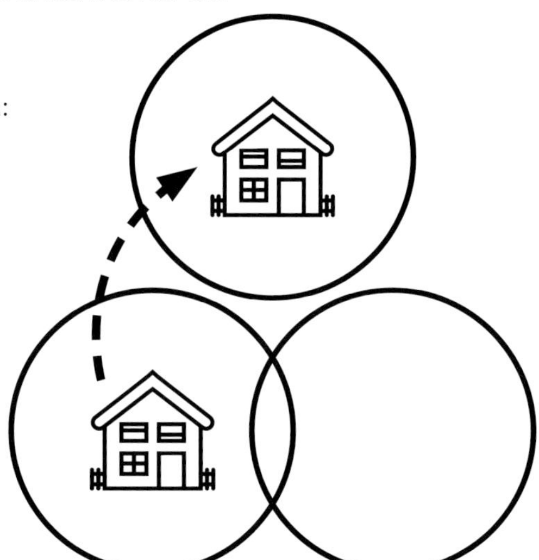

Erreicht wird somit, dass das Grundstück (oder auch eine bereits gebaute Immobilie) durch die Einlage zum Eigentum beider Ehepartner wird. Das Haus, das auf dem eingebrachten Grundstück gebaut würde, oder die Renovierungs- und Anbauarbeiten, die an dem eingebrachten Haus durchgeführt würden, kommen somit beiden Ehepartnern zu gleichen Teilen zugute, da sie beide aufgrund der Einlage per Ehevertrag(-sabänderung) gemeinschaftliche Eigentümer der Immobilie geworden sind.

> **Beispiel:** D ist Eigentümer eines Hauses, das er mit seiner Ehefrau B renovieren und bewohnen möchte. D bringt das Haus per Abänderung des Ehevertrags in das gemeinschaftliche Vermögen ein. B ist somit zur Hälfte Eigentümerin des Hauses. Die Renovierungs- und Anbauarbeiten, die durchgeführt werden, kommen, in Anwendung des Rechtsprinzips des Zuwachsrechts, beiden Ehepartnern zugute, da beide (durch Einbringung in das gemeinschaftliche Vermögen) Eigentümer der Immobilie sind.

Außerdem ermöglicht der Ehevertrag, vorab Maßnahmen zu treffen, um zu entscheiden was mit der Immobilie bei Auflösung des Güterstandes durch Scheidung oder den Tod eines Ehepartners geschieht, d. h., wem die Immobilie zu welchen Bedingungen zugewiesen wird.

Letztlich ermöglicht diese Einlage, wenn die Eheleute in Zukunft die Immobilie ihrem oder ihren Kind(ern) schenken möchten, zwei Mal so oft die niedrigeren Tranchen ausschöpfen zu können (siehe Kapitel 1, Punkt 1, b) (ii) 2° in diesem Teil 5).

Der eheliche Güterstand ist eine der Säulen der Erbschaftsplanung, hauptsächlich zivil-, aber durchaus auch steuerrechtlich. Die sich in diesem Zusammenhang bietenden Möglichkeiten sind genauer in meinem Buch C. Weling, *Erbschaft in Belgien verstehen und planen: Steuern sparen – Streit vermeiden*, GEV, 2018, ab S. 82 erklärt.

Kapitel 4: (Ver-)Kauf auf Leibrente

Dieses Kapitel erklärt Ihnen den Leibrentenverkauf (Punkt 1), welche Vor- und Nachteile er mit sich bringt (Punkt 2) und welche verschiedenen Varianten und Besonderheiten er aufweisen kann (Punkt 3).

1. Definition

Bei einem (Ver-)Kauf auf Leibrente zahlt der Käufer den Preis nicht (vollständig) bei Unterzeichnung der notariellen Verkaufsurkunde, sondern anhand von periodischen Zahlungen so lange, wie der Verkäufer (oder auch eine andere Person – dieser Fall ist jedoch sehr selten) lebt.

Bei einem klassischen Verkauf auf Leibrente ist der Verkäufer gleichzeitig Rentengläubiger und die Person, auf dessen Lebensdauer die Rente bestellt wird. Rechtlich kann jedoch auch eine andere Person als der Verkäufer als Rentengläubiger und/oder als Person, dessen Tod die Zahlung der periodischen Renten seitens des Käufers bzw. Rentenschuldners einstellt, im Vertrag bezeichnet werden. Da dies jedoch in der Praxis äußerst selten vorkommt, werden wir in diesem Kapitel nur den klassischen Fall bearbeiten. Eine detaillierte Analyse finden Sie in meiner Veröffentlichung E. Lilien, „La vente à charge de rente viagère“ in *Le notaire et son client, de conseiller à confident, de 7 à 77 ans*, Larcier, Brüssel, 2017, S. 283–320.

Im Leibrentenvertrag wird vorgesehen, dass die Eigentumsübertragung an den Käufer wie bei einem klassischen Verkauf bei Unterzeichnung der notariellen Urkunde stattfindet. Lediglich die Preiszahlung (oder ein Teil davon) geschieht nach der notariellen Urkunde, periodisch und lebenslang.

Die Lebensdauer des Verkäufers ist also das zentrale Element bzw. der Zufallswert des Leibrentenvertrags: Lebt der Verkäufer deutlich länger als seine statistische Lebenserwartung, ist der Vertrag finanziell zu seinem Vorteil. Ist das Gegenteil der Fall, war der Vertrag finanziell vorteilhafter für den Käufer.

2. Vorteile des Leibrentenverkaufsvertrags

Der Verkauf auf Leibrente ist vor allem für Menschen mittleren Alters (und darüber hinaus ...) ohne Nachkommen interessant. Er ermöglicht ihnen, lebenslang in ihrer Immobilie wohnen zu bleiben und zusätzlich vom Käufer und Rentenschuldner periodische (meist monatliche) Zahlungen zu erhalten. Somit nutzt der Verkäufer die Immobilie weiter wie vorher, verfügt aber mit den Rentenzahlungen über zusätzliche monatliche Einkünfte.

Weitere Vorteile des Leibrentenverkaufs sind:

- Die periodische Rente ist für den Empfänger steuerfrei (außer bei Gesellschaften oder beruflichen Verkäufern); sie ist als Preiszahlung angesehen (siehe Teil 2, Kapitel 3, Punkt 1) und nicht der Einkommenssteuer unterworfen (Ausnahmen: Siehe Teil 2, Kapitel 3, Punkt 2).

- Die Leibrente ermöglicht eine günstige Erbschaftsplanung, wenn die Begünstigten entfernt oder nicht verwandt sind.

  Beispiel: Tante I ist kinderlos und wünscht, dass ihre Immobilie in Kelmis (Wert 200.000 Euro) ihrem Neffen L zukommt. Bei einer Übertragung im Todesfall durch Erbschaft bzw. Testament fielen 99.375 Euro Erbschaftssteuern an. Der Leibrentenverkauf ermöglicht eine Eigentumsübertragung von I an L mittels der 12,5%igen Registrierungsgebühr von 25.000 Euro. Darüber hinaus bleibt I zu Lebzeiten in der Immobilie wohnen und kommt in den Genuss einer monatlichen Rente.

- Die Leibrente kann als Instrument der Enterbung von Nachkommen (Pflichtteilserben) verwendet werden. Der Leibrentenvertrag ist ein entgeltlicher Vertrag, der im Gegensatz zu unentgeltlichen

Zuweisungen wie Schenkungen oder Vermächtnissen nicht bei der Pflichtteilsberechnung in Betracht gezogen wird. Es darf natürlich kein Betrug vorliegen, d. h., die Rentenzahlung muss auch tatsächlich stattfinden.

Beispiel: D hat sich mit seiner Frau M und seiner Tochter I zerstritten. Er ist Eigentümer einer schönen Immobilie und möchte vermeiden, dass seine Frau und seine Tochter die Immobilie eines Tages erben. Er erreicht sein Ziel, indem er die Immobilie seiner guten Bekannten S auf Leibrente verkauft.

- Der Käufer des Leibrentenvertrags muss den (gesamten) Preis nicht beim Kauf, sondern erst periodisch im Laufe der Zeit durch die Rentenzahlungen aufbringen. Allerdings kommt er auch nicht in den Genuss der Einkommenssteuerermäßigung in Ermangelung eines Hypothekendarlehens (siehe Teil 3, Kapitel 2, Punkt 1, d)).

3. Besonderheiten und Varianten des Leibrentenverkaufs

a) Abschlagszahlung

Der Leibrentenverkauf geschieht entweder mit oder ohne Abschlagszahlung („*bouquet*"). Die Abschlagszahlung ist eine Summe, die am Tage des Verkaufs vom Käufer an den Verkäufer gezahlt wird. Es handelt sich hierbei also um eine Teilpreiszahlung, die der Verkäufer sofort erhält und die natürlich die Höhe der monatlichen Rentenzahlungen im Vergleich zu einem Verkauf ohne einer Abschlagszahlung verringert.

Beispiel: A kauft Vs Immobilie auf Leibrente. Anhand von Vs statistischer Lebenserwartung steht eine monatliche Leibrentenzahlung von 1.100 Euro im Raum. V möchte jedoch bei der Beurkundung eine Abschlagszahlung von 50.000 Euro erhalten. A willigt dem zu, unter der Voraussetzung, dass die monatliche Rente 800 Euro (statt in Ermangelung einer Abschlagszahlung 1.100 Euro) monatlich beträgt.

b) Nießbrauchvorbehalt oder Wohnrecht

Ein Leibrentenverkauf kann mit/ohne Nießbrauchvorbehalt oder mit/ohne Wohnrecht für den Verkäufer vereinbart werden.

Wenn der Verkäufer sich das lebenslange Nießbrauchrecht vorbehält, ermöglicht ihm das, zu Lebzeiten in der Immobilie wohnen zu bleiben oder die Miete einzunehmen. Das lebenslange Wohnrecht ermöglicht dem Verkäufer, die Immobilie lebenslang und mietfrei zu bewohnen, gibt ihm jedoch kein Anrecht auf die Miete, falls er die Immobilie aus irgendeinem Grund nicht mehr selbst bewohnen würde.

Die Tatsache, dass der Verkäufer sich den Nießbrauch oder das Wohnrecht lebenslang, oder auf einen festgelegten Zeitraum befristet, vorbehält, hat natürlich eine direkte Auswirkung auf die Höhe der monatlichen Rente: Der Käufer auf Leibrente einer Immobilie, für die er selbst die Miete einnehmen kann, wird bereit sein, eine höhere monatliche Rente zu zahlen als der Käufer, dessen Immobilie lebenslang durch den Verkäufer bewohnt wird.

c) Ein oder mehrere Leibrentengläubiger

Die Leibrente kann auf die Lebensdauer einer oder mehrerer Personen (z. B. ein Ehepaar, das gemeinschaftlicher Eigentümer einer Immobilie ist) bestellt werden. Diese Vereinbarung hat wiederum einen Einfluss auf die Höhe der monatlichen Rente: Bei zwei in etwa gleichalten Personen ist die statistische Lebenserwartung länger als bei einer. Demnach muss der Käufer statistisch gesehen länger die Rente zahlen und wird folglich versuchen, eine geringere monatliche Rente auszuhandeln.

d) Zinssatz und Indexierung

Der Leibrentengläubiger überträgt dem Leibrentenschuldner eine Immobilie, ohne den (ganzen) Preis einzukassieren. Er gibt ihm also gewissermaßen einen Kredit, indem er ihm ermöglicht den Verkaufspreis in Raten zu zahlen. Dieser Kredit kann verzinst oder indexiert werden. Die Höhe einer etwaigen Verzinsung ist frei zwischen den Parteien verhandelbar.

e) Auflösung bei Nichtzahlung, Eintragung von Amts wegen und Vertragsstrafe

Der Verkäufer auf Leibrente ist rechtlich in einer schwachen Position: Er ist nicht mehr Eigentümer der Immobilie und hat noch nicht den gesamten Preis erhalten. Deswegen ist es für den Verkäufer wichtig, dass die notarielle Urkunde über den Immobilienverkauf auf Leibrente für ihn den notwendigen Schutz vorsieht.

Drei Schutzmechanismen sind besonders erwähnenswert:

1° Verfallsklausel bei Nichtzahlung: Diese Klausel bewirkt, dass bei Nichtzahlung der Rente (z. B. an zwei aufeinanderfolgenden Monaten) der Verkauf aufgelöst wird. Dieser Verkäuferschutz ist natürlich sehr hart für den Käufer.

2° Eintragung von Amts wegen: Die Urkunde sollte eine Eintragung von Amts wegen zugunsten des Verkäufers vorsehen. Diese ist vergleichbar mit einer Hypothek, die zugunsten des Verkäufers genommen wird und die Zahlungen der monatlichen Renten besichert.

3° Vertragsstrafe: Die notarielle Urkunde kann eine Vertragsstrafe („*clause pénale*“) enthalten, die bewirkt, dass bei einer Vertragsauflösung aufgrund von Nichtzahlung der Renten (siehe 1° hiervor) sämtliche bereits gezahlten Renten dem Rentengläubiger als Pauschalentschädigung erhalten bleiben.

f) Todesfall innerhalb von 20 Tagen

Das Gesetz sieht vor, dass der Leibrentenvertrag, bei dem die Person, auf deren Leben die Leibrente bestellt worden ist, an der Krankheit, an der sie bereits bei Vertragsabschluss litt, innerhalb von zwanzig Tagen nach Vertragsabschluss stirbt, ungültig ist.

Diese Regel hat zum Ziel, einen Missbrauch des Instruments der Leibrente zu vermeiden, z. B. um betrügerisch eine Enterbung vorzunehmen.

4. Schlussfolgerung Leibrente

Der Leibrentenverkauf hat Vor- und Nachteile. Außerdem kann er mit verschiedenen Modalitäten bestückt oder verschiedenen Varianten unterworfen werden, die jeweils einen Einfluss auf die Höhe der Rente haben.

Es ist also wichtig, dass der Käufer oder der Verkäufer sich für die Strukturierung des Leibrentenverkaufs an einen Experten (Immobilienmakler oder Notar) wendet, um bei der Rentenberechnung unterstützt zu werden. Die Berechnung ist komplex und der Ratgeber kann Websites wie www.christian-jaumain.be/viager/evaluation-des-rentes-research/index.php oder www.tafelsschryvers.be/tables?language=fr für die Ermittlung der Parameter zu Hilfe ziehen.

Außerdem ist der Markt für Leibrentenverkäufe kleiner als für klassische Verkäufe, sodass es sich meist lohnt, einen Immobilienmakler zu beauftragen, der zwangsläufig Zugang zu einem größeren Interessentenkreis hat als der Verkäufer, der sich auf eigene Faust auf Käufersuche begibt.

Der Leibrenten(ver-)kauf ist also sicher nicht in allen Situationen anzuraten. Er ist vor allem in folgenden Fällen sinnvoll:

- Für *Verkäufer,* die im mittleren Alter und kinderlos sind und anhand der monatlichen Rente ihren Lebensstandard erhöhen möchten.

- Für *Käufer,* die bereits Eigentümer von Immobilien sind und den Kauf als Investitionsobjekt ohne Fremdfinanzierung tätigen. Ihnen ermöglicht der Kauf auf Leibrente womöglich eine Immobilie zu günstigeren Bedingungen als bei einem klassischen Verkauf zu erwerben.

Kapitel 5: Unpfändbarkeit des Hauptwohnsitzes eines Selbstständigen

Jede Person haftet mir ihrem gesamten Vermögen für ihre gesamten Schulden. Mit anderen Worten: Wenn ich meine Schulden nicht bezahle oder nicht bezahlen kann, können meine Gläubiger gerichtlich gegen mich vorgehen, mit dem Ziel, meine Vermögenswerte zwangsvollstrecken zu lassen und anhand des erzielten Versteigerungspreises meine Schuld ihnen gegenüber zu begleichen.

In Abweichung dieses allgemeinen Rechtsprinzips bietet das belgische Recht Selbstständigen die Möglichkeit, die Immobilie, in der sich ihr Hauptwohnsitz befindet, für unpfändbar zu erklären. Dies bedeutet, dass diese Immobilie, unter Einhaltung der nachgenannten Bedingungen, nicht durch die Gläubiger gepfändet werden kann. Die Schuld des Selbstständigen bzw. die Forderung des Gläubigers verschwindet dadurch nicht; sie kann nur nicht hinsichtlich der Immobilie geltend gemacht werden.

Ziel dieser Gesetzgebung ist es, den Hauptwohnsitz des Selbstständigen (und seiner Familie …) vor den beruflichen Schulden des Selbstständigen zu schützen. Sollte die berufliche Aktivität des Selbstständigen finanziell ungünstig verlaufen oder sogar in Konkurs gehen, besteht das Risiko, dass der Selbstständige sein gesamtes Vermögen verliert: Das beruflich genutzte Vermögen, aber auch das private Vermögen. Der Selbstständige, der seine Aktivitäten als natürliche Person und nicht im Rahmen einer Gesellschaft mit beschränkter Haftung ausübt, gilt als *eine* Rechtsperson mit *einem* Vermögen, zu der nun mal auch die Immobilie, in der sich der Hauptwohnsitz befindet, gehört. Das Gesetz, das dem Selbstständigen ermöglicht, seinen Hauptwohnsitz als unpfändbar erklären zu lassen, ist also das Resultat einer gesellschaftspolitischen Entscheidung, durch die erreicht werden soll, dass Personen nicht von einer Selbstständigkeit absehen aus Angst, dass sie und ihre Familien ggf. ihr „Dach über dem Kopf" verlieren, wenn das Projekt fehlschlägt.

Damit eine Immobilie für unpfändbar erklärt werden kann, müssen folgende Bedingungen erfüllt sein:

1° Selbstständiger: Unpfändbarkeitserklärungen können nur durch Selbstständige abgegeben werden, d. h. natürliche Personen, die in Belgien hauptberuflich, nebenberuflich oder nach der Pensionierung eine Berufstätigkeit ausüben, durch die sie nicht im Rahmen eines Arbeitsvertrags eingebunden sind.

2° Notarielle Erklärung: Die Unpfändbarkeitserklärung muss der Selbstständige durch eine notarielle Urkunde abgeben. Die Urkunde muss u. a. eine genaue Beschreibung der Immobilie umfassen. Der etwaige Ehepartner des Selbstständigen muss darüber hinaus mit der Abgabe der Erklärung einverstanden sein.

3° Hauptwohnsitz: Nur die Immobilie, in der sich der Hauptwohnsitz des Selbstständigen befindet, kann geschützt werden. Etwaige andere Immobilien, die der Selbstständige besitzen würde, können nicht als unpfändbar erklärt werden.

4° Zukünftige und berufliche Schulden: Die abgeschlossene Unpfändbarkeitserklärung schützt lediglich vor einer Pfändung aufgrund von *zukünftigen*, *beruflichen* Schulden. Etwaige private Schulden (Unterhaltszahlungen, privat geliehenes Geld usw.) sind, genauso wie bereits vor der Unpfändbarkeitserklärung bestehende, berufliche Schulden, nicht von der Erklärung betroffen und könnten somit notfalls auch hinsichtlich des Hauptwohnsitzes des Selbstständigen getilgt werden.

5° Fläche: Wenn die Immobilie sowohl für berufliche Zwecke als auch als Hauptwohnsitz benutzt wird, muss die notarielle Unpfändbarkeitserklärung zwischen den beiden Teilen klar unterscheiden und die Fläche eines jeden Teils angeben. Wenn die beruflich genutzte Fläche weniger als 30 % der Gesamtfläche ausmacht, kann die ganze Immobilie für unpfändbar erklärt werden. Werden mindestens 30 % beruflich genutzt, kann nur der Teil der

Immobilie für unpfändbar erklärt werden, der als Hauptwohnsitz dient.

Die Unpfändbarkeitserklärung ist ein nützliches und wichtiges Schutzinstrument, das auch ein schönes bzw. wertschätzendes Signal an Selbstständige schickt. Die Praxis zeigt jedoch in gewissen Fällen der gesetzlichen Möglichkeit, eine Unpfändbarkeitserklärung abzugeben, ihre Grenzen auf: Gerade bei sogenannten „kleinen Selbstständigen" knüpfen die Banken oder andere Kreditgeber das Erteilen eines Darlehens an die Bedingung, dass keine Unpfändbarkeitserklärung abgegeben wird (bzw. sehen vor, dass die Kredite umgehend zurückzahlbar sind, wenn die Erklärung abgegeben wird, was in der Praxis dasselbe ist), schlichtweg weil neben der Immobilie, die als Hauptwohnsitz dient, der Selbstständige über keine anderen Werte verfügt, die als Sicherheit für die Rückzahlung des Darlehens gebraucht werden können (siehe Teil 3, in dem wir die verschiedenen Sicherheiten erklären).

Eine Alternative für den Schutz des Hauptwohnsitzes (und des gesamten privaten Vermögens) des Selbstständigen ist die Gründung einer Gesellschaft mit beschränkter Haftung: Die Gesellschaft ist eine andere, vom Gründer getrennte Rechtsperson, mit ihrer eigenen Aktivität, ihrem eigenen Vermögen und ihrer eigenen Haftung. Wenn die Aktivität finanziell ungünstig verläuft, haftet das Gesellschaftsvermögen, nicht aber die Privatperson, die hinter der Gesellschaft steht, d. h. der die Gesellschaft gehört oder die für die Gesellschaft die Aktivitäten durchführt. Auch diese Alternative bringt in der Praxis nicht in jeder Situation einen vollumfänglichen Schutz: Zum einen ist eine Gesellschaftsgründung erst ab einem gewissen Umsatz bzw. Gewinn sinnvoll. Zum anderen können Gläubiger vom Aktionär persönliche Bürgschaften (sieht Teil 3, Kapitel 2, Punkt 3 c)) fordern, wenn die Gesellschaft über keine anderen Werte verfügt, die als Sicherheit für die Rückzahlung des Darlehens oder der Bezahlung einer Lieferung gebraucht werden können.

Teil 6 – Praktischer Teil: Ablauf der verschiedenen Arten von Immobilienverkäufen

In diesem Teil erklären wir Ihnen den Ablauf von Immobilienverkäufen und wer in den verschiedenen Etappen Ihr Ansprechpartner ist. Außerdem erfahren Sie die Unterschiede zwischen folgenden unterschiedlichen Arten der Immobilienverkäufe:

Kapitel 1 gibt eine Übersicht über den Ablauf eines privaten Verkaufs, auch „Verkauf unter der Hand" genannt.

Der öffentliche Verkauf ist Gegenstand von **Kapitel 2**. Wir werden zwischen der Zwangsversteigerung und dem freiwilligen, öffentlichen Verkauf unterscheiden und die verschiedenen Etappen eines öffentlichen Verkaufverfahrens erklären.

In **Kapitel 3** stellen wir Ihnen die Onlineversteigerung „biddit.be" vor. Dabei handelt es sich um einen öffentlichen Onlineverkauf, d. h., die Gebote werden digital über eine Plattform abgegeben, in etwa wie bei eBay, nur für Immobilien. Dieses Verfahren dürfen nur Notare anbieten, und es wird unter deren Aufsicht durchgeführt.

Der gerichtlich genehmigte oder angeordnete Verkauf ist letztlich Gegenstand von **Kapitel 4**. Es handelt sich dabei um Verkäufe, bei denen sich der Verkäufer aufgrund von Minderjährigkeit, Geschäftsunfähigkeit oder Konkurs in einer durch das Gericht zu schützenden Situation befindet.

Kapitel 1: Die verschiedenen Etappen eines privaten Immobilien(ver-)kaufs

Dieses Kapitel gibt Ihnen eine praktische Übersicht der verschiedenen Etappen eines klassischen Immobilien(ver-)kaufs, auch „privater Verkauf“ oder „Verkauf unter der Hand“ genannt. Es handelt sich also um einen Verkauf, bei dem der Verkäufer entweder selbst oder mithilfe eines Immobilienmaklers einen Käufer findet, ohne dass Gebote im Rahmen eines gerichtlich geregelten Verfahrens abgegeben werden.

Für jede Etappe in den nachstehenden Schemen wird erklärt, wer für den Fortschritt der Etappe verantwortlich ist, welche Dokumente und Informationen zur Verfügung gestellt werden müssen und wie der Zeitplan bzw. die Fristen sind.

Die schematischen Ausführungen hiernach sind in Teil 1, Kapitel 2, Punkt 1 dieses Buches genauer erklärt. Wir verweisen in den nachstehenden Tabellen auf den jeweiligen Absatz a), b), c) ... in diesem Teil 1, Kapitel 2, Punkt 1, damit Sie die ausführliche Erklärung bzgl. des jeweiligen Punktes finden.

Die Immobilie zum Verkauf anbieten (Vermarktung)

Wer?	*Dokumente/ Informationen?*	*Frist?*
- Verkäufer alleine - Beauftragter Immobilienmakler - Beauftragter Notar	- Energieausweis (siehe b) - Gewisse urbanistische Auskünfte (siehe f)	Bei Vermarkungsstart

Kaufvorvertrag aufstellen

Wer?

- Notar*
- Immobilienmakler

* Wenn Käufer und Verkäufer verschiedene Notare bezeichnen, schreibt der Verkäufernotar den Entwurf des Kaufvorvertrags

Dokumente/ Informationen?

1. Ausweis + Ehevertrag, falls vorhanden
2. Eigentumstitel (siehe a)
3. Katasterangaben (siehe e)
4. Gewisse urbanistische Auskünfte (siehe f)
5. Auszug Datenbank verseuchte Böden (siehe g)
6. Dokumente Mietlage (siehe h)
7. Information Miteigentum (siehe i)

Frist?

- Verkäufer überreicht Notar Ausweis + Ehevertrag, Eigentumstitel und Dokumente bzgl. Mietlage => keine Frist
- Notar besorgt Katasterangaben, Auszug verseuchte Böden => 1 Tag
- Der Gebäudeverwalter übermittelt die Information Miteigentum => 15 Tage

Zusammenfassung: Die Vorbereitung des Kaufvorvertrags nimmt ein paar Stunden Arbeitsleistung in Anspruch, ab dem Moment, an dem der Verkäufer die notwendigen Informationen (Ausweis + Ehevertrag, Eigentumstitel und Dokumente bzgl. Mietlage), übermittelt hat. Handelt es sich beim verkauften Objekt jedoch um eine Wohnung, müssen die Informationen bzgl. des Miteigentums vom Gebäudeverwalter eingeholt werden, der über eine gesetzliche Frist von 15 Tagen verfügt, um diese Informationen zu übermitteln.

Notarielle Urkunde

Wer?
- Notar*

*Wenn Käufer und Verkäufer verschiedene Notare bezeichnen, schreibt der Käufernotar die notarielle Urkunde, außer bei Erstverkäufen nach Grundurkunde oder Verstädterung

Dokumente/ Informationen?

1. Protokoll Kontrolle Elektroinstallation (siehe c)
2. Dichtigkeitstest Heizöltank (siehe d)
3. Gewisse urbanistische Auskünfte (siehe f)
4. Postinterventionsakte (siehe j)

*Wenn kein Kaufvorvertrag aufgestellt wurde, kommen die Informationen, die unter Kauf-vorvertrag hiervor aufgezählt wurden, in dieser Etappe hinzu

Frist?

Etwa 4-8 Wochen, bis alle Verwaltungen auf die gesetzlichen Nachforschungen geantwortet haben.

Maximalfrist seitens der Steuergesetzgebung = 4 Monate nach Kaufvorvertrag

In etwas 10-50 Stunden Arbeitsleistung des Notariats, um die gesetzlichen Nachforschungen einzuleiten, alle Dokumente zu prüfen und Maßnahmen zu treffen (Gläubiger kontaktieren usw.), die Urkunde zu schreiben, auf Fragen zu antworten, die Kosten zu berechnen und die Abrechnung aufzustellen, die Termine zwischen Käufer, Verkäufer und Bank zu koordinieren.

Zusammenfassung:

Die *Mindestfrist* bis zur notariellen Urkunde beträgt vier Wochen. Das setzt voraus, dass die Verwaltungen (früh-)zeitig auf die gesetzlichen Nachforschungen antworten und in der Vorbereitung keinerlei Hindernisse auftreten. Realistisch sind meist sechs bis acht Wochen.

Die *Maximalfrist* beträgt vier Monate. Danach wird die Registrierungsgebühr fällig (siehe Teil 2, Kapitel 1, Punkt 1, a)).

Die Eigentumsübertragung an den Käufer findet mit Unterzeichnung der notariellen Urkunde statt. Deswegen werden an diesem Tag Preis, Registrierungsgebühr und Kosten fällig, die der Käufer für den Tag der notariellen Beurkundung auf das Treuhandkonto des beurkundenden Notars überweisen muss. Der Notar garantiert die Zahlungen an den Verkäufer, das Steueramt, das Amt für Rechtssicherheit und die anderen Verwaltungen.

Die Klauseln und rechtlichen Konsequenzen der Urkunde sind in Teil 1, Kapitel 2, Punkt 2 genauer erklärt.

Nach der notariellen Urkunde

Der Notar wird die etwaige(n) Hypothek(en), die zugunsten der Gläubiger des Verkäufers bestanden, löschen (die Erlaubnis dazu muss ihm vor der notariellen Urkunde vorliegen) und den Verkauf beim Registrierungsamt und beim Amt für Rechtssicherheit hinterlegen. Diese Ämter tragen dann die Zahlung der Registrierungsgebühr und die Eigentumsübertragung in die öffentlichen Register ein und lassen dem Notar die Belege darüber zukommen. Innerhalb von drei Monaten erhält der Käufer vom Notar die Ausfertigung der notariellen Urkunde (d. h. eine offizielle, mit der Unterschrift des Notars versehene Kopie) und die quittierten Belege und Rechnungen über alle Zahlungen.

Kapitel 2: Der öffentliche (Zwangs-)Verkauf

Der öffentliche Verkauf ist eine Versteigerung, die durch den Notar durchgeführt und begleitet wird. Öffentlich bedeutet, jeder Interessent darf Angebote abgeben.

Es kann sich bei einem öffentlichen Verkauf um eine *Zwangsversteigerung*, einen durch ein *Gericht genehmigten* Verkauf (siehe Kapitel 4 in diesem Teil 6) oder einen *freiwilligen Verkauf* handeln, weil der Verkäufer sich für diesen Weg, seine Immobilie zu verkaufen, entschieden hat.

Das Verfahren eines öffentlichen Verkaufs umfasst mehrere Etappen:

- Bewerbung des öffentlichen Verkaufs (Punkt 1)
- Erstellung des Lastenhefts (Punkt 2)
- Abgabe der Gebote (Punkt 3)
- Zuschlag (Punkt 4)

1. Bewerbung des öffentlichen Verkaufs

Das Objekt muss beworben werden, um etwaige Interessenten vom Kauf in Kenntnis zu setzen. Dies geschieht durch Verkaufsschilder am Objekt, Werbung in Print- und Onlinemedien sowie das Aufhängen von Anzeigen.

2. Das Lastenheft

Das Lastenheft beinhaltet die Beschreibung der Immobilie und die Bedingungen des Verkaufs a), die Information hinsichtlich der anfallenden Kosten b) und die Erklärung der Regeln und des Ablaufs der Versteigerung c).

a) Beschreibung der Immobilie und Bedingungen des Verkaufs

Bei einem klassischen Verkauf (d. h. einem privaten, nicht öffentlichen Verkauf) stellt der Notar den Entwurf der Verkaufsurkunde auf und die Parteien verhandeln ihre etwaigen Anmerkungen. Die wichtigen Bedingungen des Verkaufsvertrags sind in Teil 1, Kapitel 2 erklärt.

Bei einem öffentlichen Verkauf sind die Bedingungen des Verkaufs im Lastenheft festgehalten. Die allgemeinen Bedingungen unterscheiden sich nicht wesentlich von denen des privaten Verkaufs. Das Lastenheft ist also vergleichbar mit der notariellen Verkaufsurkunde bei einem privaten Verkauf. Im Rahmen des Zuschlagprotokolls wird lediglich noch die Identität des Käufers, die Höhe des Preises und – in Ausnahmefällen – etwaige Sonderbedingungen, die vom Lastenheft abweichen würden, aufgenommen. Das Lastenheft im Rahmen des öffentlichen Verkaufs ist als ein vorformulierter Standardvertrag anzusehen, und das Verfahren setzt voraus, dass die Parteien den Verkaufsbedingungen bedingungslos zustimmen.

b) Die Kosten des öffentlichen Verkaufs

Die Kosten des öffentlichen Verkaufs unterscheiden sich wesentlich von denen des privaten Verkaufs (siehe Teil 2, Kapitel 1). Bei einem öffentlichen Verkauf zahlt der Käufer eine gesetzlich vorgegebene Kostenpauschale. Etwaige Unterschiede zu den tatsächlich ausgelegten Kosten gehen zugunsten oder zulasten der Person, die den öffentlichen Verkauf betreibt. Dies ist in der Zwangsversteigerung der vollstreckende Gläubiger (z. B. die Bank oder die Steuerverwaltung) und bei freiwilligen öffentlichen Verkäufen der Verkäufer.

Diese Kostenpauschale ist prozentual und fallend im Vergleich zur Höhe des Zuschlagpreises. Hier einige Beispiele:

- 20 % für Zuschlagspreise über 125.000 Euro bis einschließlich 150.000 Euro;

- 19,75 % für Zuschlagspreise über 150.000 Euro bis einschließlich 175.000 Euro;
- 19,25 % für Zuschlagspreise über 175.000 Euro bis einschließlich 200.000 Euro;
- 18,50 % für Zuschlagspreise über 200.000 Euro bis einschließlich 225.000 Euro;
- 18 % für Zuschlagspreise über 225.000 Euro bis einschließlich 250.000 Euro;
- 17,50 % für Zuschlagspreise über 250.000 Euro bis einschließlich 275.000 Euro;
- 17,25 % für Zuschlagspreise über 275.000 Euro bis einschließlich 300.000 Euro;
- 16,75 % für Zuschlagspreise über 300.000 Euro bis einschließlich 325.000 Euro;
- 16,50 % für Zuschlagspreise über 325.000 Euro bis einschließlich 375.000 Euro;
- 16 % für Zuschlagspreise über 375.000 Euro bis einschließlich 400.000 Euro;

Die einzelnen Tranchen werden nicht jeweils ausgeschöpft: Der zutreffende Prozentsatz wird auf den gesamten Preis angewandt.

> **Beispiel:** P ersteigert bei einem öffentlichen Verkauf ein Haus für einen Preis von 250.000 Euro. Die Pauschalkosten zu seinen Lasten betragen 250.000 Euro x 18 % = 45.000 Euro. Wenn P 251.000 Euro geboten hätte, lägen die Pauschalkosten bei 17,5 %, d. h. 43.925 Euro.

Die 12,5%ige Registrierungsgebühr ist in der Kostenpauschale enthalten. Wenn der Verkauf nicht der 12,5%igen Registrierungsgebühr unterliegt (z. B., weil der Zuschlagsempfänger ein Miteigentümer ist und die 1%ige Registrierungsgebühr der Teilung – siehe Teil 5, Kapitel 2 – statt der Registrierungsgebühr des Verkaufs anwendbar ist) wird die Kostenpauschale dementsprechend angepasst.

Beispiel: Da die Erbengemeinschaft A-B-C keine einvernehmliche Lösung hinsichtlich der Übernahme der gemeinsam geerbten Immobilie finden kann, ergreift B die Initiative, die entstandene Blockade zu beenden, und beantragt gerichtlich den Austritt aus dem Miteigentum. Es kommt zum öffentlichen Verkauf, bei dem A, B und C, wie alle anderen Personen – da es sich ja um einen „öffentlichen" Verkauf handelt – bieten dürfen. Wenn einer der drei, z. B. C, den Zuschlag für einen Preis von 200.000 Euro erhält, muss er nicht 19,25 % (d. h. 38.500 Euro) zahlen, da dieser pauschale Kostenprozentsatz die Anwendung der 12,5%igen Registrierungsgebühr voraussetzt. Das Rechtsgeschäft ist für den Zuschlagsempfänger C das der Teilung (siehe Teil 5, Kapitel 2), da er bereits Miteigentümer ist. Folglich zahlt er nur 1 % statt 12,5 % Registrierungsgebühren und die Kostenpauschale wird dementsprechend von 19,25 % auf 7,75 % (19,25 % – 12,5 % + 1 % = 7,75 %) angepasst. C zahlt somit bei einem Zuschlagpreis von 200.000 Euro Pauschalkosten von 15.500 Euro.

c) Erklärung der Regeln und des Ablaufs der Versteigerung

Das Lastenheft enthält außerdem eine Übersicht der Regeln des Verkaufsverfahrens und des Ablaufs der Versteigerung. Unter anderem sind folgende Punkte erwähnenswert:

1° Frist, Zahlung, Kosten und Preis: Das Lastenheft wird vorsehen, innerhalb welcher Frist die Kosten und der Zuschlagpreis gezahlt werden müssen. Üblicherweise ist das innerhalb von fünf Arbeitstagen für die Kosten und sechs Wochen für den Zuschlagpreis.

Beispiel: A ersteigert am Donnerstag, den 12. September 2019, eine Immobilie zu einem Zuschlagpreis von 210.000 Euro. Er hat bis einschließlich Donnerstag, den 19. September 2019 Zeit, um die Kosten von 38.850 Euro (18,5 % von 210.000 – siehe Kostentabelle hiervor) zu zahlen und bis einschließlich

Donnerstag, den 24. Oktober 2019, um den Zuschlagpreis zu überweisen.

2° Keine zweite Sitzung durch Übergebot: Früher bestand die Möglichkeit, während 15 Tagen nach der ersten Versteigerungssitzung ein Übergebot über 6.200 Euro (oder falls geringer: 10 % des bei der ersten Versteigungssitzung erzielten Gebots) abzugeben und somit das Abhalten einer zweiten und letzten Versteigerungssitzung zu bewirken. Diese Möglichkeit wurde für Zwangsversteigerungen und gerichtlich genehmigte öffentliche Verkäufe (siehe Kapitel 4 hiernach) ab dem 1. Mai 2018 abgeschafft.

3° Wiederverkauf nach Reukauf: Wenn der Zuschlagsempfänger seinen Verpflichtungen nicht nachkommt und den Zuschlagpreis und/oder die Kosten nicht zahlt, wird gegen ihn der Wiederverkauf im Wege des Reukaufs durchgeführt. Das bedeutet, dass der öffentliche Verkauf erneut organisiert wird und der säumige Zuschlagsempfänger zur Zahlung des Unterschiedsbetrages zwischen seinem Zuschlagpreis und dem Zuschlagpreis des Wiederverkaufs nach Reukauf aufkommen muss – ohne einen eventuellen Mehrerlös einfordern zu können –, ungeachtet der Möglichkeit, Schadensersatz gegen ihn einzufordern.

3. Abgabe der Gebote

Der Notar leitet das Verfahren und die Gebotsabgabe. Er kann unseriöse Gebote zurückweisen (z. B. das Angebot des zahlungsunfähigen Eigentümers, dessen Immobilie durch das Verfahren versteigert wird) oder Garantien bzw. Bürgschaften vom Bieter verlangen (z. B. wenn er Zweifel bezüglich dessen Zahlungsfähigkeit hat).

Der Notar kann außerdem einen Ausgangspreis festsetzen. Wenn der erste Bieter, der bei Gebotseröffnung einen Betrag vorschlägt, der mindestens diesem Ausgangspreis entspricht, den Zuschlag erhält, erhält er eine Prämie von 1 % seines ersten Angebots. Ziel dieser Initiative ist es, die alleinige Verkaufssitzung attraktiver zu gestalten und einen angemessenen Preis zu erzielen.

4. Zuschlag

Die Interessenten werden sich an dem im Lastenheft festgelegten und in der Werbung mitgeteilten Datum und der Uhrzeit sowie am für die Versteigerung vorgesehen Ort mit dem Notar einfinden. Der Notar wird die Gebote herausfordern. Der Zuschlag wird nach dem höchsten Gebot erteilt, das vom Notar, abhängig von der regionalen Tradition, entweder durch den dritten, aufeinanderfolgenden Hammerschlag oder das Abbrennen von zwei, aufeinanderfolgenden Kerzen festgestellt wird.

Der letzte Bieter wird Zuschlagsempfänger und neuer Eigentümer der Immobilie. Er muss nun Preis und Kosten gemäß der im Lastenheft vorgesehenen Fristen (siehe Punkt 2, c), 1° hiervor) zahlen, um Verzugszinsen und schlimmstenfalls einen Wiederverkauf nach Reukauf (siehe Punkt 2, c), 3° hiervor) zu vermeiden.

Kapitel 3: Biddit.be: Die digitale Alternative zum privaten Verkauf und/oder der Zwangsversteigerung

www.biddit.be ist das neue Internetportal für Onlineverkäufe und Privatverkäufe von Immobilien, welches ausschließlich durch die belgischen Notare organisiert und vom belgischen Notarverband verwaltet wird.

Mittelfristig wird es genauso selbstverständlich sein, Immobilien *auch* online zu kaufen/verkaufen, wie das bereits heute für alles andere über eBay oder Amazon der Fall ist. Biddit.be unterstützt und begleitet die Digitalisierung im Bereich der Immobilien in Belgien.

1. Ablauf einer Biddit-Versteigerung

Die Versteigerung über biddit.be ist also ein öffentlicher und digitaler Verkauf, d. h., dass einerseits jeder mitbieten darf, und andererseits die Gebote online über die Plattform biddit.be abgegeben werden. Die Biddit-Versteigerung läuft wie folgt ab:

1° Kontaktaufnahme mit dem Notar: Der Verkäufer nimmt mit dem Notar seiner Wahl Kontakt auf. Ab diesem Moment (auf dem Schema hiernach „T-10 Wochen") sind es noch etwa zehn Wochen bis zum Zuschlag der Immobilie.

2° Vorbereitung Lastenheft: Der Notar führt die notwendigen gesetzlichen Nachforschungen durch und setzt zusammen mit dem Verkäufer das Lastenheft auf. Das Lastenheft einer Biddit-Versteigerung umfasst dieselben Themenbereiche wie die des klassischen, öffentlichen Verkaufs (siehe Kapitel 2, Punkt 2 hiervor) sowie die besonderen Regeln einer Biddit-Versteigerung (siehe Punkt 3 hiernach). Diese Etappe, den Verkauf rechtlich vorzubereiten, dauert etwa fünf Wochen.

3° Werbung und Besichtigung: Etwa fünf Wochen vor dem Zuschlag wird der Verkauf durch den Notar beworben (auf dem

Biddit Ostbelgien

Folgen Sie uns auf Facebook

Schema hiernach „T-5 Wochen“). Die Werbung erfolgt online, u. a. über die Facebook-Seite „biddit Ostbelgien“, der ggf. vorhandenen Facebook-Seite des Notars und der Website www.immoweb.be, in den Druckmedien und ggf. durch das Aufhängen von Anzeigen. In dieser Zeitspanne wird die Immobilie durch die Interessenten besichtigt. Der Notar begleitet das Verfahren von Anfang bis Ende und antwortet auf rechtliche Fragen.

4° Beginn der Gebotsabgabe: Etwa vier Wochen später öffnet sich das achtkalendertägige Bietverfahren (auf dem Schema hiernach „T-8 Kalendertage“), indem online Angebote abgegeben werden können. Wie man sich für einen Kauf anmeldet und wie man ein Angebot abgibt, ist – zusammen mit der Möglichkeit einer Simulierung – sehr schlüssig auf www.biddit.be/de erklärt.

5° Abschluss der Gebotsphase: Nach Ablauf der Gebotsphase (auf dem Schema hiernach „T“) klärt der Notar mit dem Verkäufer, ob dieser das höchste Gebot annehmen möchte oder nicht. Falls nein, wird die Immobilie vom Kauf zurückgezogen. Falls ja, wird das Zuschlagprotokoll unterschrieben. Das Zuschlagprotokoll wird so schnell wie möglich, jedoch spätestens zehn Arbeitstage nach Ende der Gebotsphase unterzeichnet (auf dem Schema hiernach „T+10 Kalendertage“).

6° Kosten- und Preiszahlung: Ab endgültigem Zuschlag hat der Käufer fünf Tage Zeit, um die Kosten (siehe Punkt 4 a) hiernach) zu zahlen. Der Preis muss innerhalb von sechs Wochen ab endgültigem Zuschlag gezahlt werden.

2. Vor- und Nachteile der Versteigerung über biddit.be

Die Vorteile der Versteigerung über biddit.be im Vergleich zu anderen Wegen, eine Immobilie zu verkaufen, sind folgende:

1° Schnelligkeit: Durch die (Online-)Werbung, die vierwöchige Besichtigungsphase und die achttägige Gebotsphase wird der gesamte Markt kurzfristig erreicht. Die Chance, dass das höchste Gebot dann auch dem tatsächlichen Wert entspricht, ist hoch. Der Verkäufer hält somit viel schneller als bei anderen Verkaufswegen den Preis in Händen. Dies geht aus der Grafik oben hervor. Biddit ist somit eine Alternative zu Überbrückungskrediten.

2° Günstig: Es fällt keine Verkaufskommission an. Aber: Falls der Verkäufer entscheidet, den Zuschlag nicht zu erteilen, da er das höchste Angebot als zu niedrig erachtet, muss er natürlich für die Werbungskosten und die Kosten des Lastenhefts aufkommen.

3° Professionalität: Das Verfahren wird gänzlich durch den Notar rechtlich begleitet und durchgeführt.

4° Entscheidungsfreiheit: Der Verkäufer ist nie verpflichtet, zu verkaufen, d. h., er kann nach Ablauf der Gebotsphase immer noch das höchste Gebot ausschlagen und die Immobilie vom Verkauf zurückziehen.

5° Einfach und übersichtlich: Durch die übersichtliche und informative Darstellung der Immobilie über biddit.be sowie der Online- und Druckmedien kann der Kaufinteressent sich „von zu Hause auf dem Sofa“ bereits ein gutes Bild machen, ob die Immobilie für ihn infrage kommt.

Biddit.be ist jedoch zum Zeitpunkt, an dem wir dieses Buch beenden (Anfang 2022), noch ein relativ junges Verfahren. Ganz allgemein scheint es äußerst gut bei Grundstücken sowie Wohnungen und Häuser im unteren bis mittleren Preissegment zu funktionieren. Hier ist der Markt groß, schnell und die Biddit-Verkäufe erziehlen meist den gewünschten Preis. Bei sehr speziellen sowie Luxusobjekten ist der Markt klein(er), sodass die erfolgreichere Käufersuche meist besser durch einen Immobilienmakler und über einen längeren Zeitraum stattfinden sollte. Dies ist aber nur eine persönliche und allgemeine Einschätzung. Die Zukunft wird zeigen, wie das Portal sich entwickelt und wie ggf. neue Wege der Zusammenarbeit gefunden werden.

3. Privatverkauf über Biddit

Im März 2022 wurde das Verkaufsportal www.biddit.be auch für Privatverkäufe zugänglich gemacht. Seitdem können dort also auch Verkaufsanzeigen durch Notare geschaltet werden für „ganz normale" Verkäufe, d.h. Verkäufe unter der Hand. Es handelt sich also hierbei um die klassische Käufersuche, die der Verkaufswillige entweder in Eigenregie oder durch einen Vermittler (z. B. Immobilienmakler oder Notar Ihrer Wahl) durchführt bzw. durchführen lässt.

Der Privatverkauf über das Biddit-Portal funktioniert wie folgt:

- Der Verkäufer beauftragt den Notar seiner Wahl die Verkaufsdokumentation vorzubereiten und über die Webseite www.biddit.be zu veröffentlichen.
- Der Kaufinteressent gibt online über ein im Portal erhältliches Formular ein Angebot ab, indem er folgende Punkte vermerkt: Preisangebot, etwaige Bedingungen (z.B. aufschiebende Bedingung des Erhalts eines Hypothekendarlehens – siehe Teil 1, Kapitel 2, Punkt 2, e), (i)) und die Gültigkeitsdauer seines Angebots.
- Der Notar sammelt alle Angebote, legt sie dem Verkäufer vor und wertet sie mit dem Verkäufer aus, der dann den Käufer auswählt.

- Die Verkaufsmethode unterscheidet sich also von der Biddit-Versteigerung. Erst wenn der Verkäufer bestätigt, dass er das Angebot angenommen hat, kommt es zu einer rechtskräftigen Einigung. Dem Verkäufer steht es natürlich frei, das Angebot zu wählen, das er möchte.

4. Unterschiede der Biddit-Versteigerung zum klassischen öffentlichen Verkauf

Die Versteigerung über ist ein öffentlicher Verkauf, da der ganze Markt angesprochen wird, und der Verkauf über eine für jedermann zugängliche Gebotsabgabe stattfindet.

Genau wie bei einem klassischen öffentlichen Verkauf sind die Bedingungen der Biddit-Versteigerung in einem Lastenheft festgehalten und die Immobilie wird dem Höchstbietenden zugeschlagen. Genau wie bei einem klassischen öffentlichen Verkauf kann die Biddit-Versteigerung durch den Eigentümer einer Immobilie als Verkaufsart gewählt werden, aber auch durch den Gläubiger, der eine Zwangsvollstreckung beantragt, sowie durch den Richter bei gerichtlich genehmigten oder angeordneten Verkäufen (siehe Kapitel 4 hiernach).

Neben den offensichtlichen Unterschieden in der Gebotsabgabe – beim klassischen öffentlichen Verkauf durch Handzeichen an einem bestimmten Ort und zu einer gewissen Zeit, und beim bei der Biddit-Versteigerung online und über einen achttägigen Zeitraum – gibt es auch andere Unterschiede rechtlicher Art. Folgende Unterschiede möchten wir hervorheben:

a) Kosten

Die Kosten, die der Käufer bei einer Biddit-Versteigerung zahlen muss, sind günstiger als die bei einem klassischen öffentlichen Verkauf. Bei einer Biddit-Versteigerung zahlt der Käufer ebenfalls Pauschalkosten, die wie beim klassischen öffentlichen Verkauf prozentual fallend zur Höhe des Kaufpreises berechnet werden. Allerdings sind die Prozentsätze geringer als beim klassischen öffentlichen Verkauf. Sie entsprechen in der Höhe beinahe genau den nichtpauschalen Kosten (siehe Teil 2, Kapitel 1) des privaten Verkaufs. Der etwaige Unterschied zwischen den Kosten, die der Käufer zahlt, und den tatsächlich ausgelegten Kosten des Notars gehen zulasten des Verkäufers.

Die Höhe der Kosten geht aus der Tabelle hiernach hervor. Die einzelnen Tranchen werden nicht jeweils ausgeschöpft: Der anwendbare Prozentsatz wird auf den gesamten Preis angewandt.

> **Beispiel:** P ersteigert ein Haus bei einer Biddit-Versteigerung für einen Preis von 250.000 Euro. Die Pauschalkosten zu seinen Lasten bei einer Biddit-Versteigerung betragen 250.000 Euro x 14,40 % = 36.000 Euro. Die Kosten sind also quasi identisch zu denen, die P im privaten Verkauf bezahlt hätte (35.471,38 Euro, siehe Beispiel unter Teil 2, Kapitel 1, Punkt 4), jedoch deutlich geringer als die, die im klassischen öffentlichen Verkauf auf ihn zugekommen wären (45.000 Euro, siehe Kapitel 2, Punkt 2, b) hiervor).

Die Pauschalkosten zulasten des Biddit-Käufers können einfach auf der Biddit-Website ausgerechnet werden. Sie lauten wie folgt – vorausgesetzt, dass der Verkauf der 12,5%igen Registrierungsgebühr unterliegt:

- 16,15 % für Zuschlagspreise über 90.000 Euro bis einschließlich 100.000 Euro;
- 15,85 % für Zuschlagspreise über 100.000 Euro bis einschließlich 110.000 Euro;
- 15,65 % für Zuschlagspreise über 110.000 Euro bis einschließlich 125.000 Euro;
- 15,35 % für Zuschlagspreise über 125.000 Euro bis einschließlich 150.000 Euro;

- 15 % für Zuschlagspreise über 150.000 Euro bis einschließlich 175.000 Euro;
- 14,75 % für Zuschlagspreise über 175.000 Euro bis einschließlich 200.000 Euro;
- 14,55 % für Zuschlagspreise über 200.000 Euro bis einschließlich 225.000 Euro;
- 14,40 % für Zuschlagspreise über 225.000 Euro bis einschließlich 250.000 Euro;
- 14,30 % für Zuschlagspreise über 250.000 Euro bis einschließlich 275.000 Euro;
- 14,15 % für Zuschlagspreise über 275.000 Euro bis einschließlich 300.000 Euro;
- 14 % für Zuschlagspreise über 300.000 Euro bis einschließlich 325.000 Euro;
- 13,90 % für Zuschlagspreise über 325.000 Euro bis einschließlich 375.000 Euro;
- 13,70 % für Zuschlagspreise über 375.000 Euro bis einschließlich 400.000 Euro;

b) Aufschiebende Bedingung

Die Biddit-Versteigerung eröffnet im Vergleich zum klassischen öffentlichen Verkauf die Möglichkeit im Lastenheft vorzusehen, dass die Zuschlagserteilung unter der aufschiebenden Bedingung erfolgt, dass der Ersteigerer eine Finanzierung für die Kaufpreiszahlung erhält. Wenn diese Bedingung nicht vorgesehen ist, kann der Ersteigerer sich nicht auf diese aufschiebende Bedingung berufen und somit nicht vom Verkauf zurücktreten, wenn er es nicht schafft, den Kaufpreis aufzutreiben. In einem solchen Fall wäre der Käufer vertragsbrüchig und ein Wiederverkauf nach Reukauf fände statt (siehe Kapitel 2, Punkt 2, c), 3° hiervor).

Für den Verkäufer ist die Frage, ob er den Zuschlag unter aufschiebender Bedingung des Erhalts einer Finanzierung durch den Käufer erlaubt, ein zweischneidiges Schwert: Einerseits erweitert die Möglichkeit der aufschiebenden Bedingung das Bieterfeld, da Menschen, die sich ihrer Finanzierung nicht sicher sind, keinen Reukauf fürchten müssen, wenn sie die Finanzierung nicht erhalten. Andererseits läuft der Verkäufer Gefahr, dass er, wenn der Bieter unter aufschiebender Bedingung einer Finanzierung eben diese Finanzierung nicht erhält, den Verkauf umsonst organisiert hat.

c) *Die fünf höchsten Bieter sind an ihr Gebot gebunden*

Bei einer Biddit-Versteigerung sind die fünf Bieter, die die höchsten Angebote abgegeben haben, so lange an ihr Gebot gebunden, bis das Zuschlagprotokoll unterzeichnet oder die Immobilie aus dem Verkauf zurückgezogen wurde, jedoch maximal zehn Arbeitstage nach Abschluss der Gebotsabgabe.

Dies ist ein erheblicher Unterschied zwischen dem klassischen öffentlichen Verkauf und der Biddit-Versteigerung.

Bei einer Biddit-Versteigerung bleibt also nach Abschluss der Gebotsabgabe nicht nur der höchste Bieter an sein Gebot gebunden. Die folgenden vier höchsten Bieter sind dies ebenfalls, für maximal zehn Arbeitstage und für den Fall, dass der Zuschlag an den Höchstbietenden nicht stattfinden kann, z. B., weil sich herausstellt, dass sein Gebot unseriös oder der Bieter zahlungsunfähig ist.

Kapitel 4: Gerichtlich genehmigte oder angeordnete Verkäufe

In diesem Kapitel werden die Arten von Verkäufen (öffentlich oder privat) erklärt, die nur dann stattfinden können, wenn ein Gericht sie genehmigt oder angeordnet hat.

Zwei Situationen werden unterschieden: Einerseits die Verkäufe, die durch ein Gericht genehmigt werden müssen, da der Verkäufer nicht vollumfänglich geschäftsfähig ist (Punkt 1) und andererseits die Verkäufe, die im Rahmen eines Miteigentumsaustritts (z. B. nach Scheidung oder Erbschaft) gerichtlich stattfinden, weil die Eigentümer keine einvernehmliche Lösung finden (Punkt 2).

1. Gerichtlich genehmigte Verkäufe aufgrund von Geschäftsunfähigkeit

Wenn eine Person nicht (mehr) geschäftsfähig ist, kann sie keine Rechtsgeschäfte mehr alleine abschließen. Sie muss also rechtlich „beschützt" werden, durch Unterstützung, Betreuung oder Vertretung. Dieser Schutz ist vom Gesetz, abhängig von der Art der Geschäftsunfähigkeit, unterschiedlich gestaltet:

- Minderjährige werden durch ihre Eltern vertreten.
- Sind die Eltern von Minderjährigen verstorben, wird ein Vormund gerichtlich bezeichnet.
- Volljährigen Personen, die aufgrund von Krankheit, Alter oder Behinderung nicht mehr (gänzlich) geschäftsfähig sind, kann gerichtlich ein Betreuer für das Vermögen zugewiesen werden.
- Die Konkursmasse wird durch den Konkursverwalter vertreten.
- Die verschollene Person wird durch einen gerichtlich bezeichneten Verwalter vertreten.
- Die Vermögensverwaltung von Personen, die unter dem Schutz des Verfahrens der kollektiven Schuldenregelung stehen, wird durch den gerichtlich ernannten Schuldenvermittler begleitet.

- Der gerichtlich bezeichnete Nachlassverwalter verwaltet die herrenlose Erbschaft und den Nachlass, bei dem die Erben sich nicht auf die Verwaltung einigen können.

All diese Verfahren haben gemeinsam, dass der jeweilige Vertreter nicht ohne Zustimmung des Gerichts Immobilien der zu schützenden Person oder des zu schützenden Vermögens veräußern darf.

Falls ein Immobilienverkauf sinnvoll ist, z. B. weil Liquiditäten gebraucht werden, muss der jeweilige Vertreter für den Verkauf die Ermächtigung des zuständigen Gerichts beantragen.

Wenn das Gericht den Verkauf erlaubt, bestimmt es gleichzeitig einen Notar, durch dessen Amt der Verkauf erfolgen wird.

Das Gesetz sieht vor, dass der Verkauf im Prinzip durch das Verfahren des öffentlichen Verkaufs stattfinden muss. Der Vertreter kann einen klassischen öffentlichen Verkauf (wie in Kapitel 2 hiervor erklärt) oder einen Biddit-Verkauf (wie in Kapitel 3 hiervor erklärt) beantragen. Der vom Gericht bezeichnete Notar wird das Lastenheft mit den Verkaufsbedingungen erstellen und muss dieses dem zuständigen Gericht zwecks Billigung vorlegen. Das Gericht prüft die Interessen der zu schützenden Person oder des zu schützenden Vermögens und kann die Billigung des Lastenhefts an die Festlegung bestimmter Bedingungen knüpfen. Nach Billigung des Gerichts nimmt der Notar die Veröffentlichung und Bewerbung des Verkaufs vor. Das Verfahren mit Gebotsabgabe und Zuschlagserteilung verläuft wie in Kapitel 2 (bei einem klassischen öffentlichen Verkauf) oder wie in Kapitel 3 (bei einem Biddit-Verkauf) hiervor erklärt.

Die Vertreter können auch beantragen, dass der Verkauf nicht öffentlich, sondern privat erfolgt. Dies wird durch das Gesetz als Ausnahme aufgeführt und die Ermächtigung durch das Gericht wird nur dann erteilt, wenn das Interesse der zu schützenden Person oder des zu schützenden Vermögens dies erfordert, z. B., weil der durch den Interessenten gebotene Preis sehr interessant ist. Der Gerichtsbeschluss muss vermerken, aus welchem Grund der private Verkauf dem Interesse der geschützten Person dient und kann einen Mindestpreis festlegen. Dem Antrag muss ein durch den Notar erstellter Urkundenentwurf und ein Schätzgutachten beigefügt werden.

2. Gerichtliche Teilung

Wenn Miteigentümer sich nicht einig werden, ob und wie das Miteigentum aufzulösen ist, wird eine der Parteien gerichtlich den Austritt aus dem Miteigentum beantragen. Dies ist in der Praxis regelmäßig bei Erbengemeinschaften oder nach Scheidungen der Fall.

> **Beispiel:** J und M haben sich scheiden lassen und schaffen es nicht, sich hinsichtlich der Zuteilung ihrer gemeinsamen Immobilie zu einigen, die jeder der beiden für sich beansprucht.

Wenn es dem durch das Gericht für diese Liquidierung beauftragten Notar nicht gelingt, das Vermögen in Natur (d. h. vereinfacht: in gleiche Teile) aufzuteilen, muss oder müssen die Immobilie(n) verkauft werden. Wie bei gerichtlich genehmigten Verkäufen, die in Punkt 1 hiervor erklärt wurden, sieht das Gesetz auch bei schwierig in Natur zu teilenden Immobilien vor, dass dieser Verkauf prinzipiell über das Verfahren des öffentlichen Verkaufs, entweder klassisch (siehe Kapitel 2 hiervor) oder über einen Biddit-Verkauf (siehe Kapitel 3 hiervor) geschehen muss. Der private Verkauf kann jedoch, wie in Punkt 1 hiervor beschrieben, beantragt werden.

Teil 7 – Erklärung der verwendeten Begriffe

In diesem letzten Teil erklären wir die Begriffe, die an verschiedenen Stellen in diesem Buch verwendet werden.

Wie in der Einleitung erwähnt, ist es unser Ziel, dem Leser in diesem Buch Antworten hinsichtlich seiner konkreten Situation oder eines anstehenden Projekts an die Hand zu geben.

Diese Antworten soll der Leser finden können, ohne das Buch von A bis Z lesen zu müssen, und zwar, indem er anhand des Inhalts- und/oder Fragenverzeichnisses den für ihn relevanten Passus ausfindig macht. Da häufig dieselben juristischen Begriffe vorkommen, die dem Verständnis halber einer Erklärung bedürfen, werden diese Begriffe in diesem separaten Teil erklärt, um ein verständliches Lesen zu ermöglichen und gleichzeitig zu vermeiden, dass dieselben Begriffe an jeder Stelle, an der sie verwendet werden, immer wieder neu erklärt werden müssen.

Es ist weder unser Ziel noch unser Anspruch, in diesem Teil umfassende wissenschaftliche Definitionen zu liefern: Die Ausführung der Begriffe dient allein dem Verständnis der anderen Teile des Buches. Der Leser wird, abhängig von seinen Vorkenntnissen, diesen Teil in größerem oder kleinerem Umfang zurate ziehen.

Die Begriffe sind alphabetisch geordnet.

Amt für Rechtssicherheit: Bezeichnung der Behörde, bei der u. a. notariell beurkundete Immobilienübertragungen abgeschrieben und Hypotheken eingetragen werden. Die frühere Bezeichnung dieser Behörde war „Hypothekenamt", was irreführend war, da dort natürlich auch Immobilienübertragungen abgeschrieben werden, die nicht durch eine Hypothek abgesichert sind. Das Äquivalent in Deutschland trägt mit „Grundbuchamt" eine schlüssigere Bezeichnung.

Aufschiebende Bedingung: Siehe Teil 1, Kapitel 2, Punkt 2, e), (i).

Ausgeschöpft: Man spricht von „ausschöpfen der Tranchen" bei einem progressiven Steuersatz, wenn die unteren, günstigeren Steuertranchen aufgebraucht werden.

Beispiel: Wie aus der Tabelle in Kapitel 1, Punkt 1 b) (i) in Teil 5 hervorgeht, belaufen sich die Besteuerungsprozentsätze bei Erbschaften in der Wallonischen Region zwischen Geschwistern auf 20 % (auf die Summe zwischen 0 und 12.500 Euro), 25 % (auf die Summe zwischen 12.500 und 25.000 Euro) und 35 % (auf die Summe zwischen 25.000 und 75.000 Euro). Wenn z. B. 70.000 Euro von einem Bruder an seine Schwester vererbt werden, so zahlt die Schwester nicht 24.500 Euro Erbschaftssteuern (70.000 Euro x 35 %), sondern 21.375 Euro, nämlich 20 % auf die Summe zwischen 0 und 12.500 Euro (= 2.500 Euro), 25 % auf die Summe zwischen 12.500 und 25.000 Euro (= 3.125 Euro) und 35 % auf die Summe zwischen 25.000 und 70.000 Euro (= 15.750 Euro).

Basisurkunde: Bildet mit der Miteigentumsordnung das Statut einer Immobilie, das in der Praxis (und in diesem Buch) „Grundurkunde" genannt wird. Siehe Teil 4, Kapitel 2, Punkt 1.

Besteuerungsgrundlage: Bezeichnet die Summe, auf die die Steuer berechnet wird. Bei einem Immobilienkauf ist die Besteuerungsgrundlage der Preis, oder wenn höher, der Verkehrswert.

Beispiel: Wenn ich eine Immobilie für einen Verkehrswert von 200.000 Euro kaufe und 12,5 % Registrierungsgebühren leisten muss, ist die Besteuerungsgrundlage für die 12,5%ige Steuer die 200.000 Euro. Darauf werden die Steuern berechnet, und somit beträgt die Steuer in diesem Beispiel 25.000 Euro.

Beweglich (beweglicher Gegenstand/bewegliche Güter): Jeder Gegenstand, der nicht ein unbeweglicher Gegenstand ist. Bewegliche Gegenstände sind entweder materieller Natur (z. B. Schmuck oder

Autos) oder immaterieller Natur (z. B. Geld auf Bankkonten, Schuldforderungen, Aktien in Gesellschaften). Küchen- oder Badmöbel z. B. sind nur dann beweglich, wenn sie ohne jegliche materielle Arbeit (schrauben, abbrechen usw.) weggenommen werden können.

Bloßes Eigentum: Das mit dem Nießbrauch belastete Eigentumsrecht. Siehe „Nießbrauch".

Dienstbarkeiten: Siehe „Grunddienstbarkeiten".

Drittwirksamkeit: Siehe „Entgegenhaltbarkeit".

Eigentumsrecht: Siehe „Volleigentum".

Eigenvermögen: Bezeichnet das Vermögen eines jeden Ehepartners (auch Sondervermögen oder Sondergut genannt) im Güterstand der Gütergemeinschaft, das jedem Ehepartner allein gehört und das jeder Ehepartner allein verwaltet, im Gegensatz zum gemeinschaftlichen Vermögen.

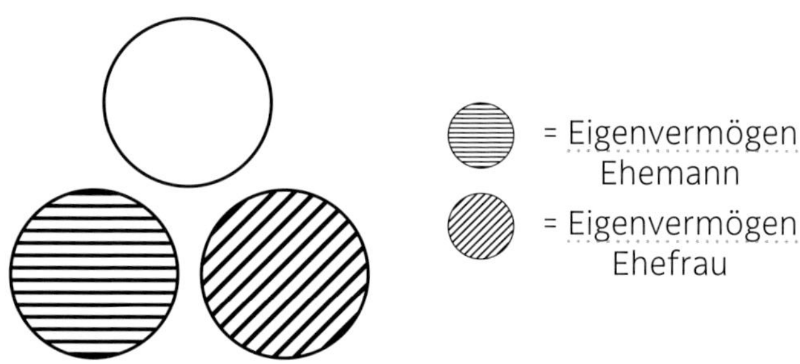

Das Eigenvermögen eines Ehepartners im Güterstand der Gütergemeinschaft setzt sich aus den Gütern und Verbindlichkeiten zusammen, (i) die diesem Ehepartner *am Tag der Eheschließung* gehörten und (ii) denjenigen, die er *während der Ehe durch Schenkung, Erbschaft* oder *Testament* erwirbt.

Das Zivilgesetzbuch sieht bzgl. dieser Regel der Zusammensetzung des Eigenvermögens einige Ausnahmen vor. Darauf einzugehen, würde jedoch den Rahmen dieses Buches sprengen.

Entgegenhaltbar: Auch Drittwirksamkeit genannt. Ein Vertrag ist Dritten gegenüber entgegenhaltbar, wenn diese das Vorhandensein des Vertrages respektieren oder anerkennen müssen. Immobilienverkäufe sind Dritten gegenüber allgemein entgegenhaltbar, wenn sie beim Amt für Rechtssicherheit abgeschrieben wurden. Lediglich notarielle Urkunden über Immobilien(rechts-)übertragungen und Gerichtsurteile diesbezüglich können beim Amt für Rechtssicherheit abgeschrieben werden.

Die Drittwirksamkeit unterscheidet sich also ganz wesentlich von der Rechtsgültigkeit bzw. Rechtskraft zwischen Parteien: Ein *privatschriftlicher* Vertrag, anhand dessen ein Verkäufer eine Immobilie an einen Käufer verkauft, ist zwischen diesen beiden Parteien rechtsgültig, selbst in Ermangelung einer notariellen Urkunde. Jedoch nur die *notarielle Beurkundung* des Verkaufs bringt dem Käufer die Drittwirksamkeit. Die Konsequenzen mangelnder Drittwirksamkeit können dramatisch sein:

> **Beispiel:** V verkauft K1 ein Haus per *privatschriftlichem Vertrag*, nicht gefolgt von einer notariellen Urkunde. Später verkauft V einem gutgläubigen Dritten K2 (d. h. einem Kaufinteressenten, der nicht weiß, dass das Haus bereits an K1 verkauft wurde) dasselbe Haus noch einmal, aber dieses Mal per *notarieller Urkunde*. Der zweite Verkauf ist gültig, da der erste Verkauf, in Ermangelung der notariellen Urkunde sowie der damit verbundenen Abschreibung beim Amt für Rechtssicherheit, K2 nicht entgegenhaltbar ist. K2 wird also K1 vorgezogen. Zwar steht außer Frage, dass V in solch einem Fall betrügerisch vorgeht und K1 gegenüber haftbar ist, jedoch wenn V zahlungsunfähig ist, hat K1 aufgrund der mangelnden notariellen Urkunde das Haus an K2 und den Preis an V verloren.

Funding loss: Englischer Begriff für den Zinsverlust der Bank bei einer Refinanzierung, der zur Vorfälligkeitsentschädigung führt. Der Begriff wird im belgischen Recht und der Finanzwelt in der englischer Originalsprache verwendet, wenn er sich auf eine Vorfälligkeitsentschädigung von Gesellschaftskrediten oder Krediten bezieht, die nicht unter den Schutz der Gesetzgebung über Hypothekenkredite (und der damit verbundenen Maximalhöhe von drei Monate Zinsen auf den vorzeitig zurückgezahlten Betrag) fallen.

Gemeinschaftliches Vermögen: Bezeichnet im Güterstand der Gütergemeinschaft das neben dem Eigenvermögen eines jeden Ehepartners bestehende dritte Vermögen.

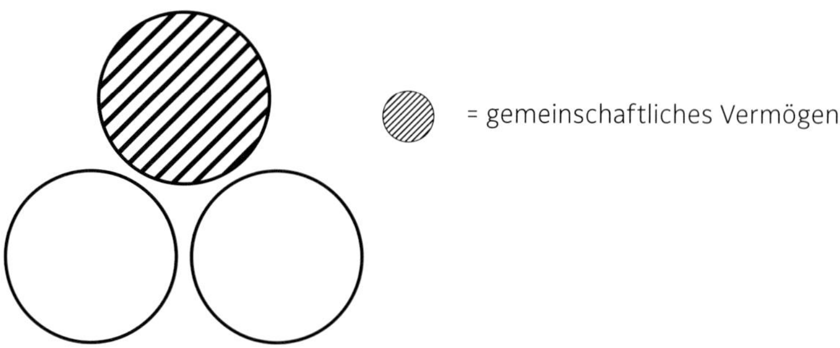

Das gemeinschaftliche Vermögen setzt sich u. a. aus Folgendem zusammen:

Aktiva	Passiva
Einkünfte aus der Berufstätigkeit eines jeden der beiden Ehepartner	Schulden aus der Berufstätigkeit eines jeden der beiden Ehepartner
Die Einkünfte (Miete, Dividenden, Zinsen usw.) aus dem Eigenvermögen eines jeden der beiden Ehepartner	Die zu zahlenden Zinsen der Schulden eines der Ehepartners

Errungenschaften bzw. Zugewinne nach der Ehe (Kauf von beweglichen oder unbeweglichen Gütern, Ersparnisse usw.)	Schulden, von denen es nicht nachgewiesen ist, dass sie nur das Sondervermögen einer der Ehepartner belasten
Güter, von denen es nicht nachgewiesen ist, dass sie zum Sondervermögen einer der Ehepartner gehören	

Gesellschaftssteuer: Bezeichnet das Äquivalent für Gesellschaften der Einkommenssteuer für Privatpersonen. Die Gesellschaftssteuer fällt auf den etwaig im letzten abgeschlossenen Geschäftsjahr erzielten Gewinn an. Der Besteuerungsprozentsatz liegt im Jahr 2020 (Steuerjahr 2021, Einkünfte 2020) bei 25 %, mit Ausnahme der ersten 100.000 Euro, die bei kleinen und mittelständischen Unternehmen mit 20 % besteuert werden. Kleine und mittelständische Unternehmen müssen mindestens zwei der drei folgenden Kriterien erfüllen, um in den Genuss des verringerten Steuersatzes auf die ersten 100.000 Euro zu kommen: Umsatz geringer als 9 Millionen Euro, weniger als 50 Angestellte, Bilanzsumme geringer als 4,5 Millionen Euro, und es muss mindestens einem Geschäftsführer ein angemessenes Gehalt gezahlt werden.

Gesetzliche Nachforschungen: Bezeichnet die rechtlichen Schritte, die der Notar im Rahmen der Vorbereitung einer notariellen Urkunde durchführen muss (siehe Teil 2, Kapitel 1, Punkt 3, a)).

Gesetzlicher Güterstand: Siehe „Gütergemeinschaft“.

Gesetzliches Zusammenwohnen: Bezeichnet den Zustand zweier zusammenwohnender, unverheirateter Personen (verwandt oder nicht), die sich beim Standesamt der Gemeinde des gemeinsamen Wohnsitzes als solche eintragen lassen. Dem gesetzlichen Zusammenwohnen kann entweder in Einvernehmen der Zusammenwohnenden oder einseitig von einem der Zusammenwohnenden anhand einer schriftlichen Erklärung, die dem Standesbeamten der

Gemeinde des gemeinsamen Wohnsitzes übergeben wird, ein Ende gesetzt werden.

Ziel der Einführung des gesetzlichen Zusammenwohnens war damals, die Steuervorteile für Ehepartner auch zusammenlebenden Personen zugänglich zu machen, die jedoch aus ideologischen oder anderen Gründen nicht heiraten möchten (oder damals aufgrund der Tatsache, dass sie gleichgeschlechtlich sind, nicht heiraten durften).

Grundurkunde: Bezeichnet das Statut der Immobilie, das sich aus Basisurkunde und Miteigentumsordnung zusammensetzt. Siehe Teil 4, Kapitel 2, Punkt 1.

Gütergemeinschaft: Bezeichnet den gesetzlichen Güterstand in Belgien, d. h. den Güterstand, der zwischen Eheleuten besteht, die keinen Ehevertrag vor dem Notar ihrer Wahl abgeschlossen haben. Die Gütergemeinschaft kann auch im Rahmen eines Ehevertrags angenommen werden, der von den gesetzlichen Bestimmungen innerhalb des erlaubten Spielraums abweichen kann.

Dieser Güterstand beruht auf dem Vorhandensein von drei Vermögen: dem Eigenvermögen jedes der beiden Eheleute und dem gemeinschaftlichen Vermögen der Eheleute.

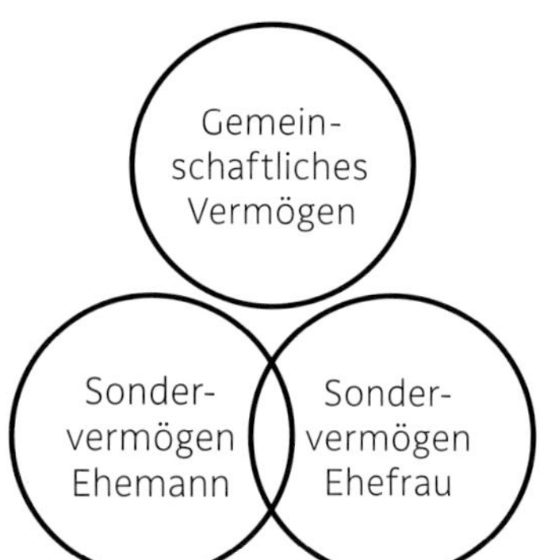

Gütertrennung: Bezeichnet den Güterstand, der sich durch die Trennung der Vermögensmassen beider Eheleute charakterisiert.

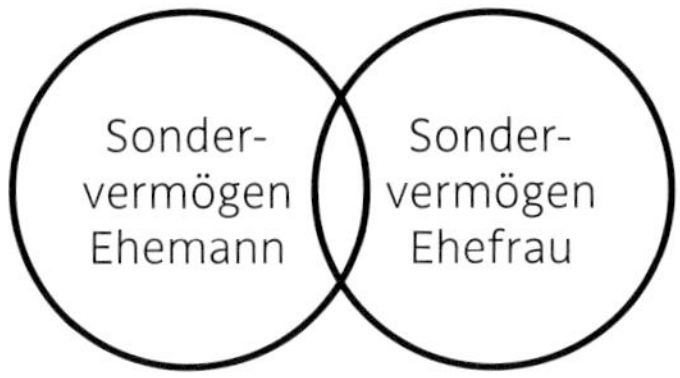

Jeder der beiden Ehepartner bleibt Eigentümer der *Güter*, die er vor der Ehe besaß, und behält allein das Eigentum der Güter, die er während der Ehe erwirbt. Außerdem bleibt er alleiniger Eigentümer seiner beruflichen Einkünfte und seiner Ersparnisse. *In puncto* Eigentumsverhältnisse ist die Situation der Eheleute, die unter dem Güterstand der Gütertrennung verheiratet sind, dieselbe wie die von unverheirateten Personen. Trotz dieser absoluten Trennung der Eigentumsverhältnisse können die Eheleute selbstverständlich Sachen (z. B. Immobilien oder Hausrat) zusammen erwerben, die dann beiden gemeinschaftlich und ungeteilt gehören (in der Schnittmenge beider Sondervermögen). In diesem Fall ist das Erworbene gemeinschaftlich (ebenso, wenn Nichtverheiratete etwas zusammen erwerben) aufgrund der vertraglichen Regelung und nicht (wie bei der Gütergemeinschaft) aufgrund des Güterstands.

Die *Schulden* werden gehandhabt wie die Güter: Jeder Ehepartner kommt allein (unter Ausschluss des Vermögens des anderen Ehepartners) für seine Schulden auf, ganz gleich, ob diese Schulden aus der Zeit vor oder während der Ehe stammen. Dieser Grundsatz kennt jedoch Ausnahmen: Für Schulden, die von einem der Ehepartner für den Bedarf des Haushalts und die Erziehung der Kinder gemacht worden sind, muss der andere Ehepartner ebenfalls aufkommen.

Letztlich *verwaltet* jeder der beiden Eheleute ausschließlich und allein sein Vermögen. So kann z. B. die Ehefrau ohne Einverständnis ihres Mannes ein Grundstück kaufen oder verkaufen, Mietverträge abschließen und die Miete einer Immobilie aus ihrem Eigenvermögen vereinnahmen usw. Ausnahmen gibt es hier ebenfalls im Rahmen der grundlegenden Solidarität zwischen Eheleuten: Gehört die Immobilie, in der die Eheleute ihren gemeinsamen Wohnsitz haben, z. B. ausschließlich dem Ehemann, so benötigt dieser für den Verkauf der Immobilie das Einverständnis der Ehefrau. Der Gesetzgeber schützt diesbezüglich den gemeinsamen Wohnsitz der Eheleute vor dem Eigentumsrecht eines der Ehepartner.

Güterstand: Bezeichnet die Vermögensverhältnisse von Eheleuten untereinander. Der Güterstand regelt (i), wer *Eigentümer* der Vermögenswerte der Eheleute ist (gemeinschaftliches Vermögen der Eheleute oder Eigenvermögen eines/beider Ehepartner), (ii), wer für eventuelle *Schulden haftet* (das gemeinschaftliche Vermögen und/oder das Eigenvermögen des einen und/oder anderen Ehepartners) und (iii), wer einen bestimmten Vermögenswert oder eine Sache *verwaltet* (beide Ehepartner zusammen, jeder der beiden konkurrierend oder einer der beiden ausschließlich).

Das belgische Recht unterscheidet hauptsächlich zwischen dem Güterstand der Gütergemeinschaft und der Gütertrennung. Jeder dieser beiden Güterstände kann im Rahmen der Erbschafts- und Vermögensplanung durch den Ehevertrag vertraglich angepasst werden.

Grunddienstbarkeiten: Das neue Zivilgesetzbuch definiert Grunddienstbarkeiten wie folgt: „*Belastung einer Immobilie, genannt dienender Grund, für die Nutzung und zugunsten einer Immobilie eines anderen, genannt herrschender Grund*[1]."

Es handelt sich also hier um Rechte und Pflichten unterschiedlicher Art, die Eigentümer hinsichtlich zweier (oder mehrerer) ihnen gehörender Immobilien vereinbaren (oder die laut Gesetz oder der Lage vor Ort geschaffen werden) und die für eine unbestimmte Dauer anwendbar sind. Man spricht von „herrschendem Grund" für

1 Freie Übersetzung der Autoren. Die offizielle deutsche Übersetzung des neuen Zivilgesetzbuches liegt zum heutigen Tage noch nicht vor.

die Immobilie, zugunsten derer die Grunddienstbarkeit vereinbart ist, und von „dienendem Grund“ für die Immobilie, die die Grunddienstbarkeit belastet.

Grunddienstbarkeiten können unterschiedlicher Art sein, die Gängigsten sind folgende:

- Wegerecht eines *nicht eingeschlossenen* Grundstücks: Ein Wegerecht ermöglicht dem Eigentümer des herrschenden Grundes am vereinbarten Ort über den dienenden Grund zu seiner Immobilie zu gelangen. Sind z. B. Wegerechte: das Recht, über das Nachbargrundstück zu meinem Garten zu gelangen, oder das Recht, durch den Keller des Nachbarhauses an den Zählerraum, in dem sich auch meine Zähler befinden, zu gelangen.

  Dieses Recht muss zwischen den Eigentümern in Form einer Grunddienstbarkeit vereinbart werden; die Verankerung in der notariellen Urkunde macht das Wegerecht Dritten (z. B. zukünftige Käufer der einen oder anderen Immobilie) gegenüber entgegenhaltbar. Mit anderen Worten: Es besteht für den Eigentümer des herrschenden Grundes kein Anrecht auf diese Grunddienstbarkeit: Der Eigentümer des dienenden Grundes darf die Schaffung der Grunddienstbarkeit ablehnen.

  Diese Grunddienstbarkeit konnte bisher nicht durch Verjährung entstehen. Das neue Zivilgesetzbuch ermöglicht jedoch das Entstehen einer Grunddienstbarkeit durch Verjährung, jedoch nur unter der Bedingung, dass das Wegerecht sichtbar ist (z. B. eine Zufahrt, die aufgrund permanenter Befahrung von Traktoren sichtbar ist).

- Wegerecht eines *eingeschlossenen* Grundstücks: Das Zivilgesetzbuch ermöglicht dem Eigentümer eines eingeschlossenen Grundstücks (d. h., das Grundstück hat keinen oder nur einen unzureichenden Zugang zur öffentlichen Straße und kann diesen Zugang nicht ohne übermäßige Kosten oder Unannehmlichkeiten einrichten) zur normalen und zweckgebundenen Benutzung einen Notweg über die Grundstücke seiner Nachbarn zu fordern.

Bei diesem Wegerecht handelt es sich also um eine gesetzliche Grunddienstbarkeit: Vorausgesetzt die Bedingungen sind erfüllt, hat der Eigentümer des herrschenden Grundes ein Anrecht darauf; der Eigentümer des dienenden Grundes kann es nicht verhindern. Wenn der Verlauf nicht einvernehmlich zwischen den Grundstückseigentümern festgestellt werden kann, entscheidet der Friedensrichter darüber. Außerdem legt der Friedensrichter die etwaige Entschädigung fest, die dem Eigentümer des dienenden Grundes durch den Eigentümer des herrschenden Grundes für den Schaden, den die Benutzung verursachen kann, gezahlt werden muss.

- Sichtrecht: Laut neuem Zivilgesetzbuch darf man zum Nachbargrundstück Öffnungen (transparente Fenster, Balkone usw.) schaffen, die mindestens 1,9 Meter vom Nachbargrundstück entfernt sind. Falls ein Bauvorhaben diese Grenzen nicht einhält, muss der Eigentümer mit dem Nachbarn die Schaffung einer Sichtgrunddienstbarkeit (auch Sichtgerechtsame genannt) verhandeln. Diese Vereinbarung muss in eine notarielle Urkunde aufgenommen werden, um die Entgegenhaltbarkeit Dritten gegenüber zu gewährleisten. Eine Sichtgrunddienstbarkeit kann auch entstehen, wenn die Öffnung sich seit mindestens dreißig Jahren dort befindet.

- Bepflanzungen: Bepflanzungen mit einer Höhe ab zwei Metern müssen einen Mindestabstand von zwei Metern (ab Mitte des Baumstamms) zum Nachbargrundstück haben. Bei anderen Bäumen, Sträuchern oder Hecken beträgt der Abstand einen halben Meter. Ausgenommen sind Bepflanzungen, die sich seit mehr als dreißig Jahren am selben Ort befinden. Äste, Zweige und Wurzeln dieser Bepflanzungen dürfen nicht über die Grundstücksgrenze wachsen.

- Verbot zu bebauen (*non aedificandi*): Vorausgesetzt, der Eigentümer erhält die notwendigen Genehmigungen von der öffentlichen Hand, darf er sein Grundstück bebauen. Um dieses Recht der Bebauung aufzuheben, bedarf es einer Vereinbarung (d. h. notarielle Urkunde, um die Entgegenhaltbarkeit Dritten gegenüber zu gewährleisten) mit dem herrschenden Grund.

Dies ist z. B. in Parzellierungen (Verstädterungen) der Fall für den Streifen – üblicherweise vorne am Grundstück –, in dem die Versorgungsleitungen verlegt sind. Da die Versorgungsgesellschaften im Interesse sämtlicher Grundstücke der Parzellierung (Verstädterung) z. B. bei einem Schaden einen direkten Zugang zu den Leitungen benötigen, wird üblicherweise in den Verkäufen von Grundstücken aus einer Parzellierung (Verstädterung) dieser Versorgungsstreifen mit der sogenannten *non aedificadi* Grunddienstbarkeit für den Eigentümer des dienenden Grundstücks für unbebaubar erklärt.

- Natürlicher Wasserablauf: Tiefer gelegene Grundstücke müssen das Wasser, das natürlich von höher gelegenen Grundstücken abfließt, aufnehmen. Diese Grunddienstbarkeit entspringt der natürlichen Lage; es bedarf also keines Einverständnisses des Eigentümers dafür.

Guter Familienvater: Maßstab einer normal vorsichtigen Person, an der sich der Richter orientiert, um bei einem gewissen Sachverhalt beurteilen zu können, ob eine Person nachlässig gehandelt hat und folglich für einen Schaden haftbar gemacht werden kann.

Hypothek: Bezeichnet die Sicherheit, die zur Rückzahlung eines Darlehens oder einer Schuldforderung eine Immobilie belastet. Siehe Teil 3, Kapitel 2, Punkt 1.

Hypothekenkredit: Bezeichnet einen Kredit, der mit einer Hypothek abgesichert ist und der Gesetzgebung über Hypothekenkredite unterworfen ist. Diese Gesetzgebung schränkt die Vertragshoheit bei Kreditverträgen ein und schützt den Kreditnehmer vor Klauseln und Bedingungen, die das Finanzinstitut versucht wäre, im Kreditvertrag vorzusehen und die den Kreditnehmer unangemessen benachteiligen würden. Selbst wenn solche Klauseln also im Vertrag niedergeschrieben wären, wären sie ungültig, da sie gegen eine verbindliche Gesetzesregelung verstoßen.

Hypothekenvollmacht: Siehe Teil 3, Kapitel 2, Punkt 2.

Immobiliensteuervorabzug: Die Steuer, die der Immobilieneigentümer jährlich u. a. auf Grundlage des Katastereinkommens entrichtet. Siehe Teil 2, Kapitel 2, Punkt 2.

Katastereinkommen: Das Katastereinkommen bildet die Grundlage für die Berechnung des jährlichen Immobiliensteuervorabzugs. Siehe Teil 2, Kapitel 2, Punkt 1.

Kaufvorvertrag: Siehe Teil 1, Kapitel 1, Punkt 2.

Mandat: Siehe „Hypothekenvollmacht".

Mehrwert: Der Mehrwert ist die positive Differenz zwischen dem Verkaufspreis und dem zum Zeitpunkt des Kaufs gezahlten Kaufpreis. Der erzielte Mehrwert unterliegt situationsabhängig unterschiedlichen Besteuerungen, die in Teil 2, Kapitel 3, Punkt 2 näher erklärt sind. Dort erfahren Sie auch, dass vom Verkaufspreis gewisse Kosten abgezogen werden können (z. B. Werbungskosten, Maklerrechnung usw.) und dem Kaufpreis gewisse Kosten hinzugerechnet werden können (z. B. anlässlich des Kaufs bezahlte Steuern und Notarkosten, prozentualer Abschlag pro Jahr, in dem man Eigentümer war usw.), damit die auf den Mehrwert zu zahlende Steuer auf eine möglichst geringe Besteuerungsgrundlage angerechnet wird.

Miteigentümervereinigung: Bezeichnet die Eigentümer von unterschiedlichen Einheiten (Wohnungen, Geschäftsflächen, Keller, Garagen usw.) in einer Immobilie, d. h. unter einem Dach. Siehe Teil 4, Kapitel 2, Punkt 1. Sie hat eine eigene Rechtspersönlichkeit.

Miteigentumsordnung: Bildet mit der Basisurkunde das Statut einer Immobilie, das in der Praxis (und in diesem Buch) Grundurkunde genannt wird. Siehe Teil 4, Kapitel 2, Punkt 1.

Nacktes Eigentum: Siehe „Bloßes Eigentum".

Nießbrauch: Das neue Zivilgesetzbuch definiert den Nießbrauch wie folgt: „*Der Nießbrauch räumt seinem Inhaber das zeitweilige Recht ein, ein Gut des bloßen Eigentümers in umsichtiger und zumutbarer Weise zu verwenden und zu nutzen, entsprechend der Bestimmung des Guts und mit der Verpflichtung zur Rückgabe am Ende seines Rechts*[2]."

Das Eigentumsrecht an einer Sache kann in Nießbrauch und bloßes Eigentum aufgeteilt werden. Dies ist in der Praxis häufig bei Erbschaften und Schenkungen der Fall:

> **Beispiel:** Ehemann und Vater A aus Raeren verstirbt und hat kein Testament aufgestellt. Im Wege der gesetzlichen Erbfolge erbt seine Ehefrau B den Nießbrauch und sein einziges Kind C das bloße Eigentum an seinem gesamten Nachlassvermögen. Dieses setzt sich aus einem Haus (Familienwohnsitz) und 100.000 Euro auf einem Bankkonto zusammen.
>
> Der ***Nießbrauch***, den die Ehefrau geerbt hat, ermöglicht ihr, so lange sie lebt in der ***Immobilie*** wohnen zu bleiben, ohne dass sie an das Kind Miete zahlen müsste, oder fürchten müsste, vom Kind „hinausgeworfen" zu werden. Wenn die Ehefrau die Immobilie nicht mehr bewohnen will oder kann (z. B. aus Altersgründen), so darf sie alleine (d. h. ohne Zutun oder Genehmigung von Kind C) einen Mietvertrag mit einem Mieter abschließen und die Miete alleine einnehmen. Wenn die Ehefrau dann eines Tages auch verstirbt, endet ihr Nießbrauch (dieser ist ein sogenanntes „Leibrecht") und das bloße

2 Freie Übersetzung der Autoren. Die offizielle deutsche Übersetzung des neuen Zivilgesetzbuches liegt zum heutigen Tage noch nicht vor.

Eigentum des Kindes verwandelt sich in ein normales, volles Eigentumsrecht, ohne dass das Kind noch einmal Erbschaftssteuern zahlen müsste; der Nießbrauch hört also durch den Tod des Nießbrauchers (hier: Ehefrau B) auf zu existieren und wird nicht noch einmal steuerpflichtig an Kind C vererbt. Da der Nießbrauch nicht mehr existiert, ist das bloße Eigentum nicht mehr „bloß", sondern ein ganz normales Eigentum (dasselbe Eigentum, als hätte Kind C die Immobilie alleine gekauft).

Wenn die Erben auch das durch A an B und C vererbte ***Geldvermögen*** gemäß den gesetzlichen Tabellen zwischen dem ***Nießbrauch*** (durch die Ehefrau B geerbt) und dem bloßen Eigentum (durch Kind C geerbt) aufteilen möchten, wird der Nießbrauch der Ehefrau kapitalisiert. Das bedeutet, dass anhand der Lebenserwartung des Nießbrauchers und gemäß den gesetzlichen Tabellen ein Prozentsatz ermittelt wird. Dieser Prozentsatz sinkt mit fortschreitendem Alter des Nießbrauchers. Grund dafür ist, dass der Nießbrauch ein Leibrecht ist: je länger die Lebenserwartung des Nießbrauchers ist, je länger kann dieser den Nießbrauch ausüben (z. B. bei Immobilien, die Miete einnehmen) und je mehr ist der Nießbrauch folglich prozentual wert. Wenn, in meinem Beispiel Ehefrau B, bei dieser Aufteilung 40 Jahre alt ist, beträgt ihr Nießbrauchanteil an dem durch A vererbten Geldvermögen 38,13 %. Ist B bei der Aufteilung jedoch 75 Jahre, erhält sie gemäß den gesetzlichen Tabellen von dem durch A vererbten Geldvermögen von 100.000 Euro nur noch 13.120 Euro; Kind C erhielt also hier 86.880 Euro.

Die Tatsache, dass die Kinder bereits Anrecht auf einen Anteil Geldvermögen des erstversterbenden Elternteils haben, veranlasst viele Menschen in einem kleinen und einfachen Testament festzuhalten, dass die gesetzliche Erbfolge (Nutznießung/nacktes Eigentum) für das Immobilieneigentum gilt, jedoch der überlebende Elternteil das gesamte bewegliche Vermögen erbt. Dies soll dazu führen, dass dem überlebenden Ehepartner neben dem Verlust des Partners durch den Tod nicht auch noch ein Teil des „gemeinsam Ersparten" wegbricht. Befragen Sie diesbezüglich den Notar Ihrer Wahl.

Notar Ihrer Wahl: Außer in den seltenen Fällen einer gerichtlichen Bezeichnung eines Notars (siehe Teil 6, Kapitel 2 und 4) garantiert das belgische Gesetz jeder Person die freie Notarwahl ohne Zusatzkosten. „Freie Wahl" heißt, dass der Notar, den Sie für ein Rechtsgeschäft beauftragen, nicht derselbe sein muss (aber natürlich kann, wenn Sie das so entscheiden) wie z. B. der Notar Ihrer Eltern, oder aber der Notar „bei dem unsere Papiere liegen", oder der Notar, den der Verkäufer (oder Käufer) ausgewählt hat usw. Die Höhe des Notarhonorars ist vom Gesetz her geregelt und bleibt unverändert, selbst wenn jede Partei eines Rechtsgeschäfts (Käufer/Verkäufer, ein Erbe/ein anderer Erbe usw.) ihren eigenen Notar bezeichnet. In einem solchen Fall wird das gesetzliche Honorar unter den Notaren aufgeteilt. Damit möchte der Gesetzgeber erreichen, dass bei der Bezeichnung des Notars nur Kriterien wie Vertrauen, Kompetenz und Effizienz – und eben nicht der Preis – eine Rolle spielen. Klar ist, dass jeder Notar es vorzieht, von beiden Parteien bei einem Immobilien(ver-)kauf bezeichnet zu werden; dann muss er das gesetzliche Notarhonorar nicht mit einem Kollegen teilen. Der Notar darf jedoch keinen Einfluss auf die Notarwahl der Parteien nehmen, sonst macht er sich deontologisch angreifbar. Erstgespräche bei Notaren sind i.d.R. kostenfrei: Wenn Sie also einen Notar aufsuchen, um Fragen zu Ihrem Immobilienprojekt zu stellen, oder um sich zu erkundigen, ob eine Erbschaftsplanung in Ihrer Situation Sinn macht, fallen für Sie keine Kosten für die Beratung an.

Nutznießung: Siehe „Nießbrauch".

Privatschriftlich: Ein privatschriftliches Dokument ist ein Dokument, das die Parteien rechtskräftig und Dritten entgegenhaltbar unter sich – und nicht vor einem Notar – unterzeichnen können. Man spricht von einem privatschriftlichen Dokument im Gegensatz zu einer notariellen Urkunde.

Rechtskräftig: Zwischen Parteien gültig. Nicht zu verwechseln mit Entgegenhaltbarkeit bzw. Drittwirksamkeit.

Registrierungsgebühren: Bezeichnet eine Steuer, die anlässlich einer Eintragung in ein Register beim Steueramt fällig wird. Alle notariellen Urkunden sowie gewisse privatschriftliche Verträge (z. B. Mietverträge) und Dokumente müssen registriert werden. Die Höhe der Registrierungsgebühren ist abhängig von der Art des vorliegenden Rechtsgeschäfts.

Die nachstehende Tabelle gibt eine allgemeine Übersicht des Besteuerungsprozentsatzes und der Besteuerungsgrundlage der Registrierungsgebühren. Die Tabelle ist ganz allgemeiner Natur und beinhaltet nicht etwaige Ausnahmen, Sonderregeln oder Ermäßigungen. Die bei Immobilien(ver-)käufen anfallenden Registrierungsgebühren sind ausführlich in diesem Buch unter Teil 2 erklärt.

Rechtsgeschäft	Besteuerung	Besteuerungs-grundlage	Genauer erklärt in diesem Buch in:
Verkaufsurkunde Immobilie Wallonische und Brüsseler Region	12,5 %	Preis, oder wenn höher, Verkehrswert	Teil 2, Kapitel 1
Verkaufsur kunde Immobilie Flämische Region	12 % (jedoch 3% bei Erstkauf)	Preis, oder wenn höher, Verkehrswert	Teil 2, Kapitel 1
Teilung	1 % (ggf. 2,5 % in der Flämischen Region)	Preis, oder wenn höher, Verkehrswert des übertragenen Anteils, falls das Miteigentum bestehen bleibt und der gesamten Immobilie(n), falls das Miteigentum durch die Teilung endet	Teil 5, Kapitel 2
Hypothek	1 %	Betrag der Eintragung (Hauptbetrag und Nebenleistung)	Teil 3, Kapitel 2
Immobilien-tausch	Gleicher Prozentsatz wie Immobilienverkauf, jedoch nur einmal zahlbar	Preis, oder wenn höher, Verkehrswert der wertvolleren der beiden getauschten Immobilien	./.
Immobilien-schenkung	Progressiv sowie abhängig vom Wert und Verwandtschaftsgrad	Verkehrswert bzw. Summe der Schenkung, wovon ggf. Auflagen abgezogen werden können	Teil 5, Kapitel 1

Refinanzieren: Einen Kredit refinanzieren heißt, einen in der Vergangenheit abgeschlossenen Kredit frühzeitig (d. h. vor der vereinbarten Vertragsdauer) anhand eines neuen Kredits zurückzuzahlen. Ziel ist meistens für den Kreditnehmer, von einer Zinssenkung zu profitieren: Der alte, ungünstigere Kredit wird durch den neuen, günstigeren Kredit ersetzt.

Registrierungsamt: Bezeichnet das Amt der Steuerverwaltung, das für die Registrierung von Verträgen und Urkunden zuständig ist, die Registrierungsgebühren unterworfen sind.

Restschuldversicherung: Bezeichnet eine Versicherung, die im Todesfall des Kreditnehmers den am Todestag noch offenstehenden Kapitalbetrag eines Kredits (sowie ggf. die Vorfälligkeitsentschädigung) ganz oder teilweise zurückzahlt. Bei einer Restschuldversicherung für Immobilienkredite handelt es sich also um eine Lebensversicherung, die bewirkt, dass der zum Erwerb oder der Renovierung der Immobilie abgeschlossene Kredit im Todesfall des Kreditnehmers nicht in dessen Erbmasse fällt.

Schreibrechtsteuer: Siehe Teil 2, Kapitel 1, Punkt 3, c). Die Tabelle hiernach zeigt die anwendbare Schreibrechtsteuer für die aufgeführten Rechtsgeschäfte:

Rechtsgeschäft	Schreibrechtsteuer
Verkauf	50 €
Tausch	50 €
Hypothek	50 €
Schenkung	7,5 €
Gesellschaftsakten (Gründung, Satzungsänderung usw.)	95 €
Ehevertrag	7,5 €

Sondervermögen: Siehe „Eigenvermögen“.

Statut einer Immobilie: Siehe „Basisurkunde“.

Tranche: Bezeichnet einen Teilbetrag bzw. einen Teil des Ganzen und verweist in diesem Buch auf die verschiedenen Einzelteile einer progressiven Besteuerung. Zum Verständnis siehe auch den Begriff „ausgeschöpft“ und die dort aufgeführten Beispiele.

Überbrückungskredit: Bezeichnet einen Kredit, der aufgenommen wird, um eine gewisse Zeitspanne zu überbrücken.

> **Beispiel:** Das Ehepaar A und B möchte eine Wohnung kaufen und diesen Erwerb anhand des Verkaufs ihres Hauses, das, seitdem die Kinder ausgezogen sind, zu groß für sie geworden ist, finanzieren. Sie haben die gewünschte Wohnung bereits gefunden, aber noch keinen Käufer für ihr Haus. Ihre Hausbank gewährt ihnen somit einen Überbrückungskredit, anhand dessen sie den Erwerb der Wohnung finanzieren, und den sie zurückzahlen, sobald das Haus verkauft wird (anhand des Verkaufspreises).

Unbeweglicher Gegenstand: Gegenstände oder Güter sind *unbeweglich* entweder (i) von Natur aus, oder (ii) aufgrund Einverleibung oder aber (iii) durch ihre Bestimmung (Zubehör).

> (i) Unbewegliche Gegenstände von Natur aus sind Grundstücke und Gebäude.
>
> (ii) Unbewegliche Gegenstände aufgrund Einverleibung, sind von Natur aus bewegliche Gegenstände, die der Eigentümer dauerhaft mit seinem unbeweglichen Gut befestigt hat, und die nicht entfernt werden können, ohne dass sie selbst zerbrechen oder beschädigt werden oder der Teil des unbeweglichen Gutes, mit dem sie verbunden sind, beschädigt wird (z. B. eine Küche, die in einem Haus „verankert“ ist, oder Einbauschränke).

(iii) Unbewegliche Gegenstände durch ihre Bestimmung sind Zubehör, d. h. bewegliche Gegenstände von Natur aus, die der Eigentümer eines unbeweglichen Gegenstands zum Dienst und zur Nutzung dieses unbeweglichen Gegenstands bestellt hat, z. B. das mit dem landwirtschaftlichen Betrieb verbundene Vieh.

Alles was nicht ein unbeweglicher Gegenstand/Gut ist, ist ein *beweglicher* Gegenstand (z.B. Möbel, Autos, Geld, Schuldforderungen usw.).

Ungeteilt: Das ungeteilte Eigentum bezieht sich auf Eigentum, das auf verschiedene Personen (die Miteigentümer) zu gewissen Prozentsätzen verteilt ist, z. B. jeder zu 50 % oder zu ⅓. Ungeteilt bedeutet in diesem Zusammenhang, dass keiner der Miteigentümer alleiniger Eigentümer eines abgetrennten Teils, sondern jeder Miteigentümer des Ganzen ist.

Beispiel: Wenn ich mit meinem Bruder ein Grundstück von unseren Eltern erbe, gehört dieses jedem von uns für eine ungeteilte Hälfte; mit anderen Worten gehört jedem von uns jeder Quadratmeter oder jeder Grashalm zur Hälfte, und nicht z. B. einem die rechte Hälfte und dem anderen die linke Hälfte.

Verjährung: Frist nach Ablauf derer „etwas" nicht mehr geltend gemacht werden kann. Bei diesem „etwas" handelt es sich in diesem Buch z. B. um städtebauliche Verstöße (die unter gewissen Bedingungen nach dieser Frist nicht mehr verfolgt werden dürfen) oder dem Eigentumsrecht (das unter gewissen Bedingungen nach dieser Frist nicht mehr dem Ersitzer entgegenhaltbar ist).

Verjährung städtebaulicher Verstöße: Um die Rechtssicherheit zu erhöhen, wurde Ende 2017 ein Straferlass bzw. Verlust des strafbaren Charakters für gewisse Handlungen oder Arbeiten, die genehmigungswidrig ausgeführt wurden, in die Wallonische Raumordnungsgesetzgebung eingeführt. Diese Kompetenz der

Raumordnung wurde mit Stichtag 1. Januar 2020 an die Deutschsprachige Gemeinschaft für das Gebiet derer neun deutschsprachigen Gemeinden übertragen, und es ist zu erwarten, dass u. a. im Bereich der Verjährung städtebaulicher Verstöße eigene Regeln getroffen werden.

Gewisse Verstöße sind aufgrund ihrer Schwere von der Verjährung ***ausgeschlossen***, u. a.:

- Arbeiten, die gegen den Sektorenplan verstoßen, z. B. der Bau eines Wohnhauses im Agrargebiet.
- Die Schaffung ohne diesbezügliche Genehmigung einer oder mehrerer Wohneinheiten nach dem 20. August 1994; z. B. ein Einfamilienhaus in ein Haus mit mehreren Wohneinheiten aufteilen.
- Arbeiten in geschützten Gebieten (z. B. Natura 2000) oder an geschützten Immobilien (z. B. Denkmalschutz).
- Arbeiten, die bereits aufgrund ihres Verstoßes Gegenstand eines Protokolls oder gar eines Gerichtsurteils sind.

Für die anderen Arbeiten oder Handlungen ist eine Verjährung ***prinzipiell möglich***, und es wird unterschieden, ob die Arbeiten oder Handlungen vor oder nach dem 1. März 1998 durchgeführt wurden:

- Arbeiten oder Handlungen, die *vor* dem 1. März 1998 durchgeführt wurden, sind verjährt.
- Arbeiten oder Handlungen, die *nach* dem 1. März 1998 durchgeführt wurden, sind:
    - Nach 10 Jahren verjährt, wenn es sich um nicht grundlegende Vergehen im Sinne des Gesetzes handelt
    - Nach 20 Jahren verjährt, wenn es sich um grundlegende Vergehen im Sinne des Gesetzes handelt.

Beispiel von Arbeiten, die trotz mangelnder Genehmigung verjähren können: ein Carport, ein Anbau, ein Gartenhaus, eine Terrasse, ein Schwimmbad usw.

Verkehrswert: Bezeichnet den Preis, den man unter normalen Marktbedingungen erzielen kann.

Der zwischen Parteien und im Verkaufsvertrag bzw. der notariellen Urkunden aufgenommene Preis (oder der erklärte Wert, wenn es sich z. B. um eine Schenkung handelt) ist der Steuerverwaltung nicht entgegenhaltbar: Diese kann den Standpunkt vertreten, dass der tatsächliche Wert – und somit die Besteuerungsgrundlage – darüber liegt, und somit höhere Registrierungsgebühren zu zahlen sind. Um ihre Forderung zu begründen, wird die Steuerverwaltung sich auf Vergleichspunkte berufen, d. h. auf Übertragungen von vergleichbaren (u. a. *in puncto* Lage, Alter, Zustand) Immobilien.

Die Steuerverwaltung hat nach Unterzeichnung der notariellen Urkunde zwei Jahre Zeit, um dem Erwerber einer Immobilie mitzuteilen, dass der in der notariellen Urkunde vermerkte Wert ihrer Auffassung nach unter dem Verkehrswert liegt. Die Steuerverwaltung wird in diesem Fall den (ihrer Auffassung nach) tatsächlichen Verkehrswert mitteilen und den Erwerber auffordern, einen Zusatzbetrag an Registrierungsgebühren zu zahlen.

Wenn der Erwerber diesen Betrag zahlt, ist die Angelegenheit abgeschlossen. Der Erwerber hat jedoch das Recht, seine Argumente, warum der tatsächliche Verkehrswert unter dem der von der Verwaltung festgelegten liegt, vorzubringen. Bei diesen Argumenten kann es sich z. B. um Fotos vom schlechten Zustand der Immobilie beim Kauf handeln, oder um Rechnungen, die belegen, dass Mängel vom Käufer behoben werden mussten. Aufgrund der Tatsache, dass die Verwaltung zwei Jahre Zeit hat, um den Verkehrswert zu beanstanden, ist es äußerst ratsam für Erwerber von Immobilien, die diese kurz nach Erwerb bzw. innerhalb der ersten zwei Jahre renovieren möchten, Fotos vom Zustand vor den Renovierungsarbeiten zu machen, um den Zustand – und somit den Verkehrswert – zum Zeitpunkt des Kaufs dokumentieren zu können.

In Ermangelung einer Einigung zwischen Erwerber und Steuerverwalter hinsichtlich des Verkehrswertes kann ein Experte bestimmt werden, um den Verkehrswert festzustellen. Falls der durch Kontrollexpertise festgelegte Wert weiterhin bestritten wird, muss der Streitfall gerichtlich geklärt werden.

Wenn letztendlich die Unterbewertung festgestellt wird, müssen auf den Differenzbetrag zwischen dem tatsächlich festgestellten und dem angegebenen Verkehrswert Registrierungsgebühren zzgl. Zinsen in Höhe von 7 % gezahlt werden, sowie, falls der tatsächlich festgestellte den angegebenen Verkehrswert um 1/8 oder mehr übersteigt, eine Geldbuße. Dies kann gemäß einem Königlichen Erlass herabgesetzt werden (was in der Praxis sehr häufig der Fall ist), wenn keine betrügerische Absicht vorliegt.

Falls die Verwaltung darüber hinaus belegen kann, dass der im Vertrag oder der notariellen Urkunde vermerkte Preis unter dem tatsächlich gezahlten Preis liegt – mit anderen Worten, dass ein Teil des Preises „schwarz" gezahlt wurde –, liegt der Tatbestand der Steuerhinterziehung vor und Käufer wie Verkäufer setzen sich einer Geldbuße in Höhe der hinterzogenen Steuer sowie strafrechtlichen Konsequenzen aus.

Vertragsauflösung: Die Parteien, die einen Vertrag geschlossen haben, können diesen Vertrag auch einvernehmlich auflösen. Genauso wie die Unterschrift des Kaufvorvertrags zwischen Parteien ohne weitere Formalitäten rechtskräftig ist, ist die Unterschrift des Auflösungsvertrags *zwischen den **Vertragsparteien*** auch durch die einfache und formlose Unterzeichnung des Auflösungsvertrags gültig. Da allerdings die Registrierungsgebühren vier Monate nach Unterzeichnung des Kaufvorvertrags fällig würden (siehe Teil 2, Kapitel 1, Punkt 1), ist es wichtig, dass der Kaufvorvertrag auch *gegenüber der **Steuerverwaltung*** unter Einhaltung der gesetzlichen Vorgaben aufgelöst wird, nämlich folgende:

- die notarielle Urkunde darf noch nicht unterzeichnet sein;
- die Auflösung erfolgt innerhalb eines Jahres spätestens nach Abschluss des Kaufvorvertrags;
- der Auflösungsvertrag und der aufgelöste Vertrag müssen zeitgleich mittels Zahlung einer Gebühr von 20 Euro registriert werden.

Verstädterung(-sgenehmigung): Vor 2009 Parzellierung(-sgenehmigung) genannt. Siehe Teil 4, Kapitel 2, Punkt 2, a).

Vorfälligkeitsentschädigung: Wenn der Kreditnehmer entscheidet, seinen Kredit oder einen Teil dieses Kredits vorzeitig zurückzuzahlen, erhält die Bank das geliehene Geld (oder einen Teil davon) früher zurück als geplant und muss dieses Geld neu anlegen oder verleihen, ggf. für die Bank zu einem schlechteren Zinssatz. Wenn der Zinssatz des vorzeitig zurückgezahlten Kredits der Bank eine bessere Rendite als die Wiederanlage dieser Summen einspielt, entsteht für die Bank ein Verlust bzw. ein Schaden (siehe auch *Funding loss*). Um sich davor zu schützen, sehen Kredite üblicherweise Vorfälligkeitsentschädigungen vor, d. h. Summen, die durch den Kreditnehmer zusätzlich zum ausstehenden Kapital an die Bank zu zahlen sind, sollte der Kreditnehmer entscheiden, seinen Kredit oder einen Teil davon früher als vereinbart an die Bank zurückzuzahlen.

Bei Hypothekenkrediten darf diese „Strafzahlung“ (wie bereits unter dem Begriff „Hypothekenkredit“ erklärt) nicht höher als drei Monate Zinsen auf den zurückgezahlten Betrag sein.

> **Beispiel:** Ich habe geerbt und möchte anhand des geerbten Geldes meinen Hypothekenkredit zurückzahlen. Von den 200.000 Euro, die ich bei Vertragsabschluss aufgenommen habe, habe ich durch monatliche Rückzahlungen über die Jahre bereits 120.000 Euro getilgt, sodass das noch ausstehende Kapital 80.000 Euro beträgt. Mein Zinssatz beträgt 2,30 %. Mein Kreditvertrag sieht die übliche Vorfälligkeitsentschädigung von drei Monaten Zinsen auf den zurückgezahlten

Betrag vor. Die Errechnung der Vorfälligkeitsentschädigung geschieht wie folgt:

80.000 Euro x 2,30 % = 1.830 Euro Jahreszins, d. h. 153,33 Euro pro Monat und 460 Euro für drei Monate. Die zulässige Vorfälligkeitsentschädigung von drei Monaten Zinsen auf den vorzeitig zurückgezahlten Betrag beläuft sich also in meinem Beispiel auf 460 Euro.

Bei Krediten, die nicht unter den Schutz der Hypothekengesetzgebung fallen, ist die Vorfälligkeitsentschädigung im Prinzip frei vereinbar. Die Rechtsprechung hat jedoch auch hier Situationen, in denen die Anwendung der vertraglich vereinbarten *Funding-loss*-Klauseln zu ungerechtfertigt hohen Entschädigungen zulasten der Kreditnehmer und zugunsten der Finanzinstitute führen, einen Riegel vorgeschoben.

Volleigentum: Das Eigentum im herkömmlichen Sinne, auch Eigentum oder einfaches Eigentum genannt. Es verleiht dem Eigentümer drei „Unterrechte“ über eine Sache: (i) die Nutzung, (ii) den Zins- oder Fruchtgenuss (z. B. Miete an einer Immobilie oder Dividenden an Aktien) und (iii) die Verfügung (z. B. das Recht, die Sache zu verkaufen und den Preis zu vereinnahmen). Wenn ich etwas alleine und „ganz normal“ kaufe, bin ich davon der Volleigentümer oder Eigentümer.

Wegerecht: Siehe „Grunddienstbarkeiten“.

Zivilrecht(-lich): Auch bürgerliches Recht genannt. Der Begriff bezeichnet das Recht, das das Verhältnis zwischen Personen unter sich abdeckt. Der vertragsrechtliche Teil des Zivilrechts wird in diesem Buch bearbeitet: Er ist hauptsächlich aus der Freiheit des Willens abgeleitet und gestattet dem Einzelnen grundsätzlich mit anderen eine Rechtsbeziehung einzugehen, z. B., um Immobilieneigentum zu übertragen. In diesem Buch wird immer zwischen dem Zivilrecht und dem Steuerrecht unterschieden.

Fragenverzeichnis (FAQ)

In diesem Fragenverzeichnis finden Sie Erklärungen auf Fragen, die uns in unserer Arbeit als Notar häufig in Immobilienangelegenheiten gestellt werden. Die Antworten verweisen auf die relevanten Passagen des Buches. Außerdem hilft die Lektüre des Buchs anhand des Fragenverzeichnisses Ihnen, die richtigen Passagen im Buch auf Ihre Fragen einfacher ausfindig zu machen.

*

Ich möchte eine Immobilie erwerben. Wie ist der übliche Ablauf des Kaufverfahrens?

In Teil 6, Kapitel 1 finden Sie eine Übersicht des Ablaufs eines Immobilien(ver-)kaufs. Sie erfahren, wer zu welchem Zeitpunkt und für welchen Schritt Ihr Ansprechpartner ist. Dort wird in den unterschiedlichen Etappen auf Dokumente verwiesen, die in Teil 1, Kapitel 2 genauer erklärt sind.

Ich habe einen Vertragsentwurf (Kaufvorvertrag oder Urkunde) von meinem Notar erhalten und verstehe die Klauseln nicht bzw. würde gerne mehr darüber erfahren.

In Teil 1, Kapitel 2, Punkt 2 erklären wir die verschiedenen Klauseln des Immobilien(ver-)kaufvertrags und der notariellen Urkunde.

Was ist der Unterschied zwischen Kredit und Hypothek?

Es ist allgemein bekannt, dass ein Kredit die finanzielle Verpflichtung mit sich bringt, das aufgenommene Kapital unter dem vereinbarten Zinssatz und in der vereinbarten Laufzeit an den Kreditgeber zurückzuzahlen.

Die Hypothek ist eine Sicherheit zugunsten des Gläubigers (üblicherweise die Bank), die in einer notariellen Urkunde verankert und beim Amt für Rechtssicherheit eingetragen wird. Sie gewährleistet, dass die Forderung des Hypothekengläubigers (d. h. die Kreditrückzahlung) im ersten Rang vor allen anderen Gläubigern anhand des Verkaufspreises einer Immobilie getilgt wird.

Die unterschiedlichen Kreditarten (fester oder variabler Zinssatz, konstante Raten oder konstante Kapitaltilgung) sind genauer unter Teil 3, Kapitel 1 erklärt. Detaillierte Informationen zur Hypothek finden Sie in Teil 3, Kapitel 2.

Der Immobilienmakler fragt mich, ob ich im Vertrag eine aufschiebende Bedingung für eine Finanzierung aufnehmen möchte. Was ist das genau?

Die aufschiebende Bedingung des Erhalts einer Finanzierung, die im Kaufvorvertrag vereinbart werden kann, ermöglicht dem Käufer vom Kauf zurückzutreten (d. h., die notarielle Urkunde nicht unterzeichnen zu müssen und dies, ohne dabei Vertragsbruch – siehe Teil 1, Kapitel 2, Punkt 2, e), (ii) – zu begehen), wenn die Bank ihm die Finanzierung für den Kauf des Objekts nicht innerhalb des vereinbarten Zeitraums bewilligt. Siehe Teil 1, Kapitel 2, Punkt 2, e), (i).

Ich möchte eine Immobilie für 250.000 Euro kaufen. Wie hoch sind die Notarkosten?

Der Begriff „Notarkosten" (auch mitunter „Schreibgeld" genannt) ist irreführend. Es handelt sich dabei um sämtliche Kaufnebenkosten, die anlässlich einer Immobilienübertragung anfallen: Registrierungsgebühren, Notarhonorar, Entlohnung der Verwaltungen für die gesetzlichen Nachforschungen, Mehrwertsteuer, Schreibrechtsteuer und Abschreibung beim Amt für Rechtssicherheit. Diese Posten – und deren Berechnung – sind genauer in Teil 2, Kapitel 1 erklärt.

In Teil 2, Kapitel 1, Punkt 4 finden Sie ein Beispiel für die Kostenberechnung eines Immobilienkaufs.

Kann ich mein Katastereinkommen beanstanden?

Ja, in gewissen Situationen ist dies möglich. Aus Teil 2, Kapitel 2 erfahren Sie, wie das Katastereinkommen eingeschätzt und der Immobiliensteuervorabzug ausgerechnet wird. Dort werden ebenfalls die Reduzierungs- und Beanstandungsmöglichkeiten erklärt.

Die Bank schlägt mir 50 % Hypothek und 50 % Mandat vor. Was bedeutet das?

Das bedeutet, dass die Bank Ihnen eine kommerzielle Geste macht, indem sie von Ihnen nur eine Hypothek für die Hälfte des Kreditbetrags verlangt. Für die andere Hälfte des Kreditbetrags begnügt sich die Bank mit der für Sie kostengünstigeren Variante der Hypothekenvollmacht, d. h. einem Auftrag, eine Hypothek falls notwendig in Zukunft eintragen zu können.

Hypothek und Hypothekenvollmacht sind ausführlich in Teil 3, Kapitel 2, Punkt 1 und 2 erklärt.

Ich möchte eine Wohnung in einer Residenz, die sich gerade im Bau befindet, kaufen. Der Unternehmer legt mir einen Reservierungsvertrag vor, aufgrund dessen ich 10.000 Euro als Anzahlung bezahlen muss. Ist das rechtmäßig?

Als Käufer einer Wohnung, die noch nicht fertiggestellt ist, kommen Sie in den Schutz des sogenannten Breyne-Gesetzes. Dieses verbietet dem Unternehmen u. a., Sie vor Unterzeichnung des Kaufvorvertrages zu Zahlungen zu verpflichten. Genauere Informationen finden Sie in Teil 4, Kapitel 1, Punkt 1 (für die Frage, wann das Breyne-Gesetz anwendbar ist) und Punkt 2 (wann Sie vertraglich zu Zahlungen verpflichtet werden können).

Ich erfahre erst jetzt, zehn Tage vor Unterzeichnung der notariellen Urkunde, dass die Elektroinstallation nicht konform ist. Ich weiß nicht, wie viel das kosten wird, und ich will, dass der Verkäufer diese Kosten trägt.

Außer beim Kauf von neuen Immobilien (siehe dafür Teil 4, Kapitel 1, Punkt 3, b)), wird die Immobilie üblicherweise „gekauft wie gesehen", d. h. ohne Verpflichtung des Verkäufers, den Zustand der Immobilie in irgendeiner Hinsicht zu verbessern, auch nicht um die etwaigen Mängel der Elektroinstallation zu beheben.

Das Gesetz sieht vor, dass der Verkäufer das Abnahmeprotokoll der Elektroinstallation spätestens bis zum Tage der notariellen Urkunde vorlegen muss. In Ermangelung anders lautender Absprachen obliegt es dem Käufer die Elektroinstallation den Vorschriften anzupassen.

Dieser Fall ist ausführlich in Teil 1, Kapitel 2, Punkt 1, c) bearbeitet.

Wenn ich meine Immobilie teurer verkaufe, als ich sie gekauft habe, muss ich dann Steuern auf den erzielten Mehrwert bezahlen?

Im Prinzip ist der Preis für den Verkäufer netto. Es gibt jedoch Fälle, in denen ein Mehrwert zu besteuern ist. Diese werden in Teil 2, Kapitel 3, Punkt 2 bearbeitet.

Kann ich mein Grundstück einfach so in zwei Stücke teilen und beide Stücke an Interessenten verkaufen, die dort ihr Wohnhaus errichten werden?

Grundstücksteilungen sind unterschiedlichen Formalitäten unterworfen. Bei einer Teilung in zwei Stücke ist prinzipiell keine Verstädterungsgenehmigung erforderlich (vorausgesetzt das Grundstück liegt nicht in einer Parzellierung). Der Notar Ihrer Wahl muss lediglich eine Teilungsanfrage bei den zuständigen Ämtern stellen. Siehe Teil 4, Kapitel 2, Punkt 2, a) für die Verstädterung und c) für die Teilungsanfrage.

Ich glaube mein Notar ist teurer als der von Bekannten von uns. Kann das sein?

Nein, das geht nicht. Das Notarhonorar ist vom Gesetz her geregelt. Ein Notar darf nicht mehr, aber auch nicht weniger (Konkurrenzverbot) als die gesetzlich vorgesehenen Beträge anrechnen. Siehe Teil 2, Kapitel 1, Punkt 2 für die Berechnung des Notarhonorars bei Verkäufen und Teil 3, Kapitel 2, Punkt 1, c) für die Berechnung des Notarhonorars bei Hypotheken. Siehe auch die Erklärung des Begriffs „Notar Ihrer Wahl“ in Teil 7.

Ich möchte mein Haus verkaufen, habe aber 1995 eine Garage daneben gebaut, ohne dafür eine Genehmigung anzufragen. Wird das jetzt zum Problem?

Diese Frage bezieht sich auf das Thema der Verjährung städtebaulicher Verstöße. Siehe die Erklärung dieses Begriffs in Teil 7.

In diesem Fall wird der Verstoß verjährt sein.

Das Thema von städtebaulichen Verstößen führt regelmäßig zu Problemen bei Immobilienverkäufen. Siehe diesbezüglich Teil 1, Kapitel 2, Punkt 2, c) (ii).

Ich möchte meine Immobilie verkaufen und habe gehört, dass ich einen Energieausweis besorgen muss. Wer kümmert sich darum?

Richtig. Sie finden die notwendigen Informationen diesbezüglich in Teil 1, Kapitel 2, Punkt 1, a).

Ich habe vor zwei Monaten ein Haus gekauft, das ich dabei bin, zu renovieren. Ich habe die Fliesen rausgerissen und darunter einen dicken Schimmelpils gefunden. Der Unternehmer sagt, es kostet mich 10.000 Euro, diesen zu entfernen. Kann ich das Geld vom Verkäufer zurückfragen?

Nur wenn es sich um einen Neubau handelt oder der Verkäufer diesen verborgenen Mangel kannte und verschwiegen hat. Siehe diesbezüglich Teil 1, Kapitel 2, Punkt 2, a), (vii).

Was bedeutet „Gerechtsame"?

Auch Dienstbarkeiten oder Grunddienstbarkeiten genannt. Dabei handelt es sich um einen Sammelbegriff für alle Vorteile, die ein Grund über den Nachbargrund genießt, wie z. B. Wegerechte.

Unter dem Begriff „Grunddienstbarkeiten" in Teil 7 erklären wir unterschiedliche Grunddienstbarkeiten, und wie sie entstehen.

Stimmt es, dass es günstiger ist, meine Immobilie zu meinen Lebzeiten den Kindern zu schenken, anstatt sie im Todesfall zu vererben?

Prinzipiell gilt der Grundsatz: „mit warmer Hand gibt es sich günstiger als mit kalter Hand". Mit anderen Worten: zu Lebzeiten schenken ist steuerlich günstiger als im Todesfall vererben. Wenn Sie die Besteuerungstabellen von Erbschaftssteuern und Immobilienschenkungssteuern in Teil 5, Kapitel 1, Punkt 1, b), (i) und (ii) vergleichen, wird Ihnen der Unterschied bewusst.

Allerdings gilt dieser Grundsatz nicht zwangsläufig für jede Immobilie. Das Erben des Hauptwohnsitzes ist in der Wallonischen Region für den Ehepartner steuerfrei und in direkter Linie einer vergünstigten Steuer unterworfen, sodass das Familienhaus nicht aus steuerlichen Gründen zu Lebzeiten verschenkt werden sollte.

Ich habe ein Angebot für eine Immobilie abgegeben, aber noch keinen Kaufvorvertrag unterschrieben. Bin ich schon gezwungen zu kaufen?

Das belgische Recht beruht auf dem Konsensprinzip: Wenn der Käuferwille auf den Verkäuferwillen trifft, besteht ein verbindlicher Vertrag. So ist es auch, wenn ein Angebot angenommen wird.

Siehe Teil 1, Einleitung und Kapitel 1, Punkt 1 sowie Kapitel 2, Punkt 2, a), (i).

Meine Freundin hat von ihren Eltern ein Grundstück geschenkt bekommen, und wir möchten jetzt darauf bauen. Worauf muss ich achten?

Der Eigentümer von Grund und Boden wird auch Eigentümer der Gebäulichkeiten.

Um dem Paar zu ermöglichen, dass beide Partner Eigentümer des Hauses werden, bestehen mehrere Möglichkeiten, die in Teil 5, Kapitel 3 erklärt sind.

Ich habe vor einiger Zeit einen Hypothekenkredit abgeschlossen. Lohnt es sich, diesen Kredit zu refinanzieren?

Die Rechnung, ob eine Refinanzierung vorteilhaft ist, ist in Teil 3, Kapitel 1, Punkt 4 erklärt. Lassen Sie sich von Ihre(m)(n) Bankberater(n) Angebote und Simulationen erstellen, um zu ermitteln, ob, in welcher Höhe und mittels welcher Sicherheitsstruktur eine Refinanzierung für Sie vorteilhaft ist.

Ich möchte in meinem Haus eine Einliegerwohnung einrichten. Darf ich das?

Die Schaffung einer Wohneinheit setzt den Erhalt einer Städtebaugenehmigung voraus. Wenn ich eine Wohnung veräußern möchte, muss auf Grundlage der Städtebaugenehmigung eine Grundurkunde aufgestellt werden, die die Einheiten juristisch schafft.

Siehe Teil 4, Kapitel 2, Punkt 1.

Muss der Käufer die Versorgungsverträge des Verkäufers übernehmen?

Nein. Mit Übertragung der Nutzung (siehe Teil 1, Kapitel 2, Punkt 2, a), (iii)) übernimmt der Käufer auch die Zählerstände. Er kann jedoch einen Vertrag mit einem anderen Energielieferanten als den des Verkäufers abschließen. In Teil 1, Kapitel 2, Punkt 1, k) erfahren Sie alles Wissenswerte über die anwendbaren Regeln und die Formulare, die auszufüllen sind.

Ist ein Verkauf auf Leibrente interessant für mich?

Vor- und Nachteile des Leibrentenverkaufs sind in Teil 5, Kapitel 4, Punkt 2 erklärt.

Ich habe in der Zeitung eine Anzeige für einen öffentlichen Verkauf gesehen. Wie läuft so etwas ab?

Der öffentliche Verkauf infolge einer Immobilienzwangsversteigerung oder eines gerichtlich genehmigten Verkaufs ist in Teil 6, Kapitel 2 und 4 erklärt. Beide Arten von Verkäufen können auch über biddit.be stattfinden (siehe Teil 6, Kapitel 3).

Schlusswort

Wir bedanken uns für Ihr Interesse und hoffen, dass das Buch Ihnen gefallen hat und Sie den einen oder anderen interessanten Aspekt für Ihre persönliche Situation ausfindig machen konnten!

Wie in der Einleitung bemerkt, erhebt das Buch weder einen Anspruch auf Vollständigkeit noch können wir gänzliche Fehlerfreiheit garantieren; auch nicht, dass zwischen dem Moment, in dem wir diese Zeilen verfasst haben, und dem Moment, in dem Sie das Buch lesen, nicht eine Gesetzesänderung oder eine Standpunktänderung der Steuerverwaltung stattgefunden hat.

Deswegen ist es von zentraler Bedeutung, dass Sie nicht allein auf der Grundlage dieses Buches Maßnahmen oder Entscheidungen in Bezug auf einen Immobilienerwerb oder eine Immobilienübertragung treffen, denn dafür übernehmen wir keinerlei Verantwortung. Zur konkreten Umsetzung wenden Sie sich bitte an den Notar Ihrer Wahl.

Christoph Weling & Elodie Lilien

Meine Notizen

Wir hoffen, dass dieses Buch Ihren Erwartungen gerecht wurde!

Bitte teilen Sie uns Ihre Anmerkungen oder Kritik mit.
Wir freuen uns über jede Anregung und jeden Verbesserungsvorschlag.

Der Austausch mit unseren Lesern liegt uns am Herzen.

GEV (Grenz-Echo Verlag)
Marktplatz 8
4700 Eupen (B)
Tel. +32 (0)87/59 13 03
buchverlag@grenzecho.be
www.gev.be